MW01708632

ICONS

ALCHIMIE
&
MYSTIQUE

LE CABINET HERMETIQUE

LE CABINET HERMETIQUE :

ALCHIMIE & MYSTIQUE

ALEXANDER ROOB

BIBLIOTHÈQUE
BIBLIOTHÈQUE
INTERCULTURELLE DE
CÔTE-DES-NEIGES
VILLE DE MONTRÉAL

TASCHEN
KÖLN LONDON LOS ANGELES MADRID PARIS TOKYO

Illustrations : Couverture : André Cellarius, Harmonia Macrocosmica, Amsterdam, 1660; Dos de couverture : Donum Dei, XVIIème siècle (p. 199) ; p. 2 : extrait de William Blake : Jérusalem,1804–1820 ; p. 6 : extrait de Michael Maier : Viatorium, Oppenheim, 1618 ; p. 6,36,172 : extrait du J. Typotius : Symbola divina et humana, Prague, 1601–1603 ; p. 158 : extrait de : Basilius Valentius : Chymische Schriften, Leipzig, 1769

Pour être informé des prochaines parutions TASCHEN, demandez notre magazine sur www.taschen.com ou écrivez à TASCHEN, 82 rue Mazarine, F-75006 Paris, France, Fax : +33-1-432 67380. Nous nous ferons un plaisir de vous envoyer à domicile notre magazine gratuit rempli d'informations sur tous nos ouvrages.

Cet ouvrage existe également dans une édition enrichie : Alchimie & Mystique
ISBN 3–8228–1513–6

© 2005 TASCHEN GmbH,
Hohenzollernring 53, D-50672 Köln
www.taschen.com
© 2005 VG Bild-Kunst, Bonn,
pour l'œuvre de Marcel Duchamp
Couverture : Sense/Net, Andy Disl & Birgit Reber, Cologne
Traduction française : Françoise Saint-Onge, Stuttgart

Printed in Italy
ISBN 3–8228–3862–4

Table des matieres

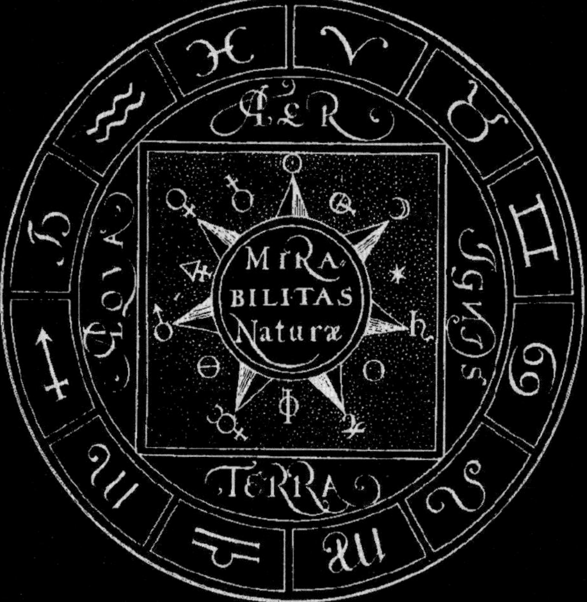
AER
MIRA
BILITAS
Naturæ
TERRA

Introduction

« Pourra-t-on jamais juger des
qualités réelles de chaque chose ? »
(Démocrite, VIIIème siècle av. J.-C.)

Le Cabinet hermétique

Idéogrammes et langage chiffré

Il existe tout un monde d'images profondément ancré dans la mémoire de l'homme moderne, bien qu'on ne le trouve pas dans les publications accessibles au grand public et qu'il se cache dans des manuscrits et des livres anciens.

L'étrange caractère hiéroglyphique de ces images renvoie à la légendaire ancienneté de l'art qu'elles racontent ainsi qu'à celui qui en est le père : le patriarche de la mystique de la nature et de l'alchimie, Hermès Trismégiste.

Les colonisateurs grecs en Egypte à la fin de l'Antiquité assimilèrent l'un de leurs dieux, Hermès (lat. : *Mercurius*), messager ailé et savant en l'art de guérir, à Thot, le « trois fois grand » de l'Egypte ancienne. Thot était le dieu de l'écriture et de la magie, et on le vénérait en tant que « psychopompe », guidant les âmes dans les enfers. Puis on identifia la figure d'Hermès Trismégiste à un pharaon légendaire qui aurait doté le peuple égyptien, en 30 000 volumes, de toutes les connaissances naturelles et surnaturelles, y compris l'écriture hiéroglyphique. Il fut le Moïse des alchimistes, car il leur avait transmis les commandements divins de leur art sur la « Table d'émeraude ». La « Tabula smaragdina », dont l'origine se situe entre les VIème et VIIIème siècles de notre ère, était connue depuis le XIVème siècle en Occident chrétien par des traductions de l'arabe.

On attribue encore à Hermès, le messager des dieux, la science de l'*herméneutique*, qui est l'analyse des textes, laquelle, selon l'auteur du ‹Livre de la Sainte-Trinité› (1415), le tout premier texte alchimique en langue allemande, devrait tenir compte d'une quadruple perspective : naturelle, surnaturelle, divine et humaine. La littérature alchimique foisonne, chez ses représentants les plus éminents, d'allégories, de rapprochements homonymiques, d'allusions, et sa langue, extraordinairement suggestive, a, en particulier par l'entremise des écrits théosophiques de Jacob Böhme, influencé le romantisme (Blake, Novalis), l'idéalisme allemand (Hegel, Schelling) et elle exerce son ascendant jusque dans la littérature moderne (Yeats, Joyce, Rimbaud, Brecht, Breton, Artaud).

Nombreux étaient ceux, même au sein de la corporation, qui se plaignaient de la « langue nébuleuse » de l'alchimie. Et ce que les alchimistes nous révèlent de leurs moyens d'expression n'est pas fait pour nous faciliter la tâche : « Lorsque nous disons ouvertement les choses, nous ne disons (en fait) rien du tout. Mais, lorsque notre langage est chiffré et mis en images, nous voilons la vérité. » (Rosarium philosophorum, éd. Weinheim, 1990). La tendance à la langue secrète, aux « tours obscurs », chiffrés, aux mystérieuses images allégoriques et symboliques, s'explique par un profond scepticisme vis-à-vis de la langue corrompue de Babylone avec son alphabet impi et ses règles grammaticales qui empêchent l'essor du Saint-Esprit. Ce qu'il fallait, c'était préserver le savoir primordial des atteintes du profane, cette *prisca sapientia* qui avait été directement révélée par Dieu à Adam et à Moïse et qu'une élite s'était transmise tout au long des siècles. C'est dans ce but qu'Hermès Trismégiste, qui, tout comme Zoroastre, Pythagore ou Platon, faisait partie de cette élite dont il était un éminent représentant, inventa les hiéroglyphes.

La Renaissance, influencée par l'Egyptien Horapollo qui, au Vème siècle de notre ère, fut l'auteur d'un traité où on trouve la clef symbolique permettant d'ouvrir 200 signes, voyait dans les hiéroglyphes des signes symboliques formant une écriture secrète à rébus.

L'art de l'emblématique a également, dès la moitié du XVIème siècle, son origine dans les ‹Hieroglyphica› d'Horapollo ; les figures symboliques sont toujours accompagnées d'une courte devise et d'une légende. Les emblèmes connurent un grand succès aux XVII et XVIIIème siècles et se révélèrent idéaux pour véhiculer les thèses paradoxales des alchimistes ainsi que leurs aphorismes.

Parce que toute une infrastructure théorique sous-tend l'alchimie, les alchimistes se disaient souvent philosophes, et ils nommaient leur champ d'activité « l'art » (ars) ou encore « l'art philosophique ».

La grande époque de l'art emblématique et de l'illustration hermétique prend fin avec le déclin de l'alchimie « classique », laquelle mêlait technologies et pratique à des éléments spirituels. Mais déjà au début du XVIIème siècle, la guerre avait été déclarée entre les alchimistes théosophiques comme les Rose-Croix et les alchimistes opératifs comme André Libau qui, en cherchant à améliorer les bases empiriques de l'alchimie, la menèrent sur la voie de la chimie analytique. Les Rose-Croix prétendaient qu'ils n'avaient aucun mal à faire « cet or impi et exécrable », mais que ce n'était qu'une ridicule retombée de ce qui faisait la fin véritable de leur sacerdoce et qui était l'illumination intérieure, en fait leur or n'était plus que l'or spirituel des théologiens.

Gnose et néo-platonisme

L'historien de l'art, Aby Warburg, dont les travaux interdisciplinaires au début de ce siècle en font un novateur dans ce domaine, voit, dans l'Alexandrie de la fin de l'Antiquité, l'incarnation de l'obscurantisme et de la superstition. Là, en ce lieu qui fut, sur le sol égyptien, le centre de la culture grecque universelle, où les peuples se mêlent, où l'on trouve colonisateurs grecs et romains, Egyptiens et Juifs, convergent les fils des disciplines qui, mises ensemble, forment le gros de la philosophie hermétique : alchimie, magie astrale, cabale. Les termes de gnose et de néo-platonisme recouvrent des systèmes syncrétiques, hybrides, faits de philosophie hellénique, de religions orientales et de cultes à mystères qui se complètent et s'influencent mutuellement. L'animisme caractérise aussi bien la gnose que le néo-platonisme ; on y trouve nombre d'entités démoniaques et angéliques qui, par leur pouvoir et l'influence qu'elles exercent, déterminent le destin de l'homme.

Le mot de gnose veut dire connaissance, et le gnostique passe par plusieurs prises de conscience. C'est la bonne nouvelle qui s'impose tout d'abord à lui ; il découvre que le fond de son être est d'essence divine et que l'âme est une étincelle du divin. L'autre, c'est la mauvaise nouvelle, c'est celle de « l'horreur de la situation » où se trouve l'âme : l'étincelle divine est prisonnière des puissances des ténèbres, est engluée dans l'exil de la matière. Enfermée dans le cachot grossier du corps, l'âme est trompée par les sens, et les astres démoniaques la souillent et l'ensorcellent pour empêcher son retour dans la divine patrie.

La vision du monde gnostique présente, sous l'influence du dualisme manichéen et platonicien, un douloureux hiatus entre le monde intérieur et le monde extérieur, entre le sujet et l'objet, entre l'esprit et la matière. C'est Aristote qui, au IVème siècle avant J.-C., avait formulé cette dichotomie et lui avait donné une portée cosmique en séparant très nettement l'univers en un ciel éthérique, éternel, et en une région sublunaire et transitoire. Ce modèle, qui fut repris, à peine modifié, par le gnostique d'Alexandrie, Claude Ptolémée (vers 100–178 apr. J.-C.), régna sur les esprits pendant deux millénaires et empêcha la vision moniste du monde.

Bien des mythes gnostiques assignent sa tâche à l'homme, qui est celle d'un créateur responsable : Pour guérir l'organisme malade du monde, il lui faut ramener l'étincelle divine, l'or spirituel, par-delà les sept planètes de l'univers ptoléméen, en sa céleste patrie. A la sphère saturnienne, extérieure, correspond le « vêtement impur dont l'âme est habillée », le plomb, ce métal grossier. Pour franchir cette sphère, il faut passer par la mort du corps et par la putréfaction de la matière, ce qui est la condition même de la transmutation. Il faut ensuite à l'âme traverser les sphères de Jupiter (le zinc), de Mars (le fer), de Mercure (le vif-argent), de la lune (l'argent) et du soleil (l'or).

La gnose partait du principe que les différents métaux correspondaient à différents états ou stades de maturité ou de maladie d'une seule prime matière sur la voie de la perfection, qui est celle de l'or. Pour lui faciliter le passage par les sept portails ou démons des planètes, il lui fallait être en possession de la *gnose*, de la connaissance des pratiques de magie astrale.

Les néo-platoniciens coulèrent les différentes thèses, parfois divergentes, que leur maître, en ses dialogues, avait exposées conformément aux règles de la dialectique, dans le corset étroit d'un ordre du monde pyramidal à échelons. L'univers s'épanche de la plénitude du Un, du Bien, et s'écoule dans la création en descendant les échelons de la gamme cosmique et en respectant, en ses intervalles, les lois de l'harmonie qu'on fait remonter à Pythagore (VIème siècle avant J.-C.) et à sa théorie de l'harmonie des sphères. Le conflit intérieur de la gnose était étranger aux néo-platoniciens, et ils recréèrent l'harmonie en interposant toute une série de moyens termes entre le monde des Idées immuables et leurs concrétions terrestres, mouvantes et périssables.

Tout comme l'homme, le monde en petit *(le microcosme)*, était fait de trois parties, le corps, l'âme et l'esprit, la région astrale avait une âme, l'âme du monde. Les Idées habitant les régions supérieures et transcendantes de l'intellect divin s'y reflétaient et imprimaient ainsi leurs « signatures » éternelles aux choses d'en bas, matérielles et mortelles, par le truchement des planètes et de leur influence.

L'homme a le pouvoir de manipuler les choses d'ici-bas en agissant sur les régions médianes de l'âme du monde par des pratiques de magie comme les talismans, les exorcismes etc. Le contact se fait au moyen du corps subtil, invisible,« sidéral » ou « astral », qui entoure l'homme. Les mythes gnostico-cabalistiques parlent du ciel comme d'un seul homme fait de matière subtile, le Proto-Adam, un androgyne gigantesque qui survit aujourd'hui en chacun de nous sous la forme étiolée de ce corps invisible et qui attend son retour en la céleste patrie. L'homme peut communiquer avec le *macrocosme* par le truchement de ce médium sidéral, et, de cette façon, il a des rêves prémonitoires et prophétiques.

Le pouvoir créateur de l'imagination correspond, chez l'homme, à l'activité des astres extérieurs, démiurgique et créatrice d'univers ; c'est pourquoi Paracelse appelait l'imagination « l'astre intérieur ». Il ne faut pas confondre l'imagination avec la fantaisie. On concevait la première comme une force solaire, créatrice, qui se concentre sur l'*eidâ*, les Idées, les archétypes paradigmatiques du « monde réel » ; la seconde, en revanche, n'était qu'une illusion lunaire de somnambule en rapport avec l'*eidola*, les reflets des Idées dans le « monde des apparences ».

Le néo-platonisme fut, au Moyen-Age, principalement représenté par la mystique de l'Eglise orthodoxe. Et, bien qu'il ne fût pas incompatible avec les structures strictement hiérarchiques de l'Etat et de l'Eglise, il fut condamné, en Occident, à végéter dans l'ombre du système doctrinal scolastique.

Mais, à la Renaissance, la tradition alexandrine refit surface, comme une explosion : Marsile Ficin (1433–1499) traduisait en 1463 un recueil de quatorze traités gnostico-néo-platoniciens des premiers siècles du christianisme. Ce recueil, qu'on croyait devoir à « Hermès, le trois fois grand », était connu sous le titre de ‹Corpus hermeticum›. L'impression profonde que fit cet ensemble de textes sur le monde de l'humanisme s'explique par le fait qu'ils semblaient transmettre la sagesse des mystères antiques dans le style du Nouveau Testament et dans un esprit tout à fait chrétien. Et même le fait que ces textes évoquaient une science antique et secrète des Hébreux, la cabale, telle que l'ami de Ficin, Pic de La Mirandole (1463–1494), l'exposa, ne fit que renforcer la croyance qu'il existait une *prisca sapientia* dans un esprit tout chrétien. (En réalité, la cabale est issue, sous la forme que nous lui connaissons, du fonds alexandrien aux XIIème et XIIIème siècles dans le Sud de la France et en Espagne.)

Les implications de la conscience gnostique sur la vie de l'esprit en Europe sont à ce point complexes et actuelles qu'il est difficile d'en mesurer toute l'étendue : l'homme du ‹Corpus hermeticum›, qui participe du génie créateur de Dieu, cadre on ne peut mieux avec l'idéal de la Renaissance où l'on prend ses distances par rapport au cosmos hiérarchisé du Moyen-Age pour se projeter au centre énergétique de l'univers.

L'étincelle gnostique qui, prisonnière des ténèbres de ce monde, aspire à la connaissance de Dieu, luit dans l'âme protestante et dans son combat solitaire pour le salut.

Peu d'alchimistes avaient connaissance du ‹Corpus hermeticum›. Pourtant, ils associèrent, tous, Hermès à celui à qui ils devaient la Table d'Emeraude, ainsi qu'avec le principe humide, « mercuriel », du « début et de la fin de l'Œuvre ». On retrouve, dans le culte de cette « eau divine », les eaux supérieures et pneumatiques de la gnose qui, dans les textes grecs datant des débuts de l'alchimie, s'écoulent, évoquant ainsi la descente du Christ gnostique, dans les ténèbres de la matière pour réveiller de leur léthargie les corps morts des métaux.

Mais l'alchimie qui atteignit l'Occident chrétien au Moyen-Age après être passée par l'Espagne aux XIIème et XIIIème siècles, est infiniment plus riche et plus mystérieuse que ce que les textes des alchimistes du début de la période alexandrine nous laissent supposer. Si l'on veut dire toute la complexité de « l'art royal », il faut avoir recours au schéma ternaire si cher aux philosophes hermétiques : l'âme de l'alchimie se situerait à Alexandrie. Mais son corps, cette surabondance de pratiques empiriques, de savoir technique, de noms d'emprunt, de maximes et d'images allégoriques, c'est aux Arabes qu'on les doit. Son esprit, enfin, est étroitement lié à la philosophie de la nature telle qu'on la trouve en Grèce où ses fondements furent posés au Vème siècle avant J.-C.

Les thèses de la philosophie de la nature

Nous savons qu'Empédocle, philosophe et thaumaturge, croyait à l'existence de deux soleils. Les théories hermétiques parlent également d'un double soleil : d'un clair et lumineux soleil spirituel, l'*or philosophique*, et d'un obscur soleil naturel correspondant à l'*or matériel*. Le premier est fait du feu essentiel, qu'on met en relation avec l'éther et ‹l'air ardent›.

Empédocle enseignait encore que toute vie était due au mouvement né de la tension entre les deux forces bipolaires de l'amour et de la haine. Leur correspondent, dans l'*opus magnum*, les deux opérations successives de la solution et de la coagulation, de la dissolution et de la fixation, de la distillation et de la condensation. Leur correspondent encore les deux agents bipolaires de l'alchimie arabe : le soufre et le mercure philosophiques, le soleil et la lune, l'épouse blanche et l'époux rouge. Mais le haut moment de l'Œuvre, c'est la *conjonction*, ce qui est l'union des principes mâle et femelle lors des noces du ciel et de la terre, celle de l'esprit igné et de la matière aqueuse (le lat. *materia* vient de *mater*, mère). Et le produit infrangible de cet accouplement cosmique, c'est le *lapis*, « le fils rouge du soleil ».

Le principe féminin et mercuriel symbolise, en alchimie, l'aspect protéen des processus naturels, leur fluctuante mobilité.

La force antagoniste, qui fixe et donne forme, impliquée par le mercure, est représentée en alchimie par le principe mâle du soufre. Paracelse ajouta, à la doctrine médiévale des deux principes, un troisième élément et, ce faisant, il contribua de façon décisive à une conception dynamique des processus naturels.

Son troisième principe était le sel. Le pouvoir coagulant de celui-ci le fit correspondre au corps. Au soufre, combustible gras et huileux, fut octroyé le rôle médiateur de l'âme. Quant au mercure, fluide sujet à la sublimation, c'est l'esprit subtil.

La « tria prima » de Paracelse ne représente en aucun cas des substances chimiques quelconques, mais des forces spirituelles agissantes dont se servent, en modifiant sans cesse les rapports qu'elles ont entre elles, les forgerons ou maîtres d'œuvre invisibles pour créer, dans la nature, les conditions matérielles et passagères des choses. L'alchimie spéculative tardive, telle que la conçurent notamment certaines tendances de la franc-maçonnerie au XVIIIème

siècle, mit le sel secret au centre de la mystique gnostico-hermétique. En raison de son pouvoir thérapeutique, il fit mainte fois l'objet d'une interprétation christologique qui y voyait « la lumière coagulée du monde », « le feu central secret » ou « le sel des sages ».

C'est également à Empédocle qu'on doit la théorie des quatre éléments. Il leur donne le nom de « quadruple racine des choses » : la terre, l'eau, l'air, le feu. Hippocrate en fit, les adaptant au microcosme, la théorie des quatre humeurs corporelles, théorie qu'Aristote modifia considérablement au IVème siècle avant J.-C. Aristote ramena tous les éléments à une protomatière, la *proté hyle*, ou *prima materia*. Les alchimistes en firent « leur chaos » ou la « ténébreuse motte de terre » provenant de la chute de Lucifer et d'Adam. Sublimer cette motte et l'exalter jusqu'au lapis n'était donc rien de moins que de ramener la création déchue en son état paradisiaque originel.

Pour Aristote, la *prima materia* s'associe aux quatre qualités, qui sont : le sec, le froid, l'humide et le chaud, et c'est ainsi qu'elle forme les quatre éléments. Et, si l'on manipule ces qualités, il devient possible de modifier la composition élémentaire des matériaux et, par suite, de les transmuter.

De ceci, on peut conclure que la tâche de l'alchimiste « se réduit au renversement des éléments *(rotatio)*.

D'après une loi qu'on impute à Pythagore, le spectre entier des possibilités de ce monde serait contenu dans le chiffre quatre. Le cinquième élément d'Aristote, la très subtile *quintessence*, ne peut avoir sa place que dans l'empyrée. Il s'agissait, pour les alchimistes, de faire descendre cet élément sur terre par des rotations répétées, et il n'importait guère qu'ils le fissent en distillant l'esprit-de-vin ou en projetant en imagination la divine lumière dans le sel.

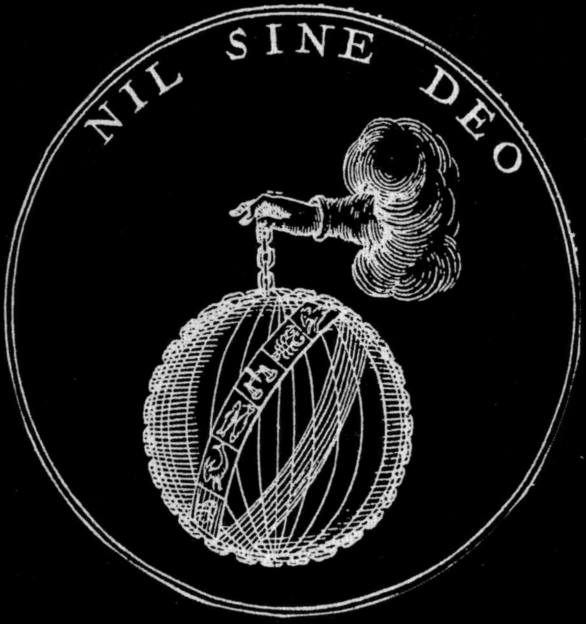
NIL SINE DEO

Le Macrocosme

L'univers ou encore l'ordre immuable des
choses était, selon Platon, la manifestation et
l'image de la perfection du Créateur :
« (...) et c'est ainsi qu'il anima le monde, être vivant
unique qui contient en soi tous les êtres
à sa ressemblance. En lui imprimant un mouvement giratoire, il lui donna la forme d'une
sphère (...), en d'autres termes, il lui conféra la
forme parfaite par excellence. »
(Timée, vers 410 av. J.-C.)

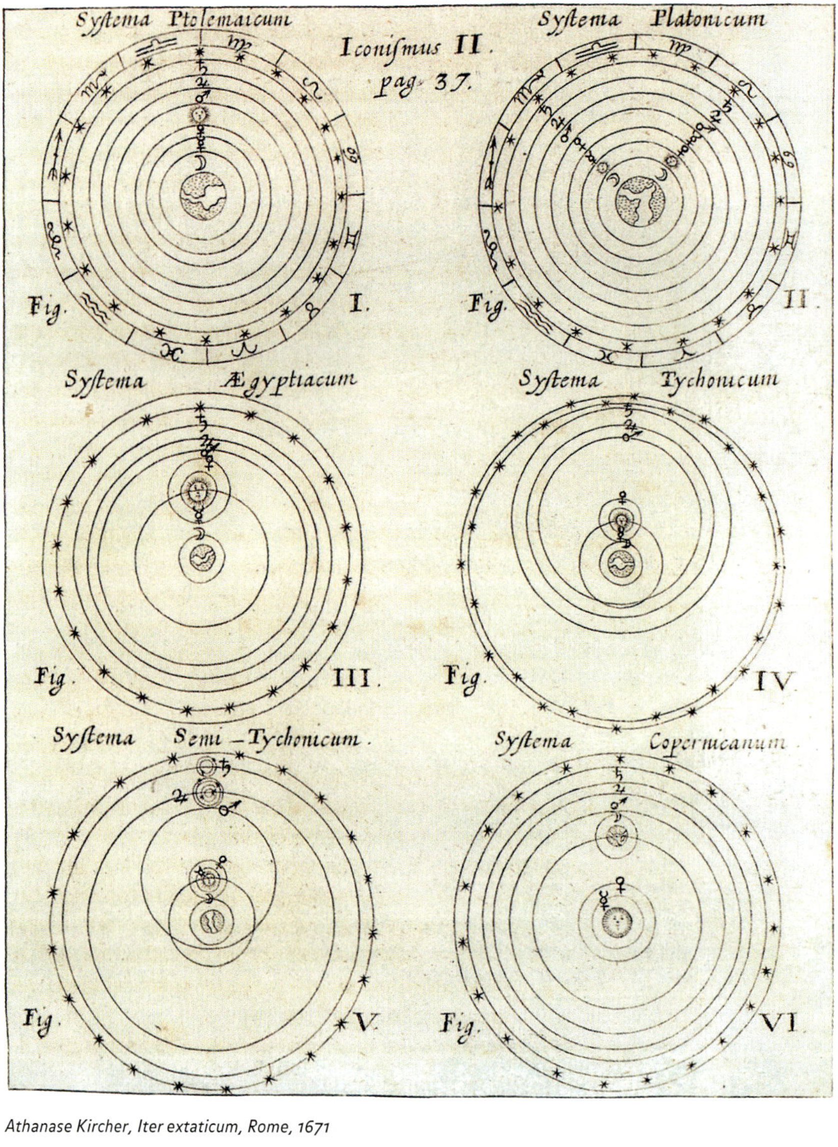

Athanase Kircher, Iter extaticum, Rome, 1671

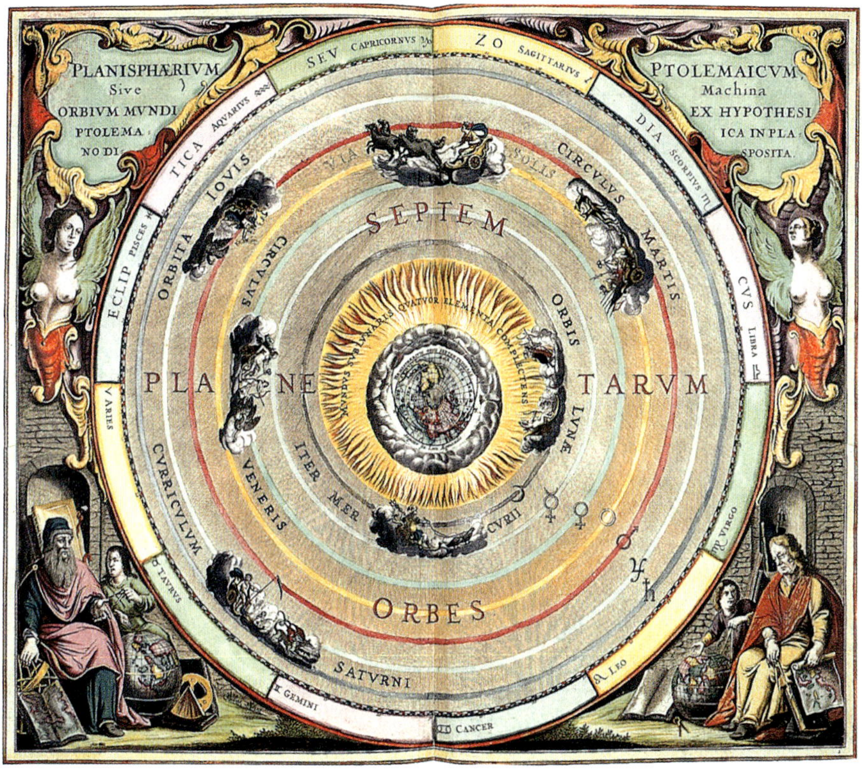

Configuration planisphérique du système ptoléméen.

« L'œil humain structure l'ensemble de l'univers selon un ordre qui correspond à ce que, de la terre où il se trouve, il en peut percevoir ; il va de soi, dès lors, qu'il se place au centre de l'Espace. Où qu'il dirige ses regards, il est frappé par l'admirable sphéricité du ciel (...) et croit tout naturellement que le globe terrestre a été mis en son milieu. » (André Cellarius)

La figure ci-dessus représente la juxtaposition des quatre éléments dans la région sublunaire. Le globe terrestre est composé de terre et d'eau, éléments grossiers et fort entachés de matière ; ensuite, on a l'air et, enfin, attenant à la sphère lunaire, le feu, l'élément le plus subtil et le plus pur de tous.

André Cellarius, Harmonia Macrocosmica, Amsterdam, 1660

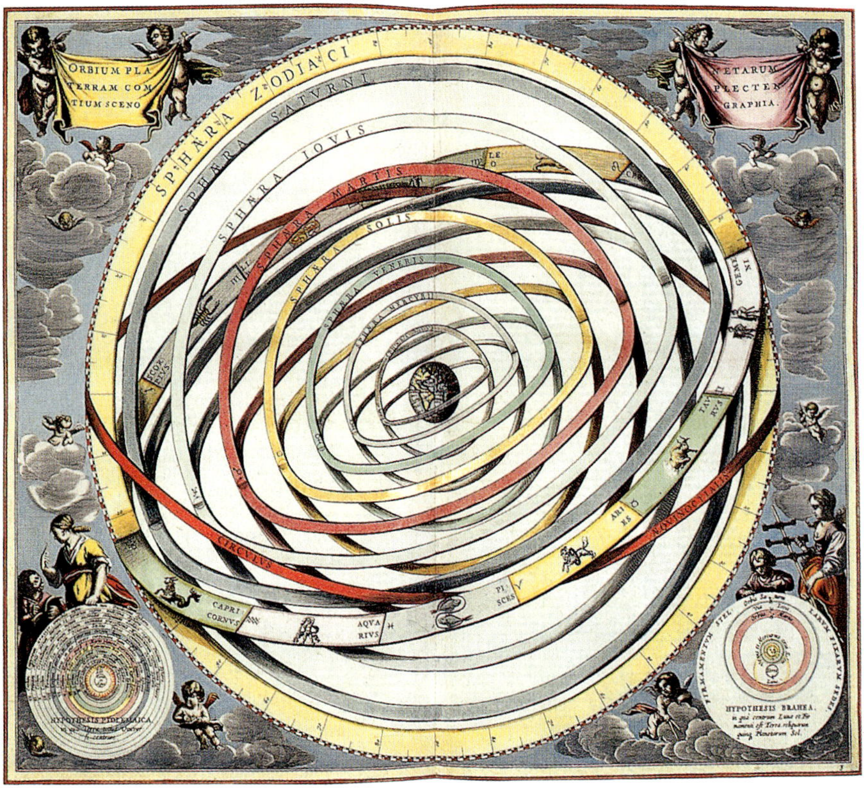

Configuration planisphérique du système ptoléméen.

On avait donné à la strate sphérique extérieure, opaque, d'étoiles fixes le nom de *primum mobile*, de « mouvement premier », parce que, mue par l'amour divin, c'est elle qui imprimait son mouvement à toutes les autres sphères.

André Cellarius, Harmonia Macrocosmica, Amsterdam, 1660

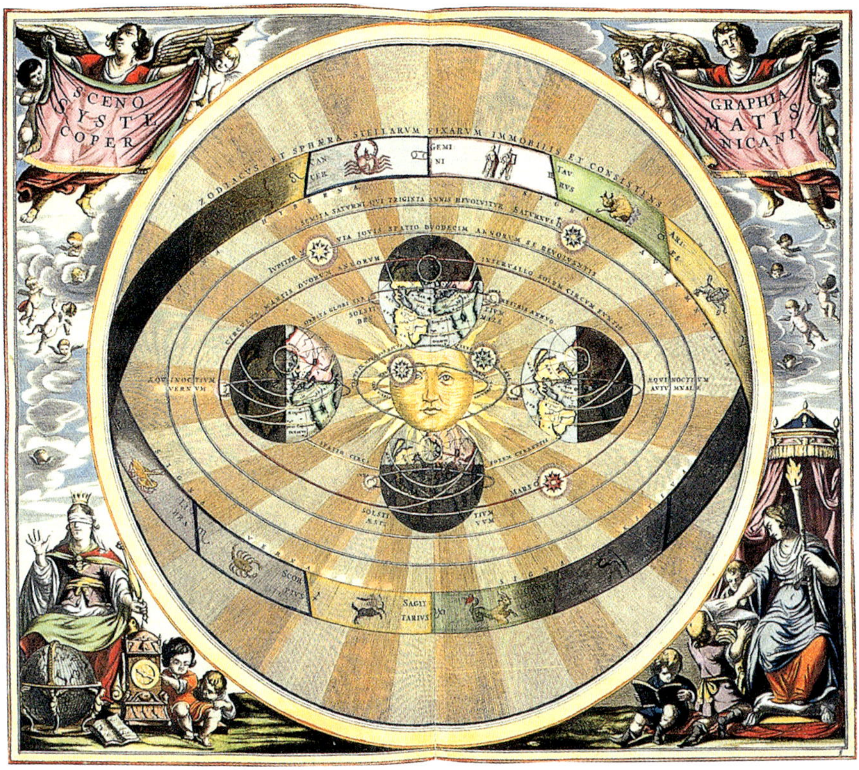

« Au centre de toutes choses, on a le soleil. Est-il imaginable de trouver site plus radieux en ce temple admirable d'où cet astre pût, tel un flambeau, illuminer d'entrée tout ce qui est ? Il est très pertinent de lui donner le nom de lumière, de pur esprit, de maître de l'univers. Pour Hermès Trismégiste, c'est un dieu invisible, pour l'Electre de Sophocle, rien n'échappe à ses regards. Et c'est ainsi que le soleil, du haut de son royal trône, mène ses enfants qui l'encerclent de leur course. » (N. Copernic, De revolutionibus orbium caelestium, 1543)

André Cellarius, Harmonia Macrocosmica, Amsterdam, 1660

Les astres

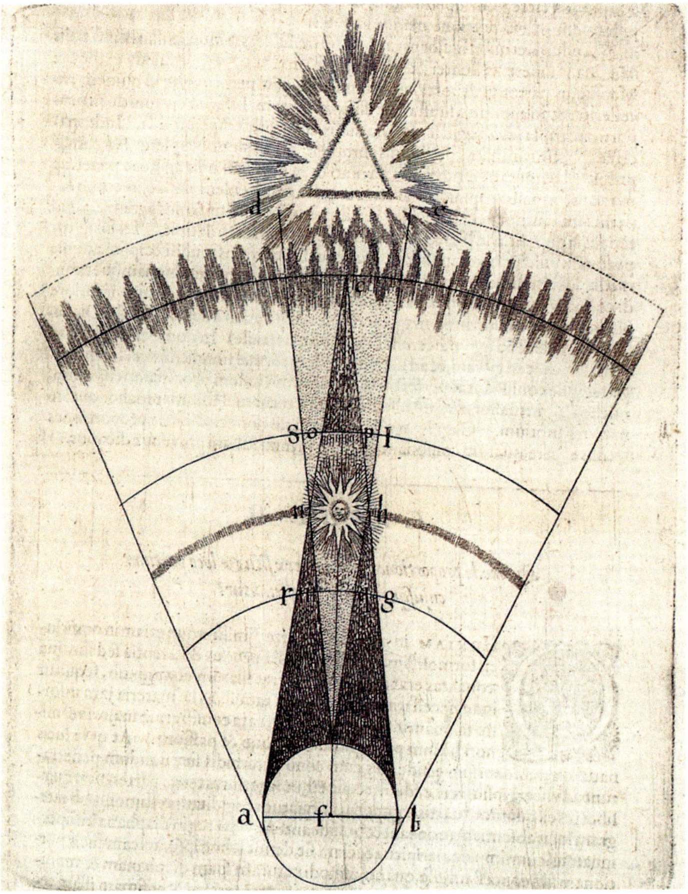

Le soleil, c'est, pour le médicin et philosophe Rose-Croix Robert Fludd, le cœur de l'univers. Il se trouve situé au point exact de rencontre des deux pyramides, celle de la lumière et celle des ténèbres, dans cette ‹ sphère où forme et matière se font équilibre ›. C'est là qu'habite l'âme du monde, source de vie.

Robert Fludd, Utriusque Cosmi, tome I, Oppenheim 1617

Les astres

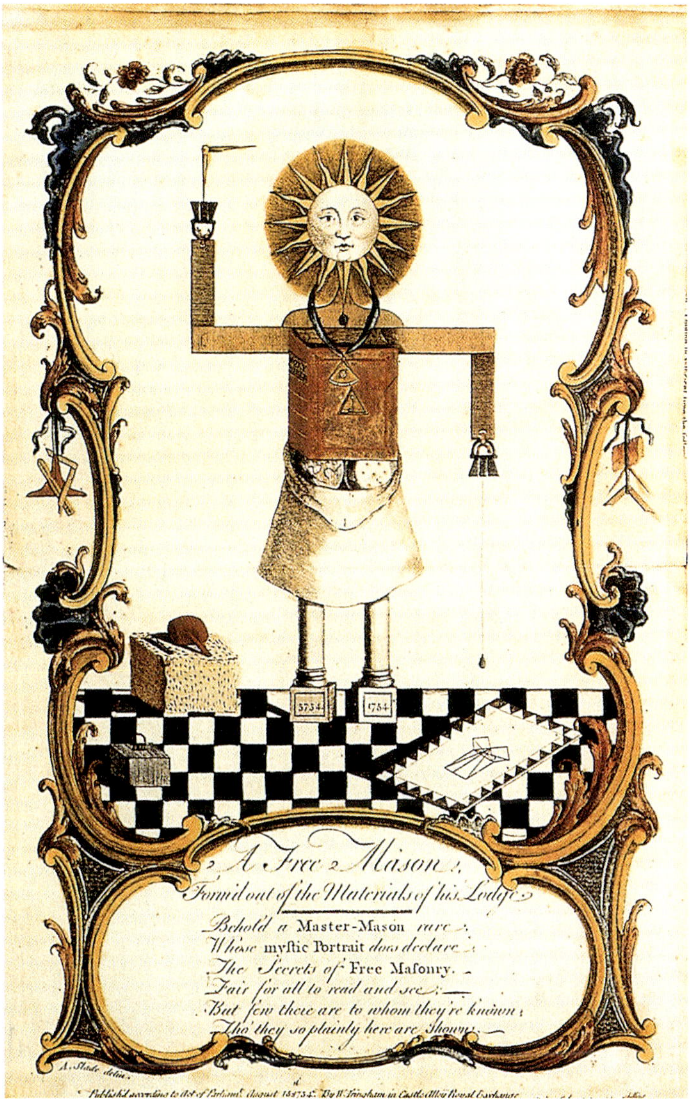

Dans la symbolique de la franc-maçonnerie, le soleil incarne l'esprit immortel, l'or impérissable.

On voit ici un franc-maçon fait des éléments de sa Loge, eau-forte, 1754

Le néo-pythagoricien Martianus Capella (Vème siècle après J.-C.) eut une vision qui lui fit mettre en rapport les neuf sphères avec les neuf muses. L'échelle des tons s'étend sur une octave.

Athanase Kircher, Ars magna lucis, Rome, 1665

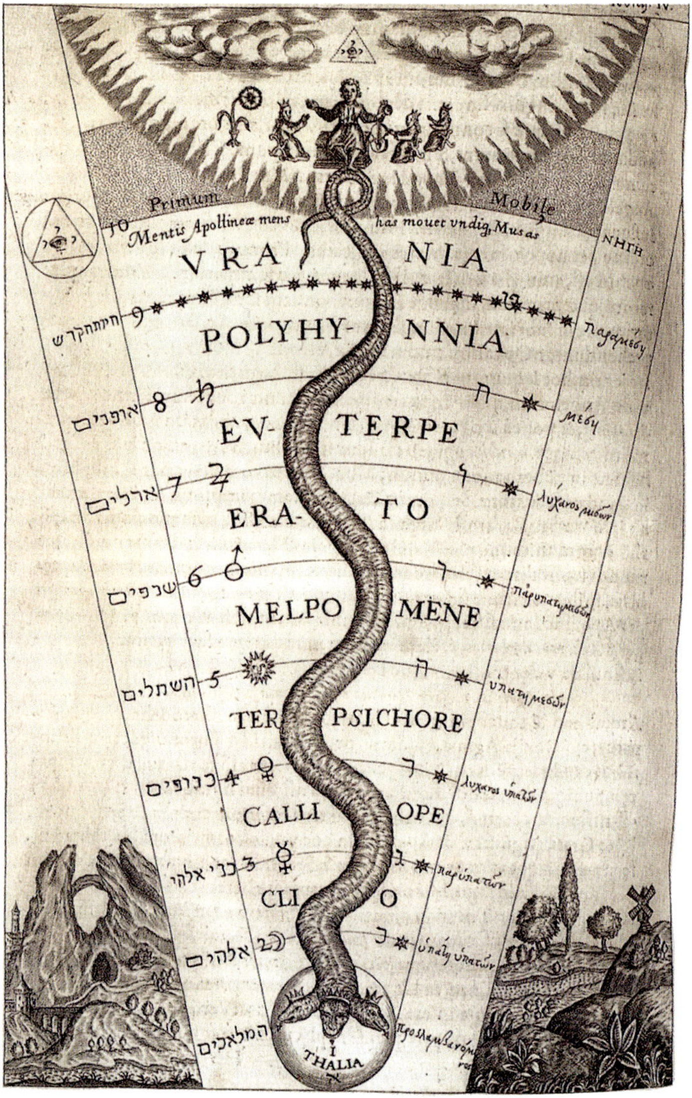

Les astres

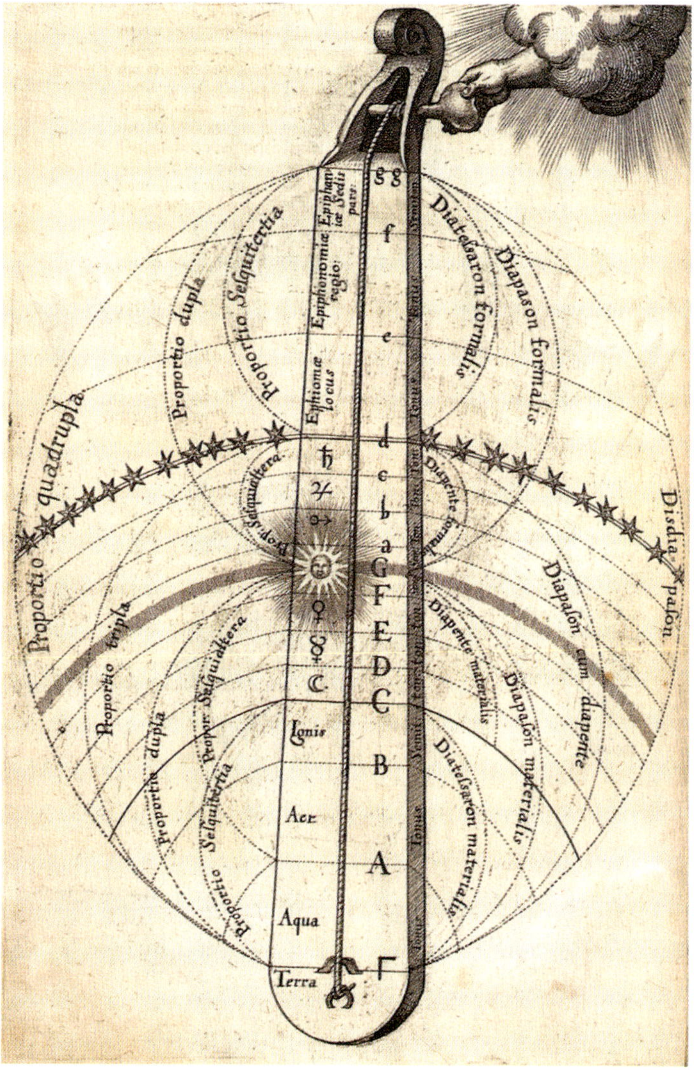

« Le monocorde, dit Fludd, est le principe même qui, du centre où il se trouve, permet à la vie sous toutes ses formes de vibrer à l'unisson. »

En resserrant ou en desserrant les cordes, Dieu peut régler ‹ le grand accord ›, la consistance graduelle de la matière entre l'empyrée et la terre.

Robert Fludd, Utriusque Cosmi, tome I, Oppenheim, 1617

La Genèse

Selon la tradition tantrique, un point énergétique invisible, le bindu, engendre la matière originaire (prakriti), laquelle est faite de trois qualités ou gunas : Sattva, l'essence, la paix ; Rajas, l'énergie, la passion ; Tamas, la substance, l'inertie.

Au commencement de la création, ces trois qualités sont en équilibre ; c'est de leur discordance que naît la multiplicité.

Peinture, Rajasthan, XVIIIème siècle

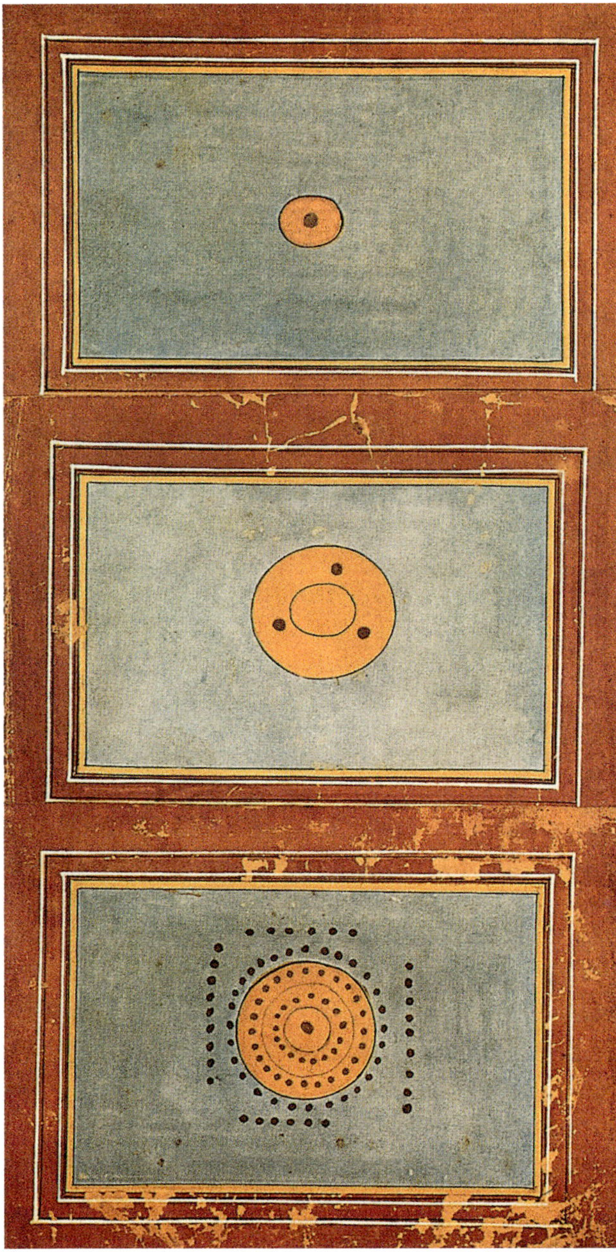

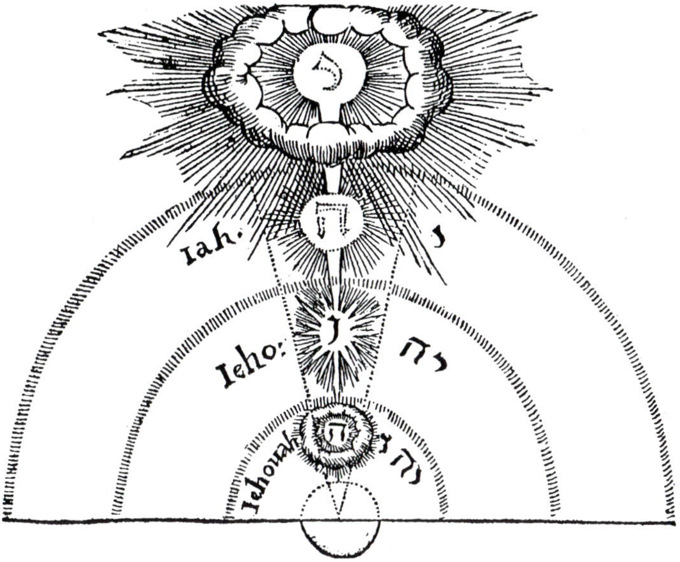

C'est par la prononciation répétée du nom de Dieu que naquirent les quatre mondes, la cabale : Aziluth, Bériah, Jézirah et Assija.

Robert Fludd, Utriusque Cosmi, tome II, Francfort, 1621

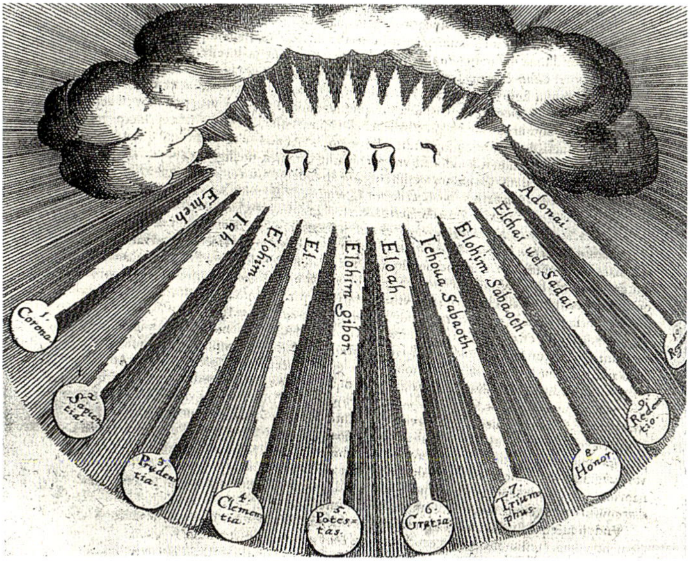

Les dix noms secondaires de Dieu surgissent du nom principal, le nom-force.

Robert Fludd, Philosophia Sacra, Francfort, 1626

La Genèse

La lumière, la source inépuisable de toute chose, luit dans l'obscurité, et les eaux naissent avec elles, qui se divisent en proche (clair) et en lointain (sombre).

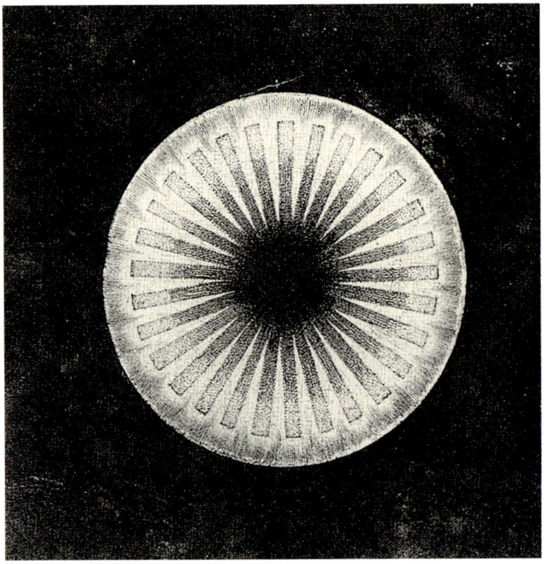

Au centre, on a les eaux où nulle lueur ne brille, c'est d'elles qu'est issue la matière. Le cercle extérieur abrite les eaux supérieures d'où s'élèvera le feu divin, l'empyrée. Et ce voile clair au milieu, c'est un état intermédiaire « qu'on appelle soit esprit de la terre, soit esprit mercurial, soit éther ou quintessence ».

Robert Fludd, Utriusque cosmi, tome I, Oppenheim, 1617

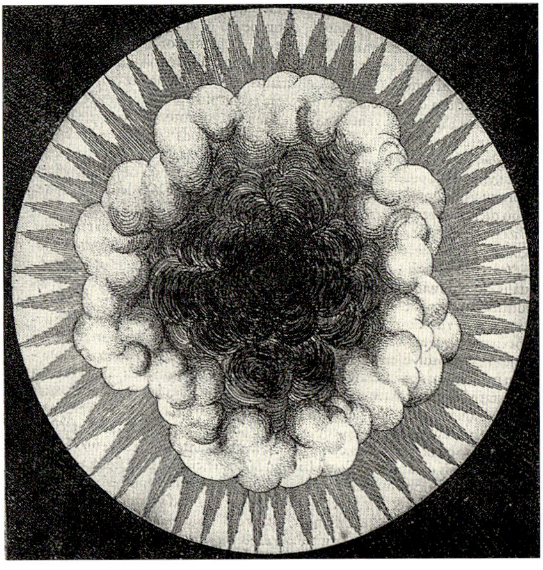

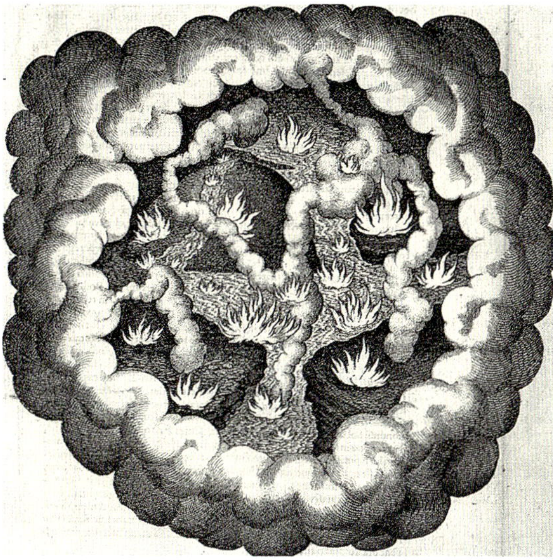

Le chaos élémentaire issu des eaux inférieures « est une substance grossière et sans forme qui renferme dans ses entrailles les éléments à ce point embrouillés qu'ils (...) y mènent entre eux une lutte sauvage ».

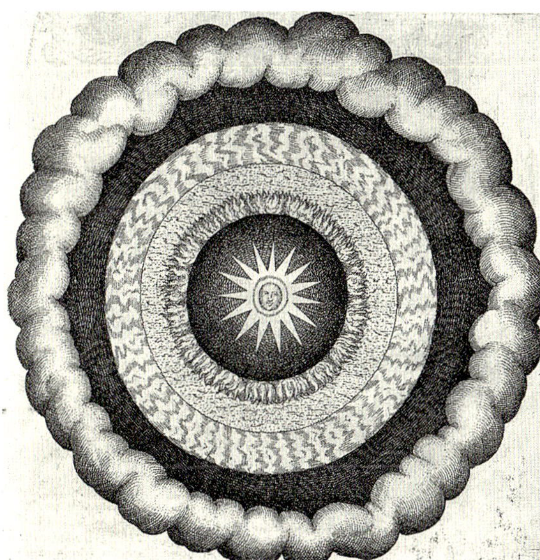

Le stade final et idéal de la matière sera atteint lorsque les éléments s'ordonneront selon le degré de leur consistance respective : (du pourtour vers le centre) terre, eau, air et feu. Le soleil, l'or philosophal, brille au point central.

Robert Fludd, Utriusque Cosmi, tome I, Oppenheim 1617

La Genèse

Le premier jour de la création

« Que la lumière soit ! Et la lumière fut (...). »

La colombe est l'Esprit de Dieu.

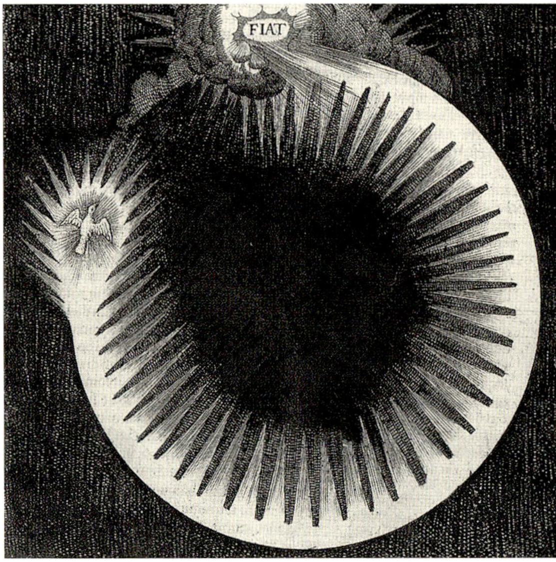

« La lumière de l'esprit non encore manifestée se reflète dans la sphère du feu céleste comme dans un miroir ; c'est par cette réflexion même que, pour la première fois, elle se manifeste. »

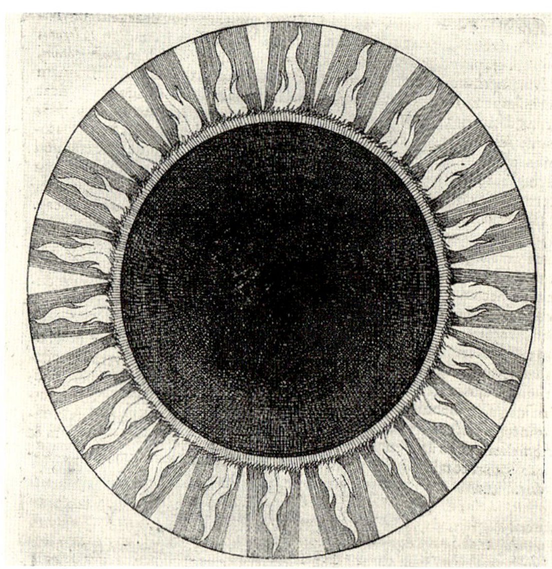

Robert Fludd, Utriusque Cosmi, tome I, Oppenheim, 1617

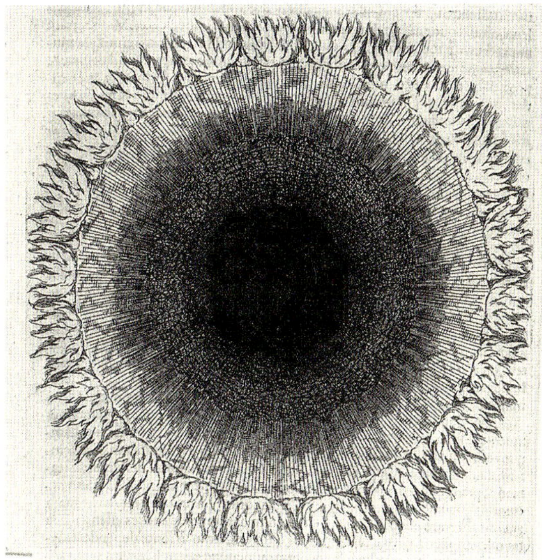

La terre forme la strate inférieure des éléments, c'est la lie de la création.

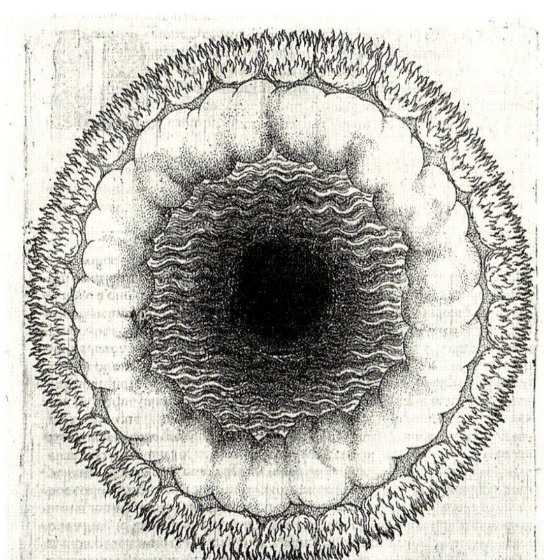

En ce que l'élément le plus grossier se mêle au plus subtil, on a, selon qu'il y a plus de l'un ou de l'autre, l'air et l'eau.

Robert Fludd, Utriusque Cosmi, tome I, Oppenheim, 1617

La Genèse

Le second jour

« Dieu dit : Qu'il y ait une étendue entre les eaux (...) Dieu appela l'étendue ciel. » (Genèse 1. 6.)

La sphère de l'éther avec les étoiles fixes et les planètes délimite les eaux supérieures (l'empyrée) des eaux inférieures.

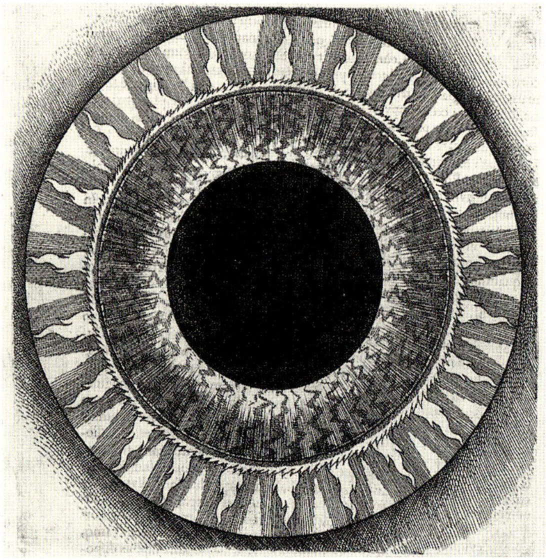

Le troisième jour

Le feu, qui est l'élément le plus subtil, apparaît d'abord.

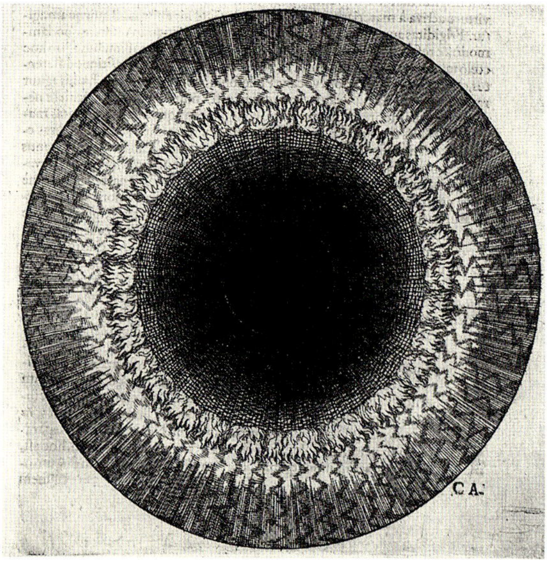

Robert Fludd, Utriusque Cosmi, tome I, Oppenheim, 1617

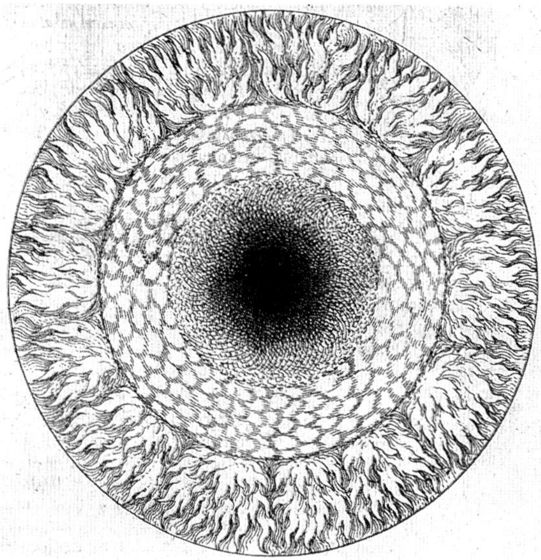

L'échelle ascendante des éléments d'après leur degré de pureté, terre, eau, air et feu, se retrouve dans tout le cosmos.

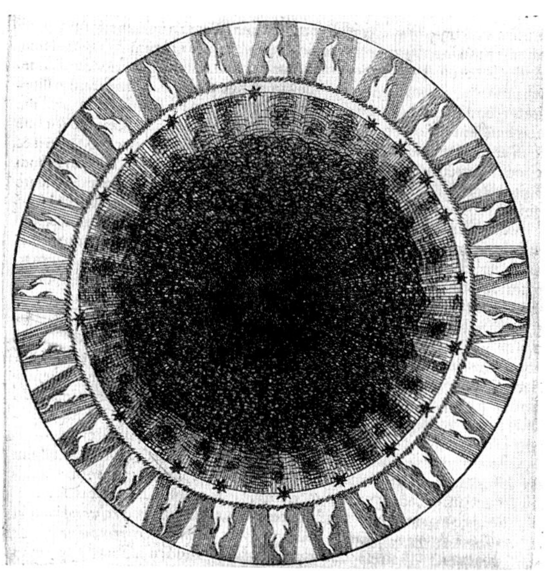

Les étoiles qui se trouvent au pourtour de la sphère éthérique ne furent visibles que lors de la création du soleil dont elles accumulent la lumière.

Robert Fludd, Utriusque Cosmi, tome I, Oppenheim, 1617

« La confusion qui suivit la création explique qu'un peu de la lumière divine soit restée accrochée à la masse froide de la terre. Selon la loi de gravitation, la substance céleste tendit à regagner la place qui lui revient dans les cieux, et c'est ainsi que naquit notre soleil. »

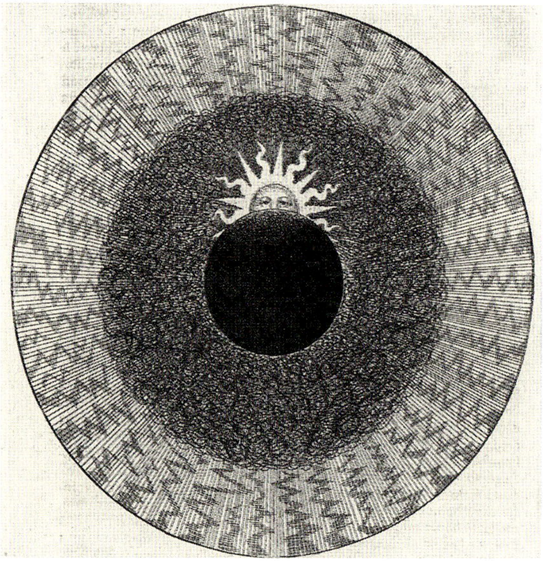

Le soleil au firmament est le représentant visible du feu divin et de l'amour. Le cœur lui correspond dans le corps humain.

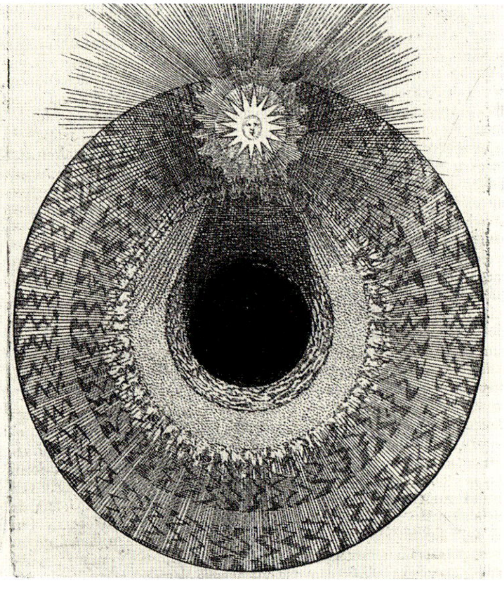

Robert Fludd, Utriusque Cosmi, tome I, Oppenheim, 1617

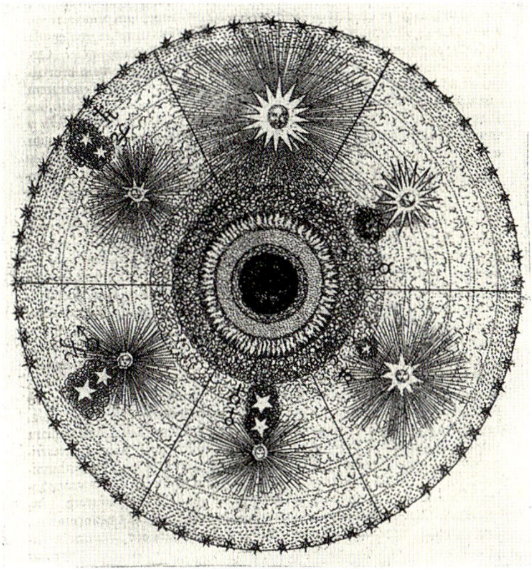

Lorsque les chauds rayons du soleil rencontrent, en allant de haut en bas, les froides vapeurs d'eau dans leur mouvement ascendant, ils se solidifient et engendrent les planètes.

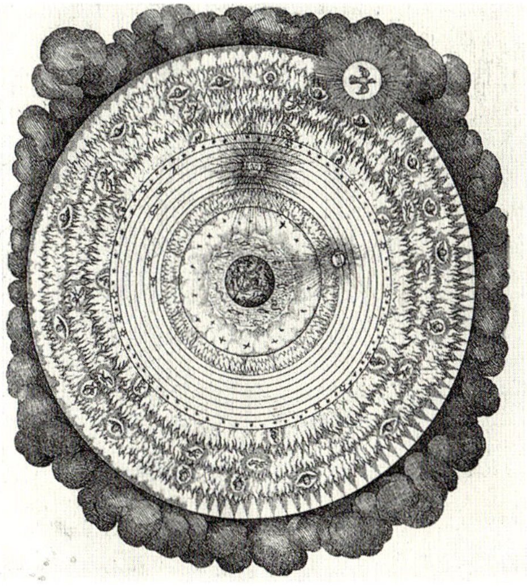

L'esprit de Dieu survole, comme une colombe, la création consommée, menacée cependant depuis la Chute.

Robert Fludd, Utriusque Cosmi, tome I, Oppenheim, 1617

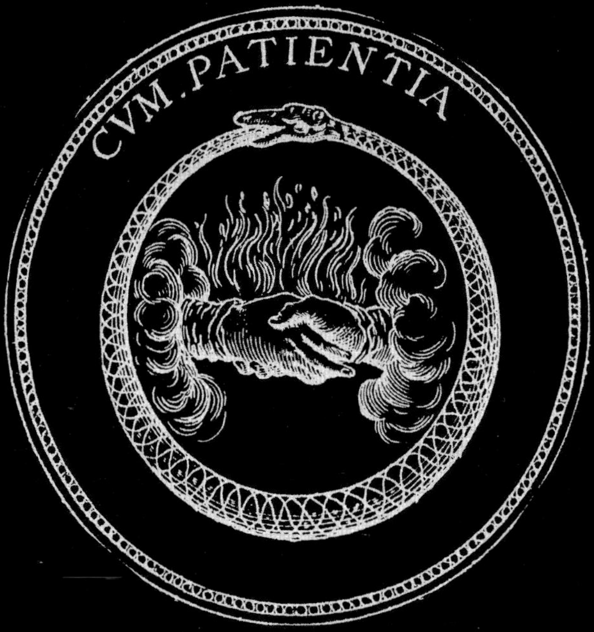
CVM.PATIENTIA

L'Opus Magnum

Se référant à l'œuvre divine de la création et au plan du salut qui lui est inhérent, on appelle le processus alchimique le « Grand-Œuvre ». L'opus part d'une mystérieuse matière première, nommée *materia prima* où les parties contraires, encore isolées, s'opposent violemment, mais qu'on intégrera petit à petit et qu'on mènera à l'état de parfaite harmonie sous la forme de la « pierre philosophale » ou *lapis philosophorum* : « tout d'abord, nous unissons, puis nous putréfions, nous dissolvons ensuite ce qui a été putréfié, nous purifions ce qui a été dissolu, nous réunissons ce qui a été purifié et nous le coagulons. Et c'est ainsi que l'homme et la femme sont un. »
(Büchlein vom Stein der Weisen, 1778)

La Genèse dans l'Œuf

La série de figures qu'on voit page 127 est tirée des ‹ Elementa chemicae › de J. C. Barchusen, qui était professeur de chimie à Leyde. Il les fit graver d'après un vieux manuscrit « pour faire, aux adeptes de l'alchimie, un plaisir tout particulier ». Il pensait que ces gravures illustraient la fabrication de la pierre philosophale mieux que tout ce qu'il avait vu jusqu'ici, non seulement en ordonnant mieux les phases de l'opus, mais encore en ce qu'elles en dégagent mieux les lignes de force.

Pour parvenir au lapis, l'alchimiste devait choisir entre deux voies : l'une, la voie courte ou « sèche », où la dissolution de la matière a lieu sous l'effet de la chaleur extérieure et sous celui d'un « feu intérieur », l'autre, beaucoup plus longue, et qui ne menait au but qu'après mainte distillation. C'est cette dernière voie qui est illustrée ici.

C'est Mercure, le mercure philosophal, qui y joue le rôle principal ; mais il ne s'agit pas du métal qui porte ce nom, il s'agit d'une substance mystérieuse dont l'origine est inconnue.

C'est de cette substance qu'on extrait l'esprit matériel, le légendaire *Azoth* qui, en tant qu'agent de l'opus, prend son vol sous la forme d'une colombe. Tout comme pour les colombes que Noé avait lâchées pour voir si les eaux avaient diminué, son vol ne cesse que lors de l'obtention définitive du lapis.

Les commentaires qui accompagnent chacune des illustrations se réfèrent aux explications que donne Barchusen.

Il ne fut, lui-même, jamais témoin d'une transmutation, et il ne cesse d'insister sur le fait que ce qu'il en dit n'est que spéculation.

La Genèse dans l'Œuf

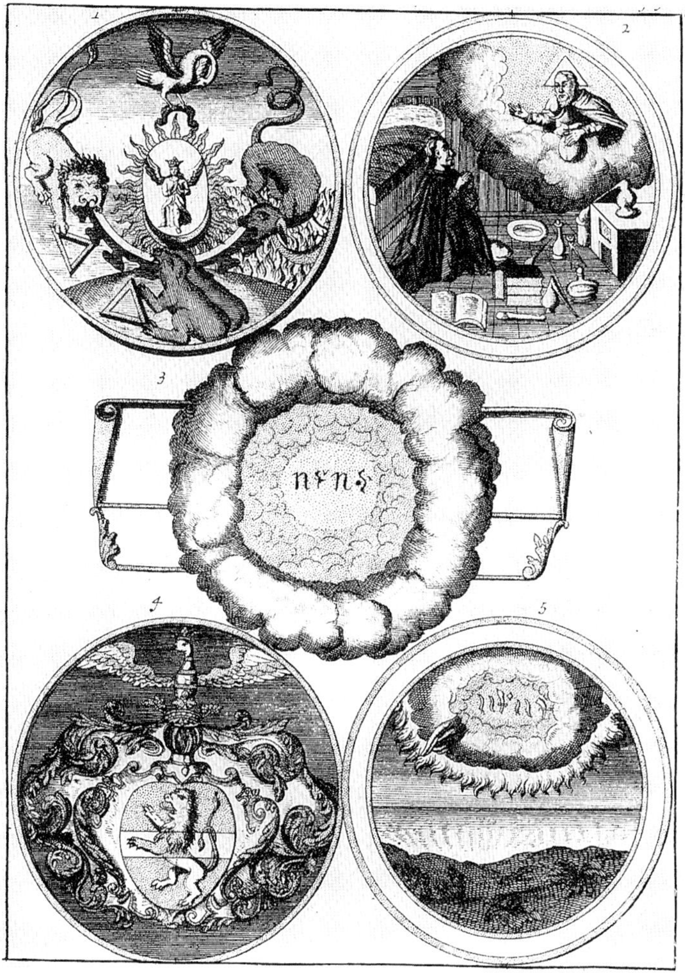

1) La figure 1 nous montre les emblèmes du lapis sur le croissant de lune. Il faut soumettre deux fois l'or ordinaire au processus de purification par l'antimoine (le loup) pour le débarrasser de ses impuretés. Le dragon figure le mercure philosophal (Mercure).

2) La figure 2 montre l'alchimiste qui s'assure de l'aide divine avant de se mettre à l'œuvre.

3) Le chaos.

4) Les armes du lapis.

5) Les quatre éléments.

J. C. Barchusen, Elementa chemicae, Leyde, 1718

La Genèse dans l'Œuf

6) Les deux chamois représentent l'esprit et l'âme qui s'allient au mercure philosophal.

7) Les six planètes incarnent les métaux apparentés à Mercure qu'on voit sous forme d'un oiseau. Le coffre fermé signifie que la voie qui mène au mercure philosophal est cachée.

8) Les cercles intérieurs représentent les quatre éléments dont est faite la substance de base des sept métaux (les étoiles fixes).

9) Le soufre (le soleil) et le mercure (la lune) correspondent aux principes masculin et féminin.

J. C. Barchusen, Elementa chemicae, Leyde, 1718

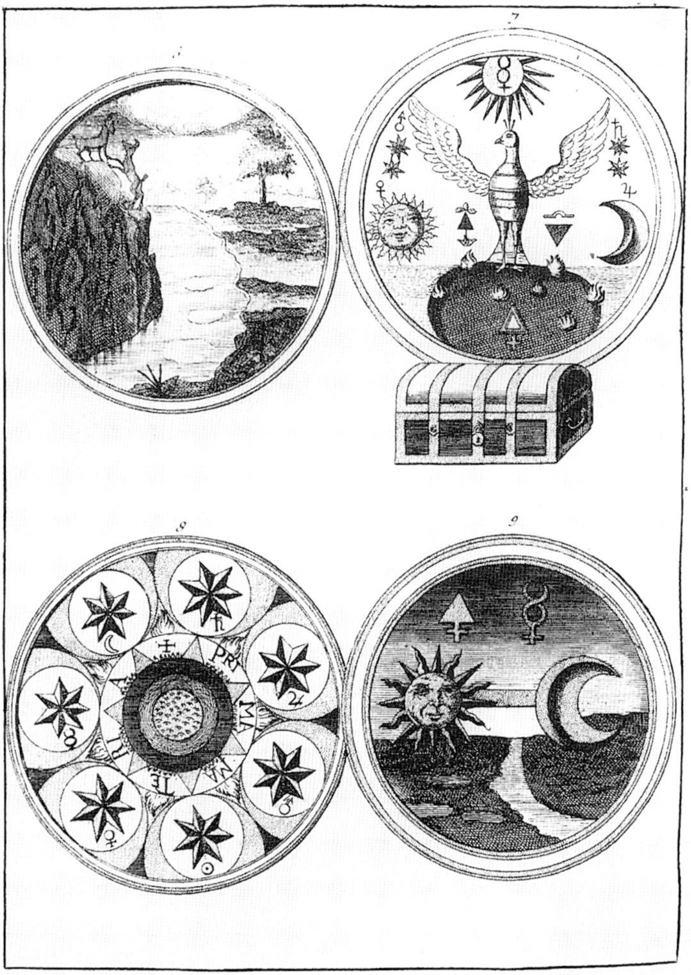

La Genèse dans l'Œuf

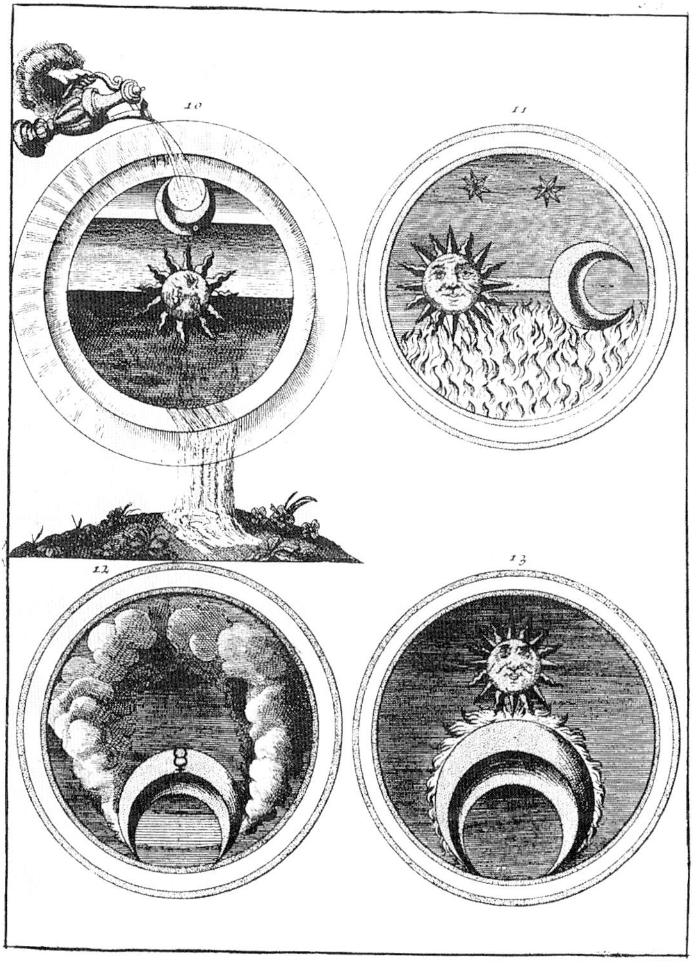

10) L'attouchement du soleil et de la lune confère à Mercure la force de féconder la terre.

11) Il faut que le soufre et le mercure soient, par le feu de la matière où ils baignent, libérés de la matière qui les entache.

12) La purification du mercure philosophal par la sublimation.

13) Le mercure philosophal est, une fois de plus, allié au soufre, afin de donner un fluide homogène.

J. C. Barchusen, Elementa chemicae, Leyde, 1718

La Genèse dans l'Œuf

14) L'or (le lion) est purifié par l'incorporation à l'antimoine (le loup).

15) Et la transmutation s'opère par la dissolution dans le soufre philosophal.

16) Le fourneau alchimique.

17) La cornue où le soufre se marie au mercure.

J. C. Barchusen, Elementa chemicae, Leyde, 1718

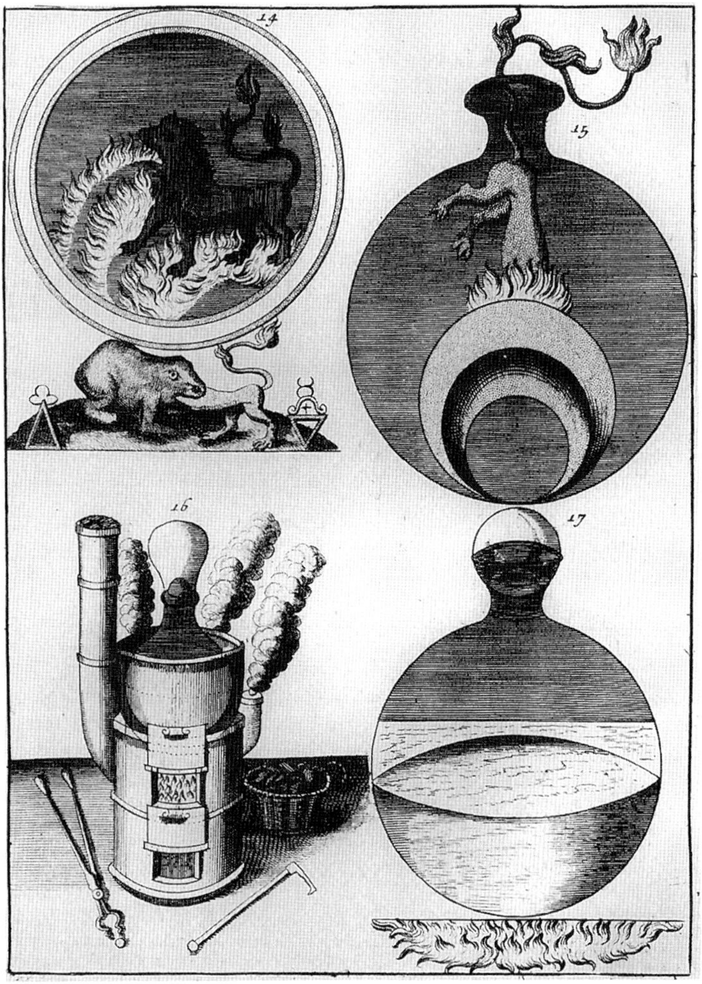

La Genèse dans l'Œuf

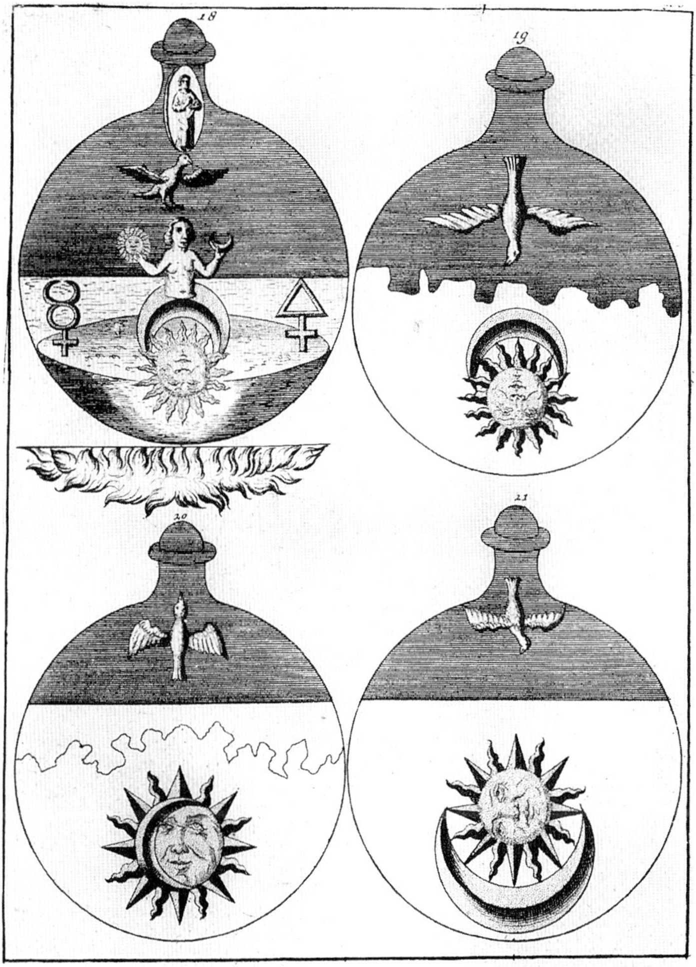

18) Le mercure philosophal est composé d'éléments volatils issus du mercure (Azoth) et d'éléments solides issus du soufre (Latone). L'oiseau représente l'esprit du mercure qui mène l'opus à bien.

19–21) La corruption (putrefactio) où les quatre éléments se dissocient et où l'âme quitte le corps. L'oiseau prenant son essor vers le ciel figure la distillation du mercure philosophal. Et l'oiseau dont le vol le mène au sol signifie que le produit de la distillation doit, une fois de plus, être associé à la dépouille mortelle.

J. C. Barchusen, Elementa chemicae, Leyde, 1718

La Genèse dans l'Œuf

22–23) Le noir de la putréfaction (nigredo) est purifié à l'aide d'Azoth, l'esprit vivant que l'on extrait du mercure.

24–25) La putréfaction (nigredo) ouvre la voie à l'union (conjunctio) et à la fécondation. Elle est la clé de la transmutation. L'étoile indique le repliement sur soi de la matière ; elle porte en son sein les germes des sept métaux.

J. C. Barchusen, Elementa chemicae, Leyde, 1718

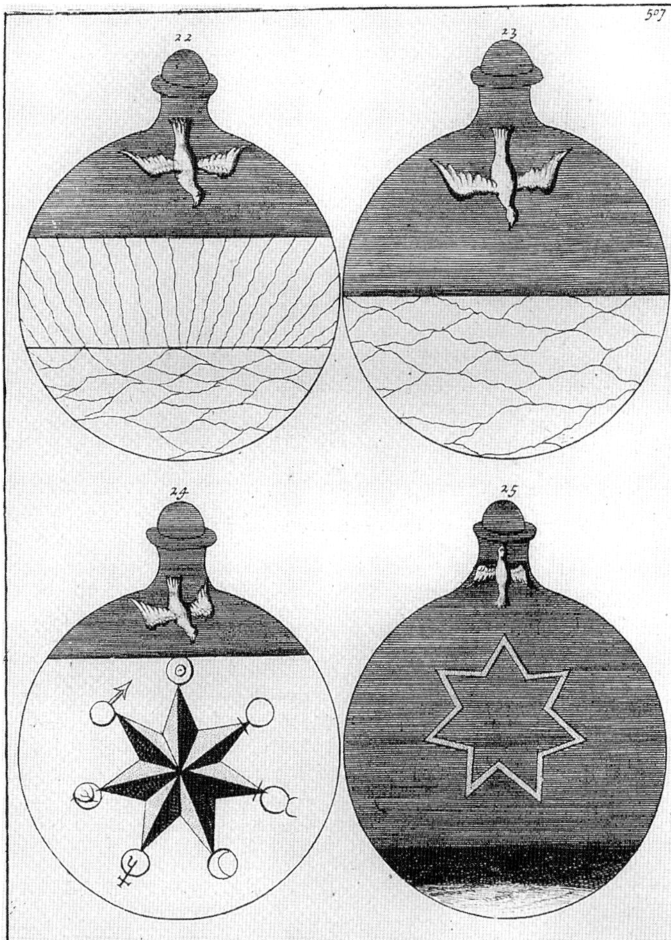

La Genèse dans l'Œuf

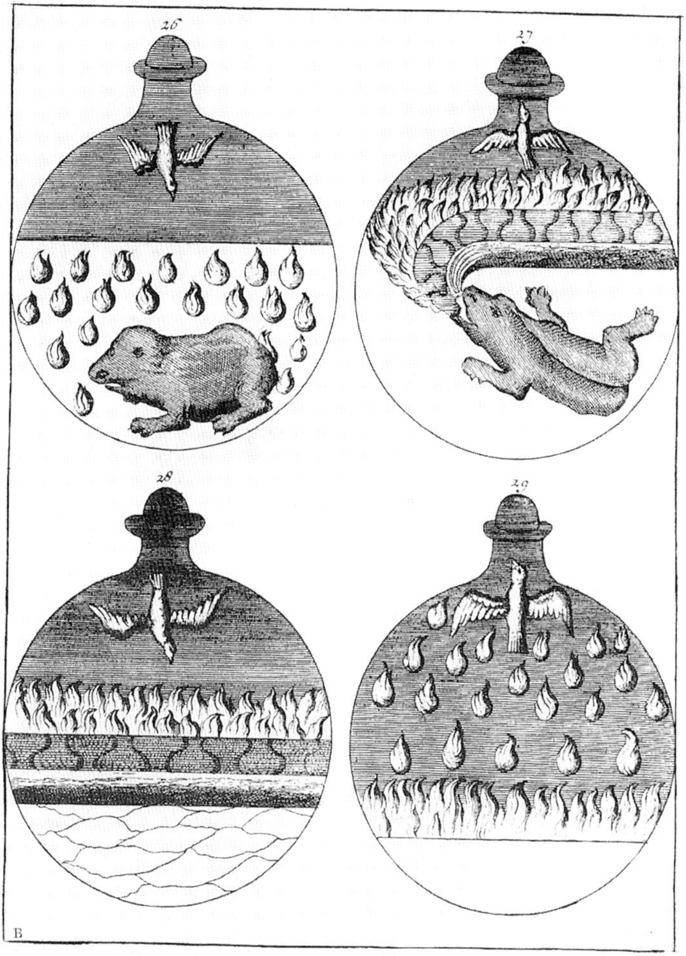

26–27) La noire matière (le crapaud) se fait blanche lorsqu'Azoth (la colombe) l'humecte et qu'une forte chaleur l'oblige à rendre tout ce qu'elle contient en éléments volatils.

28–29) Sous l'effet de la chaleur les éléments se restructurent.

J. C. Barchusen, Elementa chemicae, Leyde, 1718

La Genèse dans l'Œuf

31–33) L'extraction répétée de l'esprit mercuriel par la distillation et sa retombée en rosée provoquent une restructuration des éléments dans la cornue.

J. C. Barchusen, Elementa chemicae, Leyde, 1718

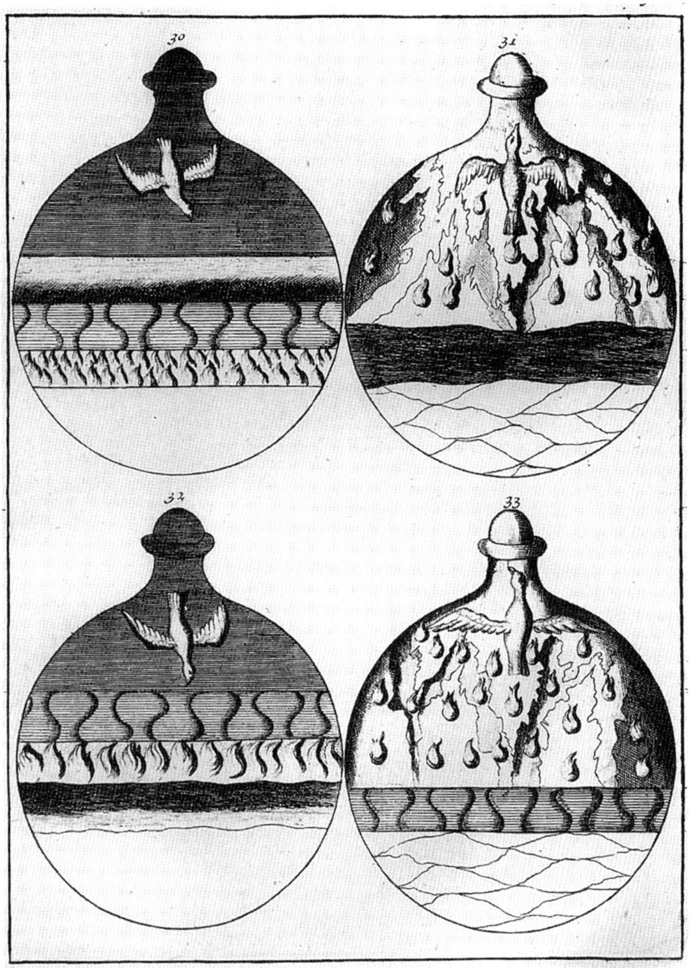

La Genèse dans l'Œuf

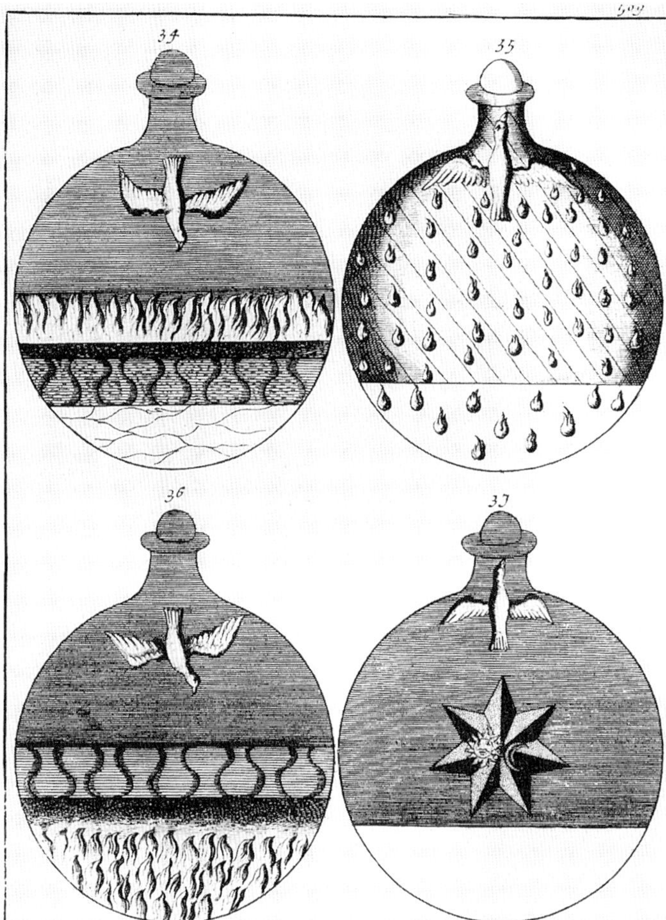

34–36) Le lapis se fait igné lors de la septième distillation.

37) L'apparition d'Apollon et de Luna annonce que le moment pour la pierre est venu de se transmuter.

J. C. Barchusen, Elementa chemicae, Leyde, 1718

La Genèse dans l'Œuf

38–41) L'élément humide s'élève, suivi de l'air, lors de la neuvième distillation.

J. C. Barchusen, Elementa chemicae, Leyde, 1718

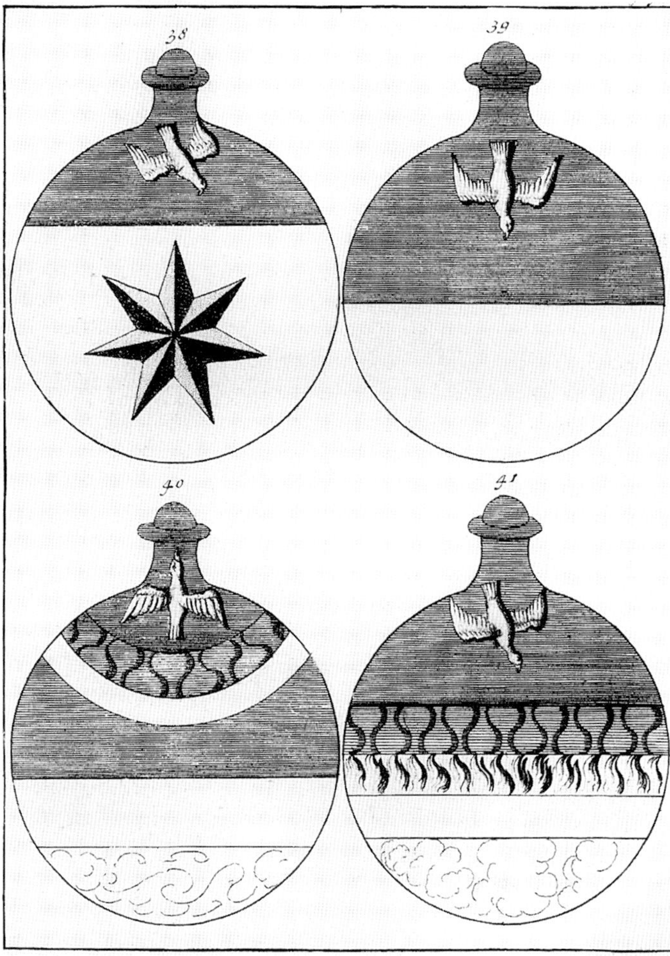

La Genèse dans l'Œuf

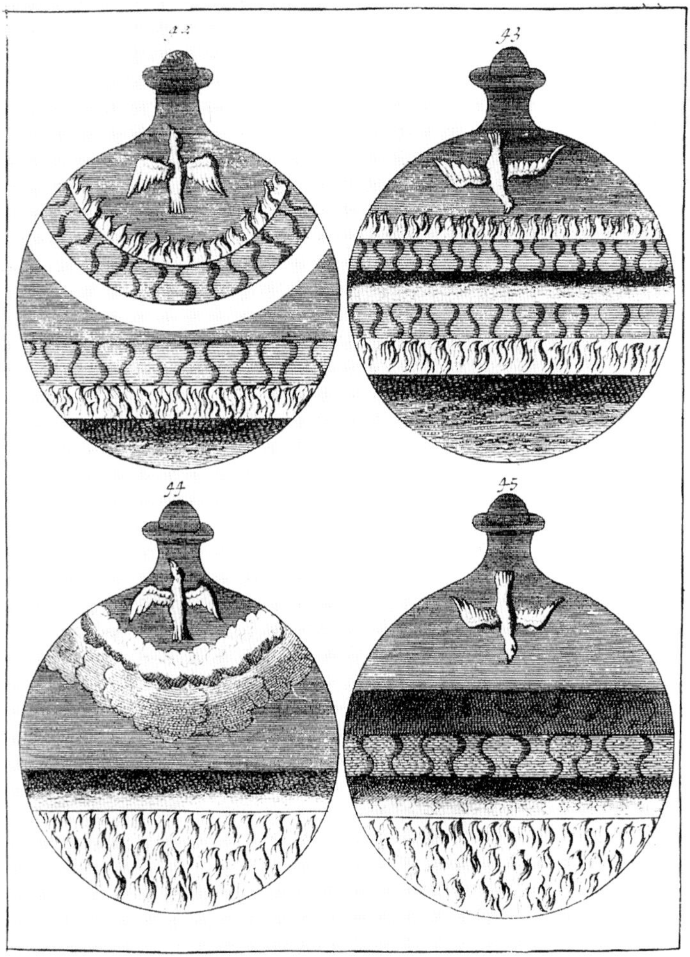

42–45) La dixième distillation et la retombée en rosée qui suit provoquent un dédoublement des éléments.

Le feu du lapis se dépose au fond de la cornue, ce qui a pour effet que l'eau se transforme en nuées.

J. C. Barchusen, Elementa chemicae, Leyde, 1718

La Genèse dans l'Œuf

46) L'ultime sublimation du lapis. Il est ici représenté sous forme de pélican, oiseau dont on sait qu'il redonne, par son sang (la teinture), la vie à ses petits (les métaux vulgaires) après leur mort.

47) La fixation définitive du lapis (fixatio) représenté sous la forme du phénix qui renaît de des cendres du brasier.

48–49) Les éléments sont réunis et l'opus est consommé.

J. C. Barchusen, Elementa chemicae, Leyde, 1718

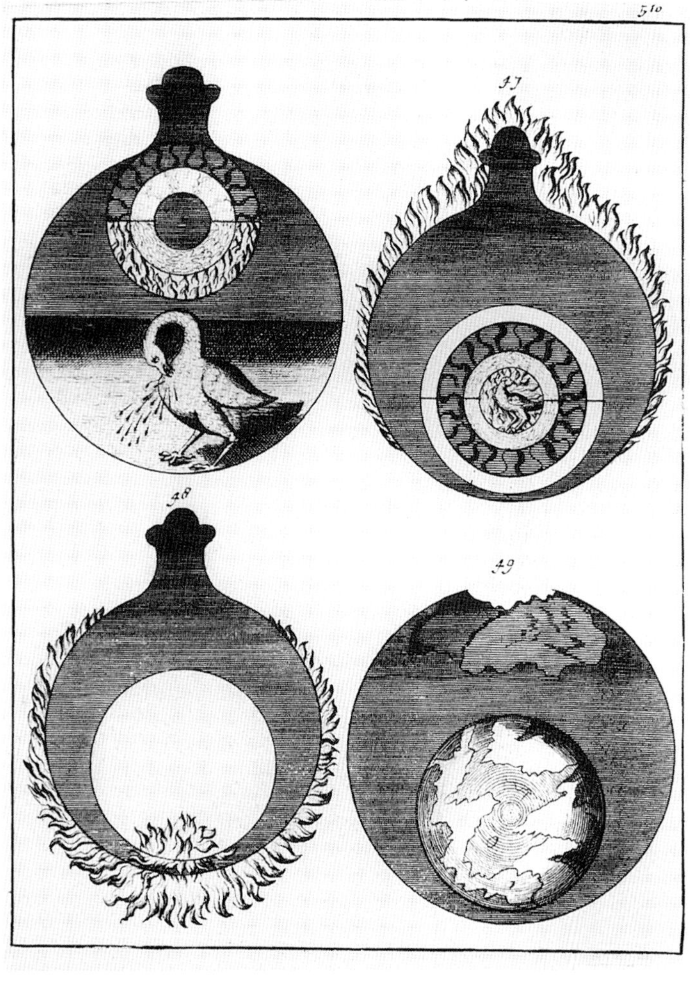

La Genèse dans l'Œuf

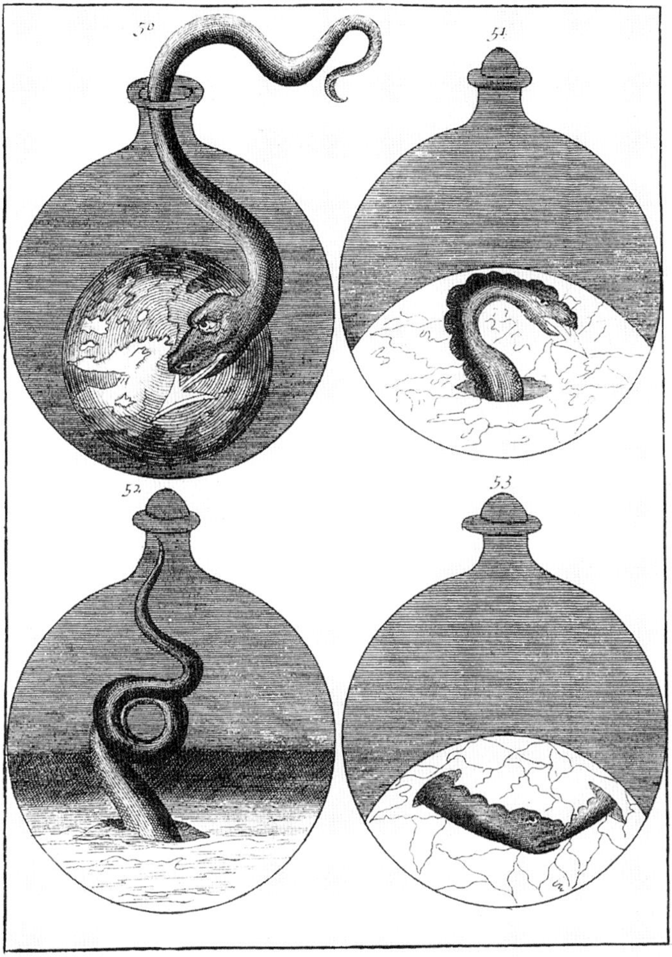

50–53) Plus le lapis est transparent, plus sa consistance est subtile et plus grande est sa force de pénétration, plus vives sont ses couleurs. Dans le but d'intensifier ces qualités, on a de nouveau recours à la sublimation : le lapis sera fécondé par le mercure philosophal (le serpent) « autant de fois qu'il faut et jusqu'à ce que le serpent dévore sa queue ». Alors on a la dissolution de la pierre.

J. C. Barchusen, Elementa chemicae, Leyde, 1718

La Genèse dans l'Œuf

La dissolution du lapis (54) et les distillations ou sublimations répétées (55) avec les retombées en rosée (56) le ramènent à la consistance dure (57).

J. C. Barchusen, Elementa chemicae, Leyde, 1718

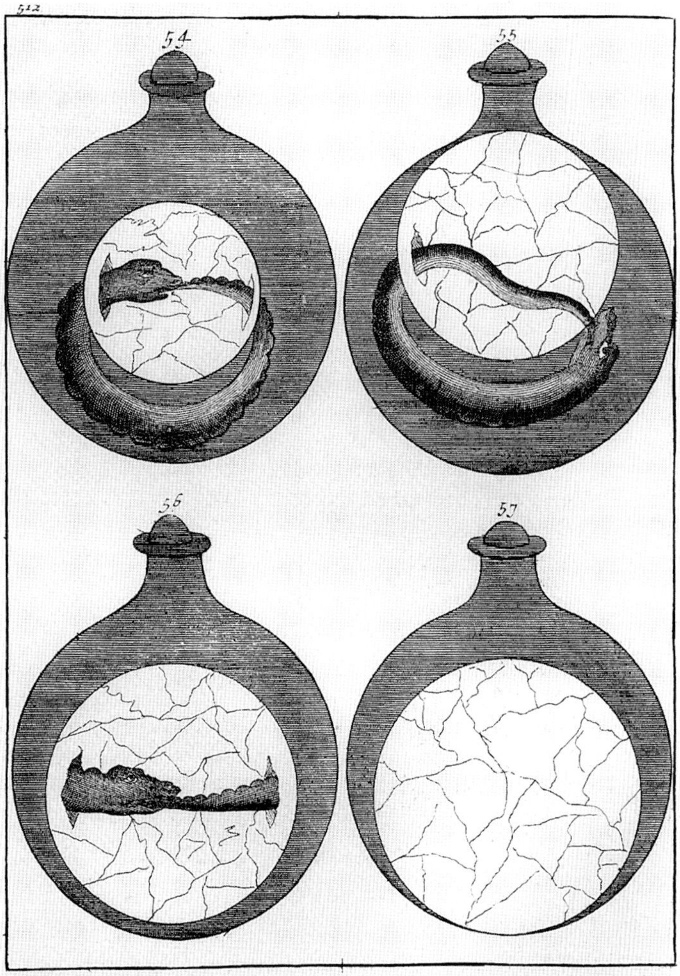

La Genèse dans l'Œuf

On déverse à nouveau Azoth (58) et on augmente la température (59–60), car il faut que l'âme « transpire jusqu'à l'évaporation » (61).

J. C. Barchusen, Elementa chemicae, Leyde, 1718

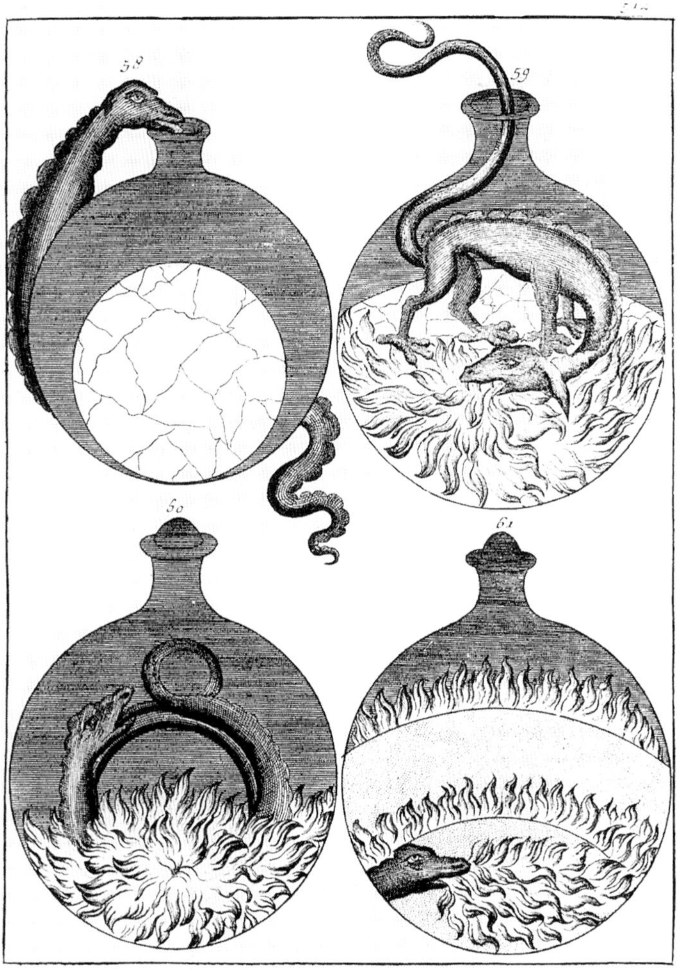

La Genèse dans l'Œuf

62–65) Il faut au lapis une coction menée bon train et de longue durée.

J. C. Barchusen, Elementa chemicae, Leyde, 1718

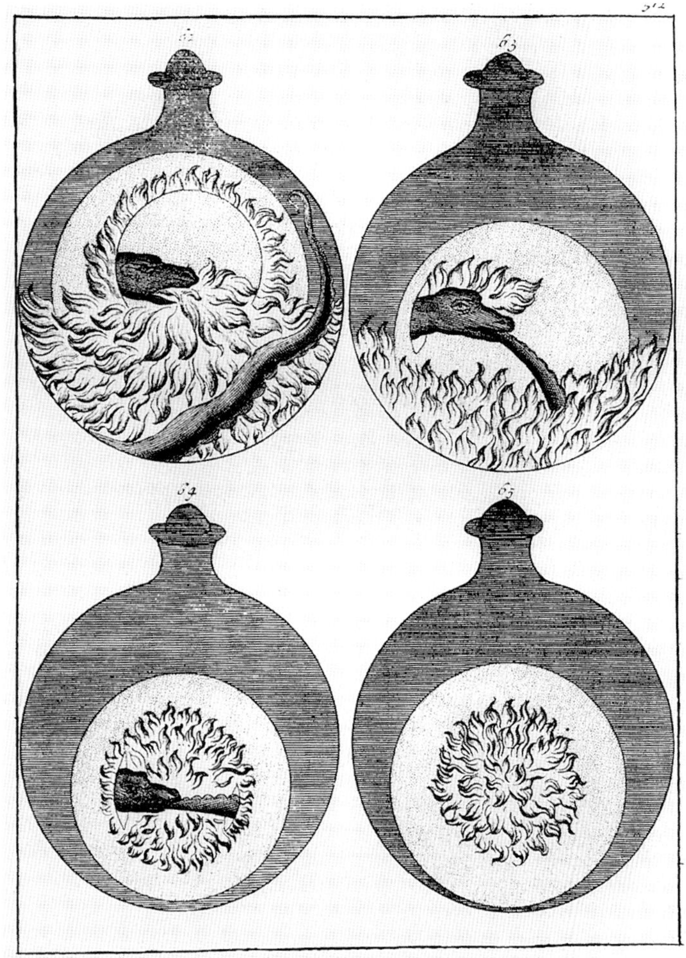

La Genèse dans l'Œuf

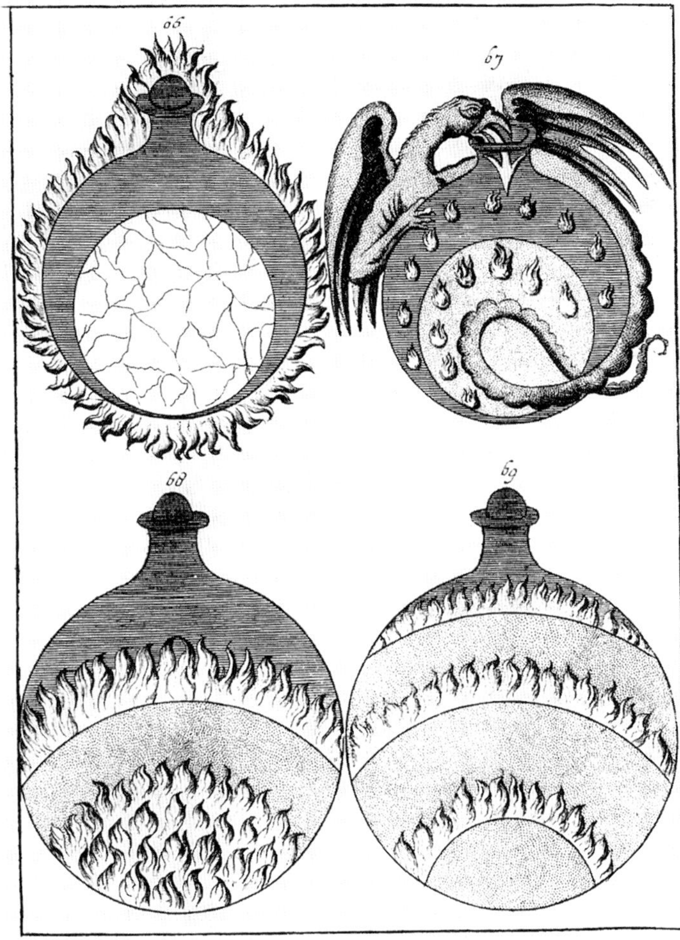

67–69) De nouveau on humidifie la masse, car plus on distille, plus grande sera la force de pénétration et de coloration de la pierre.

J. C. Barchusen, Elementa chemicae, Leyde, 1718

La Genèse dans l'Œuf

70–74) Le supplice du feu, des jours durant, mène à la maturation de la pierre. Plus rien ne s'oppose, dès lors, à son parachèvement et à sa résurrection.

J. C. Barchusen, Elementa chemicae, Leyde, 1718

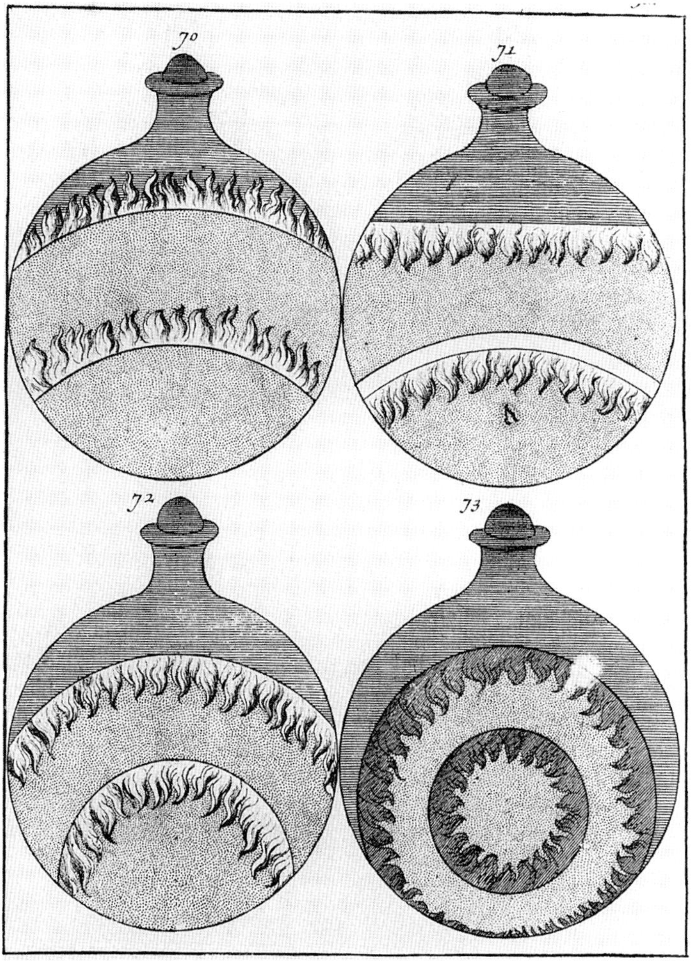

La Genèse dans l'Œuf

74

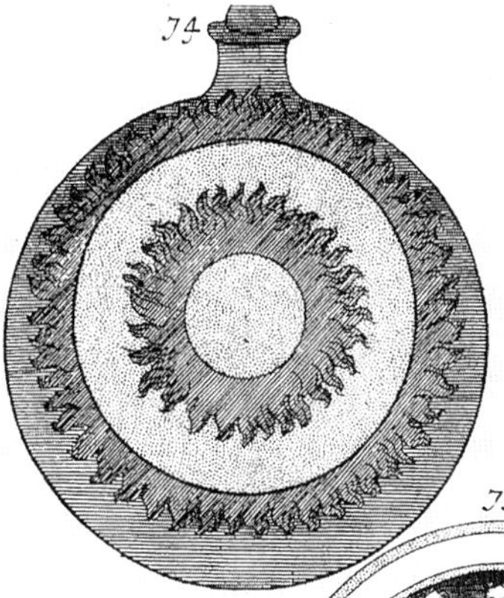

75

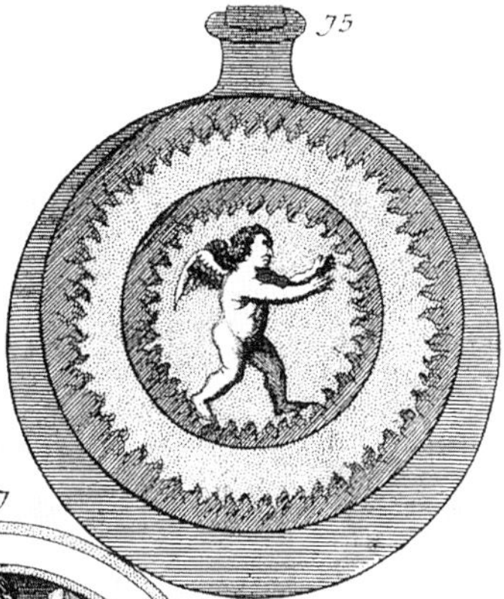

77

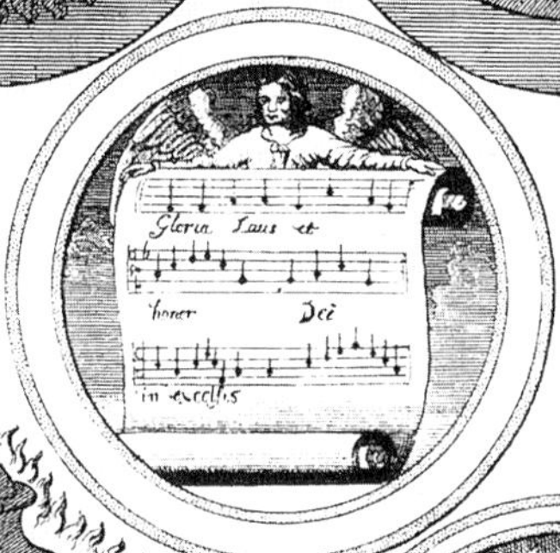

76

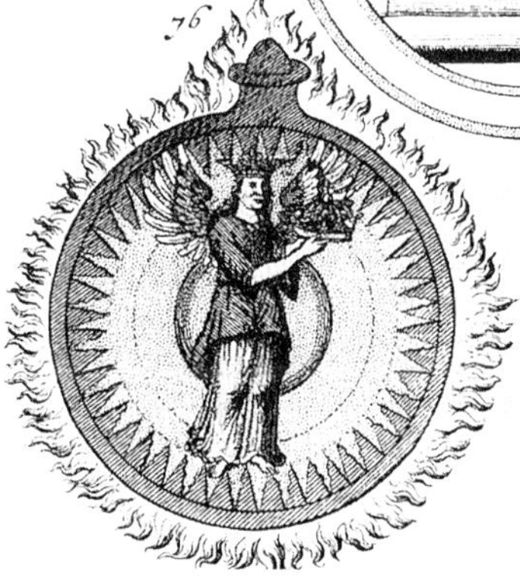

78

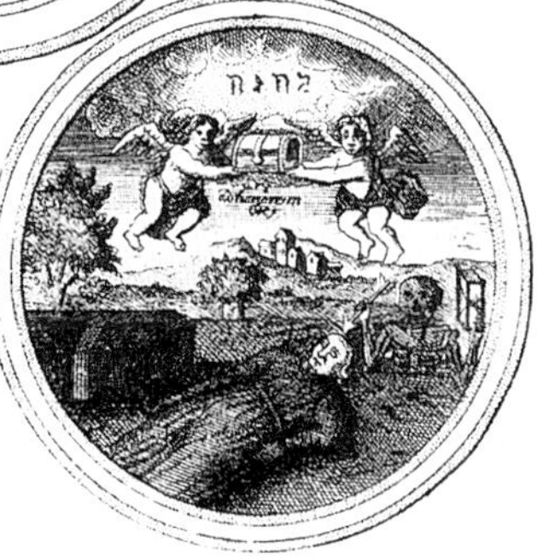

75–78) « Après un long martyre et bien des souffrances me voilà ressuscitée dans ma magnitude, pure et sans taches. »
L'âme et l'esprit ont pénétré le corps de part en part, le Père et le Fils sont Un, l'aiguillon de la mort, du périssable, n'est plus.

J. C. Barchusen, Elementa chemicae, Leyde, 1718

La Genèse dans l'Œuf

Mercure attise le feu dans la phase saturnienne du dragon de la prima materia, et il donne des ailes à ce dernier, ce qui évoque la vaporisation. Le sang dont il nourrit le dragon, c'est l'esprit universel, l'âme de toute chose.

S. Trismosin, Splendor solis, Londres, XVIème siècle

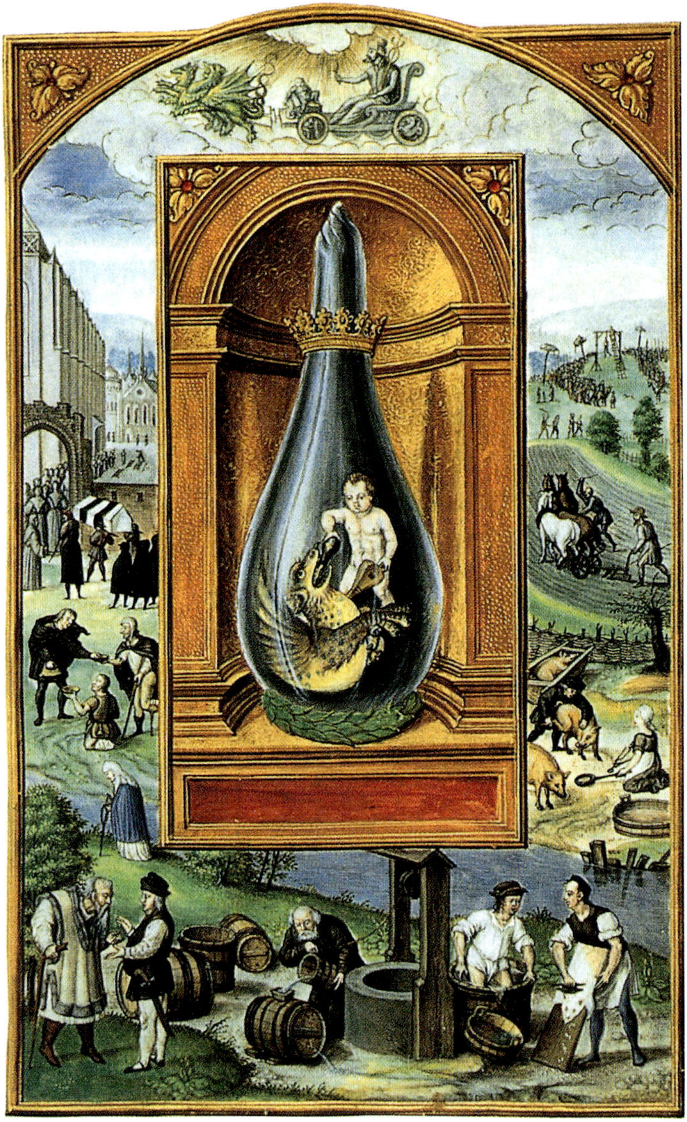

Notre dragon est mort ; qu'on lui donne du sang pour le vivifier.

La Genèse dans l'Œuf

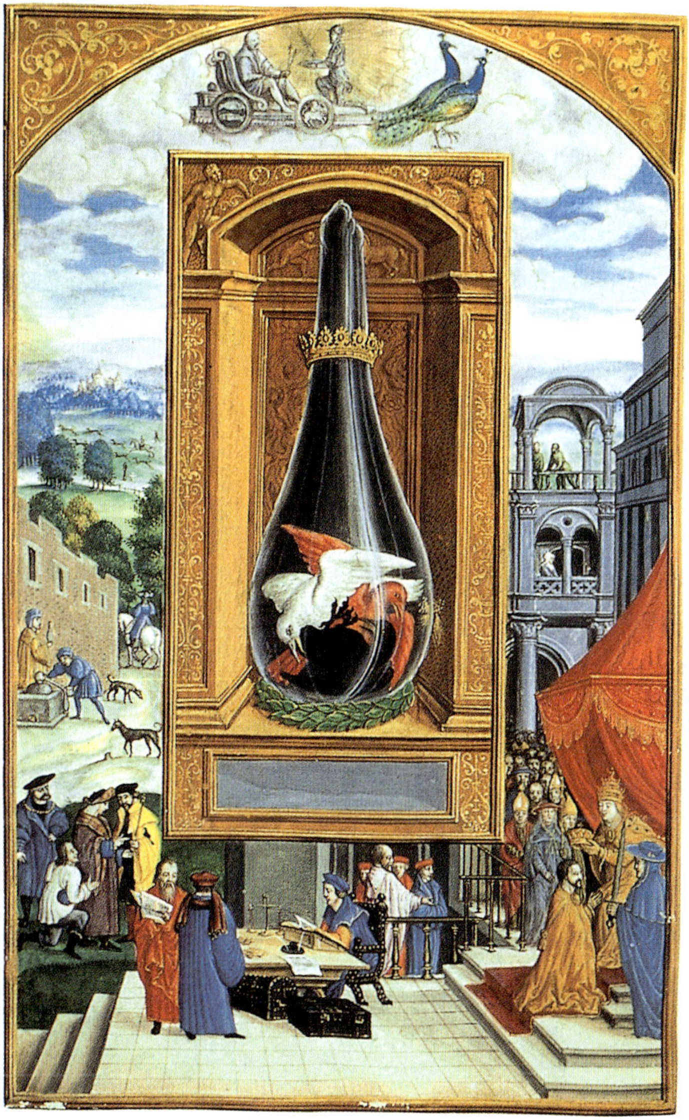

Après la carence saturnienne viennent l'abondance et l'optimisme jupitériens. C'est sous ses auspices que s'opère la phase de la croissance (multiplicatio) dans l'opus.

S. Trismosin, Splendor solis, Londres, XVIème siècle

La Genèse dans l'Œuf

La matière, à présent, a été sublimée trois fois et se trouve en un état gazeux, c'est ce que montre le nombre de têtes de l'oiseau. Mars, le dieu de la guerre, monte à l'assaut.

S. Trismosin, Splendor solis, Londres, XVIème siècle

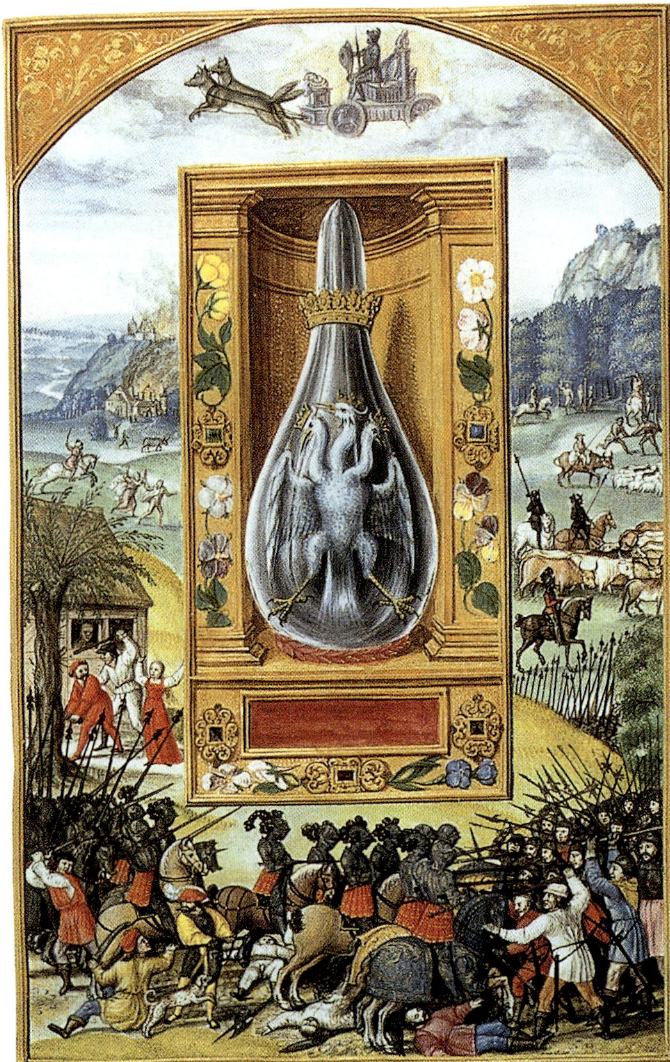

Les corps dissolus ont réintégré l'Esprit universel.

La Genèse dans l'Œuf

Le soleil règne dans le signe du Lion, et c'est au lion, selon la légende qui accompagne cette gravure, que la matière sera donnée en pâture.

S. Trismosin, Splendor solis, Londres, XVIème siècle

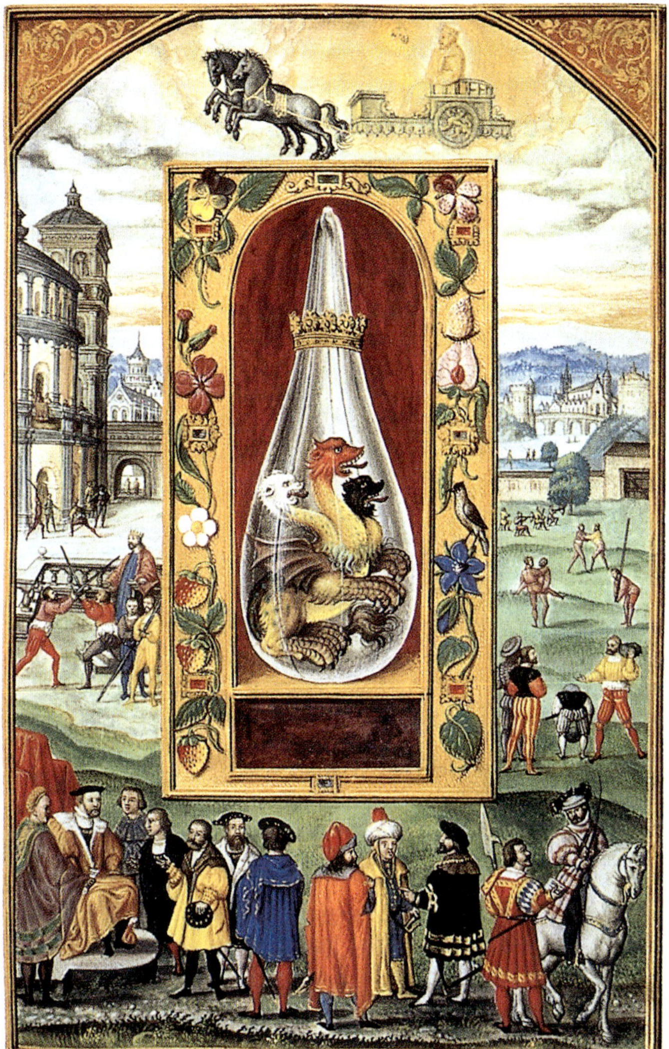

Que l'on donne à notre dragon regorgeant de vie le lion féroce à dévorer.

La Genèse dans l'Œuf

Le char de Mercure est tiré par deux coqs. Le chant du coq annonce le lever du soleil. La bonne nouvelle est encore proclamée par la vierge sans taches qui incarne l'œuvre au blanc (l'albedo). Bien qu'encore sous l'empire de la nuit et de la lune, elle porte en son sein le fils du soleil.

S. Trismosin, Splendor solis, Londres, XVIème siècle

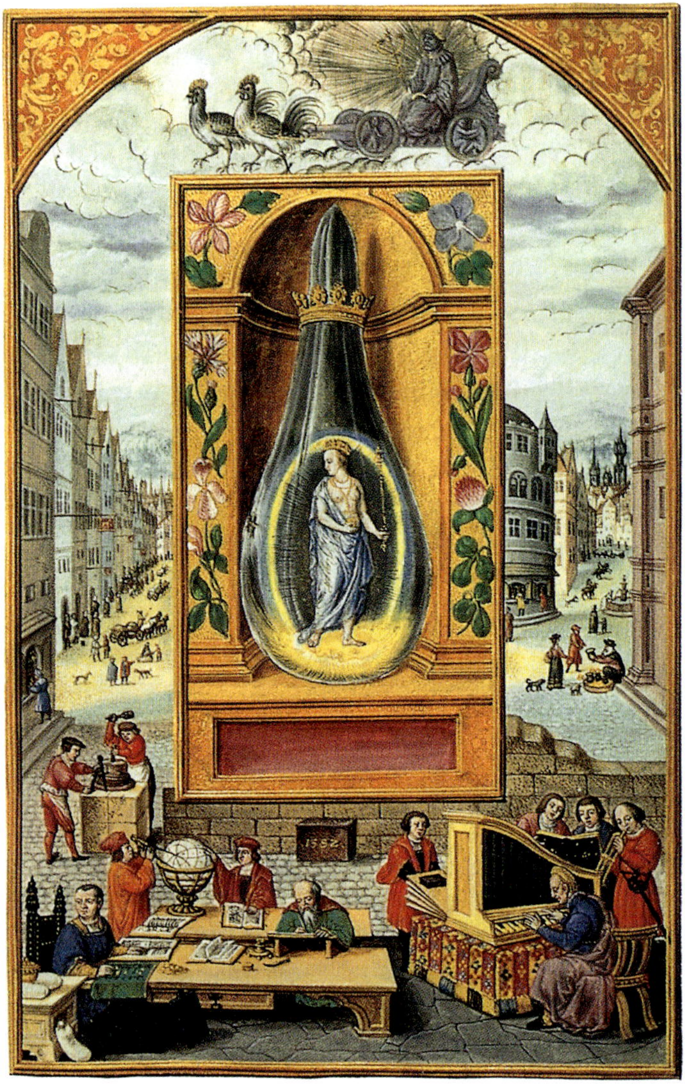

Le Fils est né, et il est plus grand que moi.

La Genèse dans l'Œuf

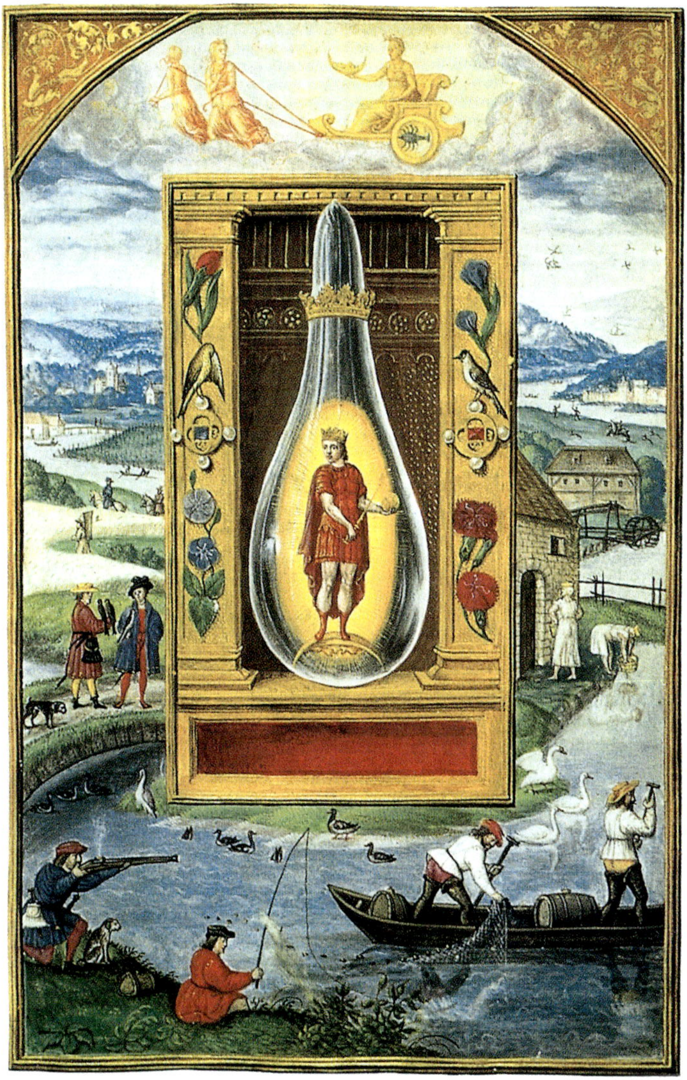

Luna, la lune, qui règne sur l'humide, enfante le roi immaculé dans son habit de pourpre : c'est la teinture rouge, le remède universel qui soigne toutes les maladies.

S. Trismosin, Splendor solis, Londres, XVIème siècle

La mort a perdu son pouvoir et c'est le règne du Fils dans l'œuvre au rouge.

La Genèse dans l'Œuf

« Le vent l'a porté dans son ventre. »

La naissance de la pierre philosophale a lieu dans l'air.

Michel Maier, Atalanta fugiens, Oppenheim, 1618

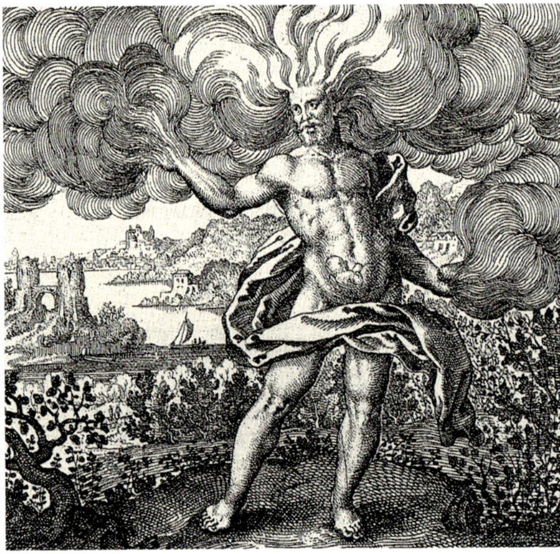

« La Terre est sa nourrice. »

Il se nourrit d'eau mercurielle.

Michel Maier, Atalanta fugiens, Oppenheim, 1618

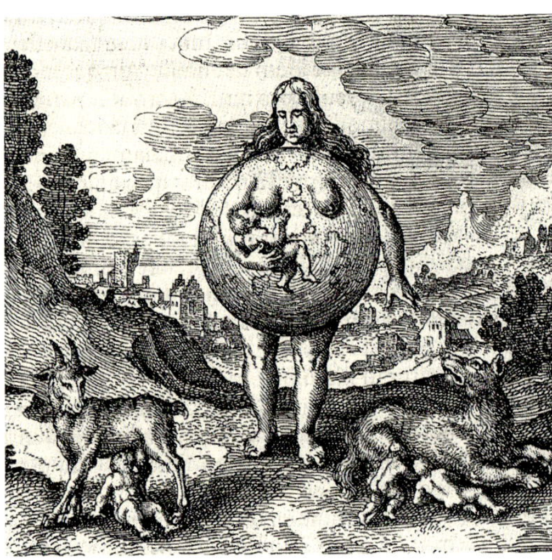

La Genèse dans l'Œuf

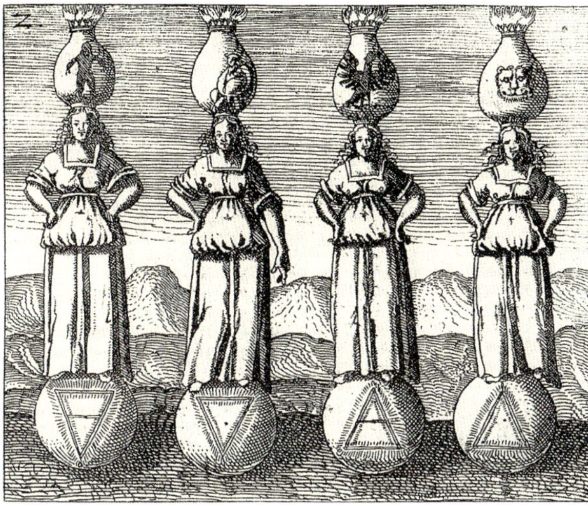

Les quatre éléments (de gauche à droite : la terre, l'eau, l'air, le feu) correspondent aux quatre phases de l'opus et aux quatre degrés du feu.

D. Stolcius von Stolcenberg, Viridarium chymicum, Francfort, 1624

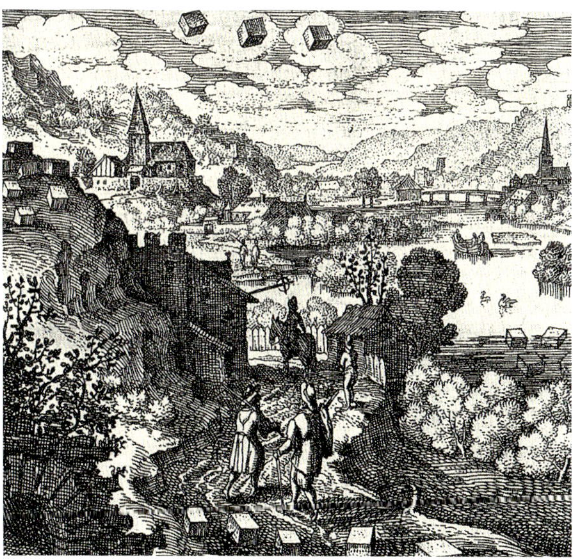

On peut trouver partout la prime matière nécessaire à la confection du lapis : dans la terre, sur les montagnes, dans l'air et dans l'eau nourricière.

Michel Maier, Atalanta fugiens, Oppenheim, 1618

La nuit saturnienne

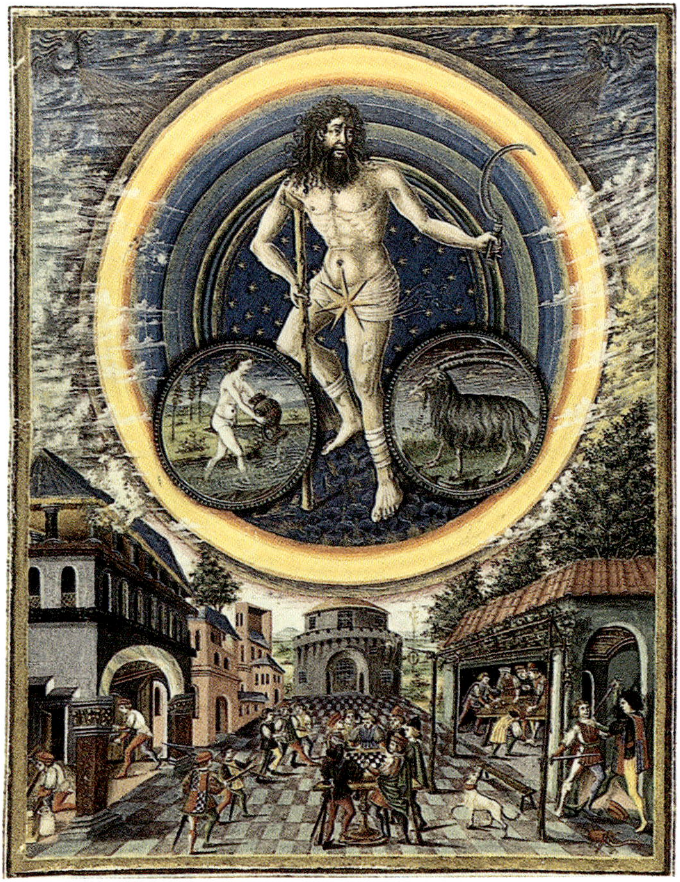

Saturne règne sur les signes zodiacaux du Verseau et du Capricorne. « Les alchimistes de l'antique paganisme faisaient de Saturne non seulement l'incarnation du temps qui passe mais encore celle de la prima materia, support de tous les métaux : conformément à la nature, on a, sous son règne alchimique, le véritable âge d'or. » (Henri Khunrath, Vom hylealischen Chaos [Du chaos hylique], éd. Francfort, 1708)

De Sphaera, manuscrit italien, XVème siècle

La nuit saturnienne

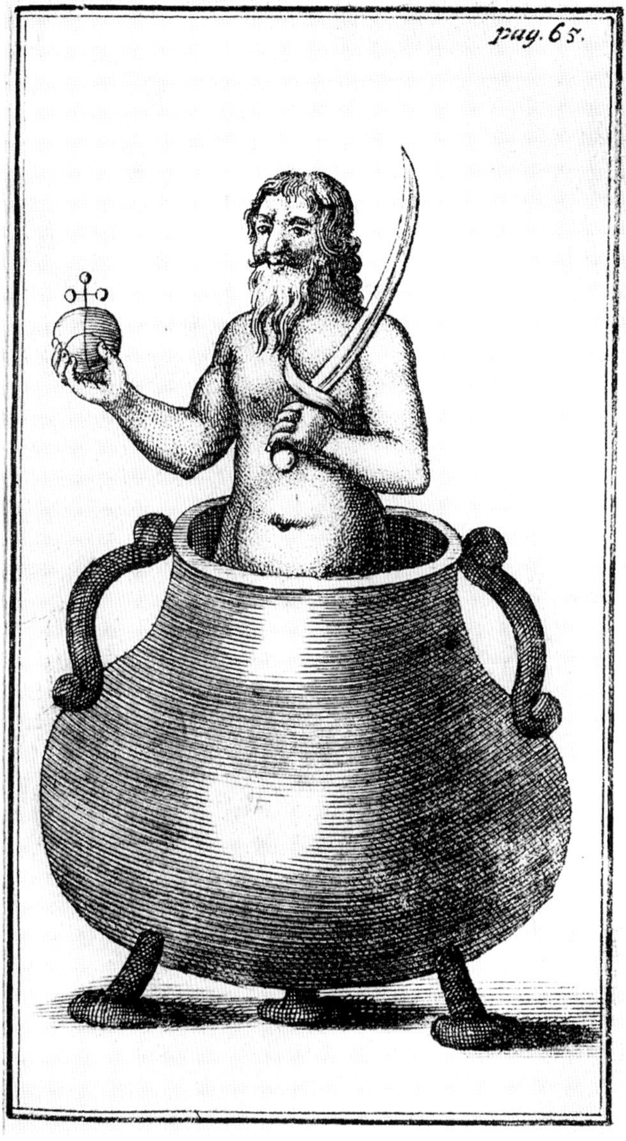

« Voyez, en Saturne l'or est caché (...). De même l'homme, après la chute, se cache en une effigie de lui-même, grossière, informe, bestiale, comme morte (...). Il est comparable à la pierre brute en Saturne (...) et son corps est un cadavre puant, car il est encore intoxiqué. » (Jacob Böhme, De signatura rerum)

Isaac Hollandus, La main des philosophes (1667), éd. Vienne, 1746

La nuit saturnienne

Allégorie du chaos et de la nécessité d'y apporter l'harmonie.

Aurora consurgens, fin du XIVème siècle

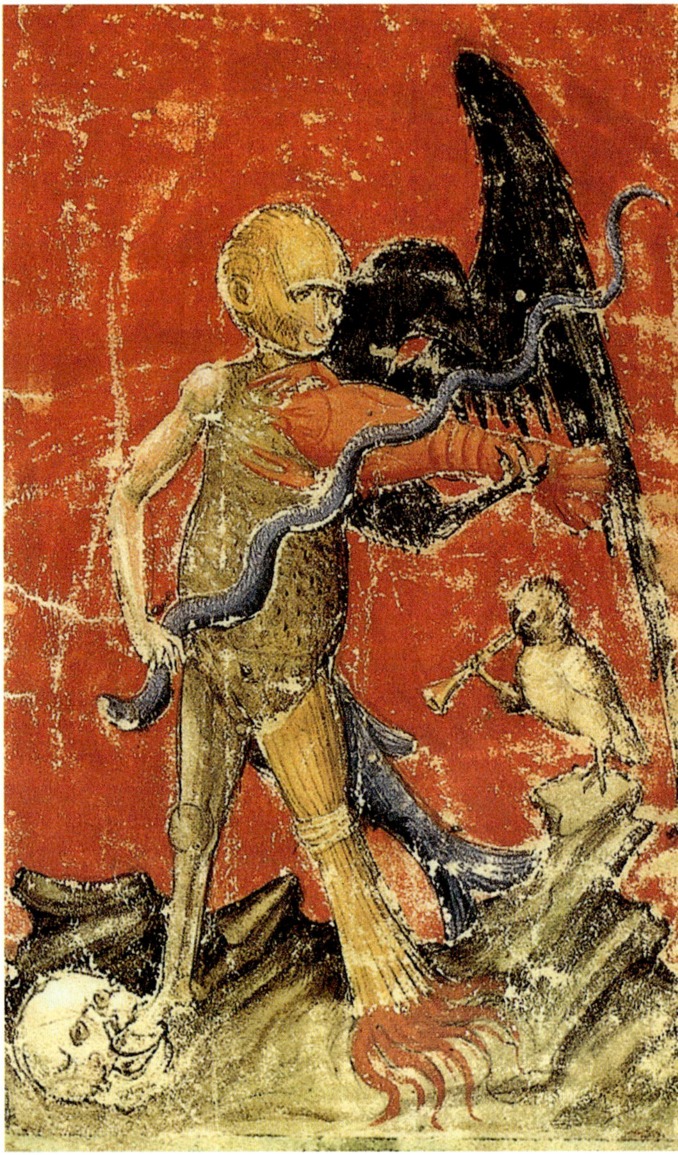

La nuit saturnienne

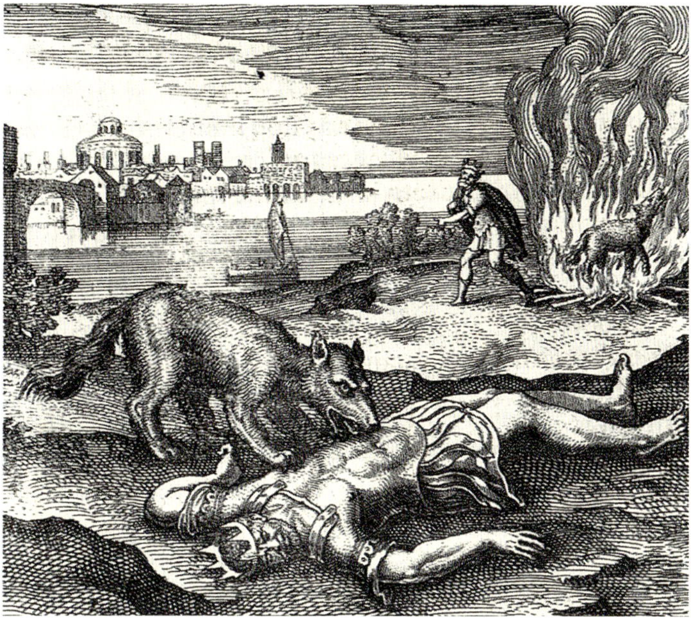

« Prends le loup gris, l'enfant de Saturne (...) et donne-lui le corps du roi en pâture. Lorsqu'il l'aura dévoré, fais un grand feu et mets-y le loup pour qu'il y brûle tout entier, de sorte que le roi soit racheté. »

Michel Maier, Atalanta fugiens, Oppenheim, 1618

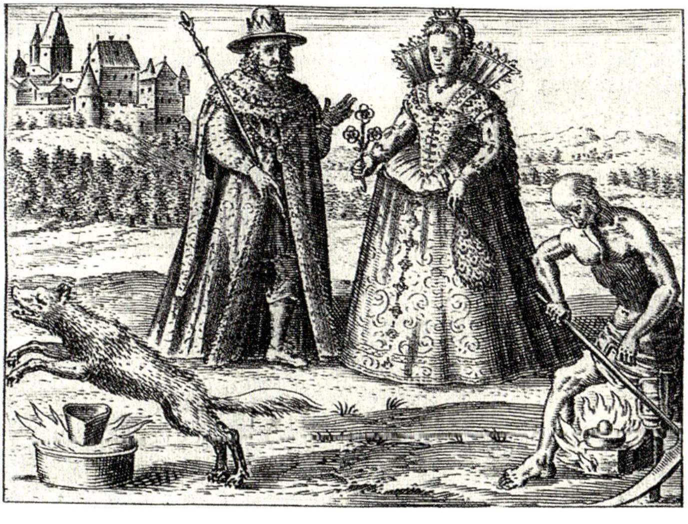

Pour la purification de l'or (le roi), on alliait les impuretés à de l'antimoine, qu'on faisait fondre. Comme l'antimoine attire l'impur et l'engloutit, on lui donna les noms suivants : « magnes des sages » et « loup des métaux »

D. Stolcius von Stolcenberg, Viridarium chymicum, Francfort, 1624

La nuit saturnienne

« Ovide relate le cas d'un sage vieillard qui voulait se rajeunir. Il fallait en faire des morceaux et les faire cuire jusqu'à la coction complète, mais pas davantage. Alors ses membres se remettraient ensemble et retrouveraient leur verte vigueur. »

S. Trismosin, Splendor solis, Londres, XVIIème siècle

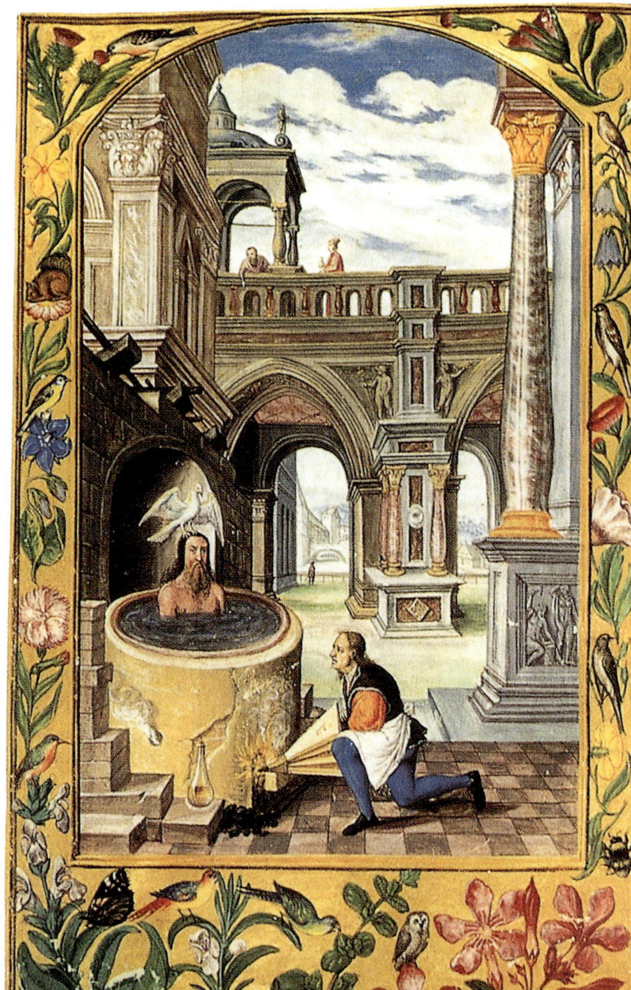

La nuit saturnienne

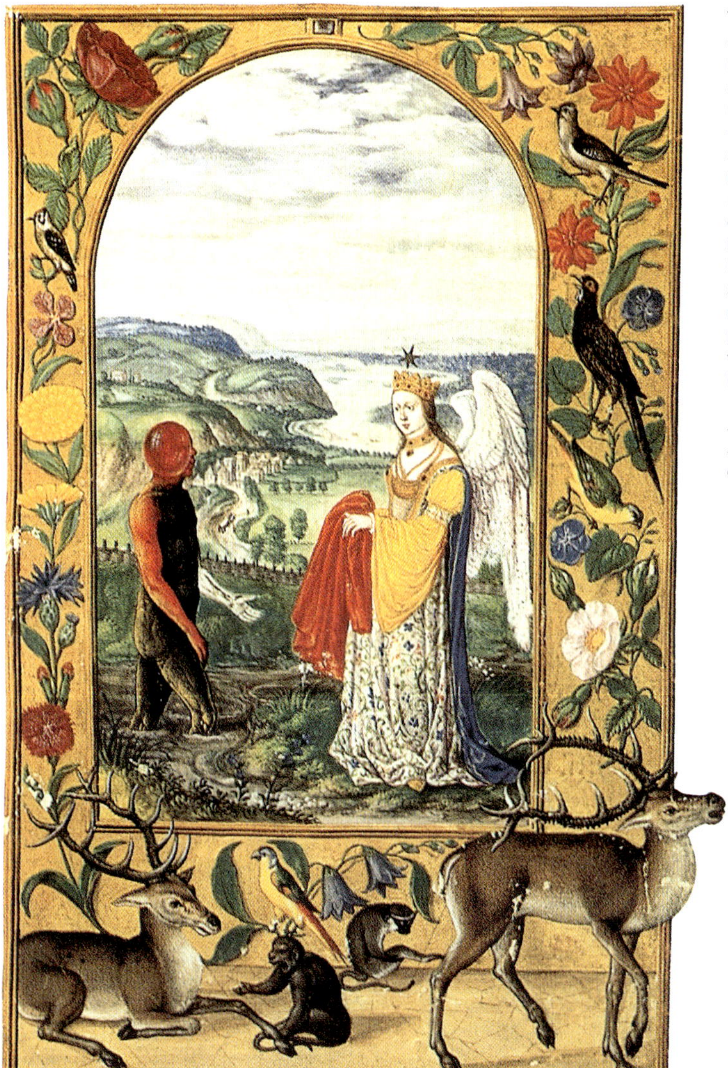

Trismosin parle d'un ange (c'est un nom qu'on donne à la fraction de mercure sublimée de la matière) qui aide « un homme noir comme un Maure » à sortir d'une « décoction bourbeuse » (c'est le dépôt putréfié au fond de la cornue), le revêt de pourpre et s'envole avec lui dans le ciel.

S. Trismosin, Splendor solis, Londres, XVIIème siècle

Le travail des métaux

Hermès Trismégiste et le feu créateur qui unit les polarités.

D. Stolcius von Stolcenberg, Viridarium chymicum, Francfort, 1624

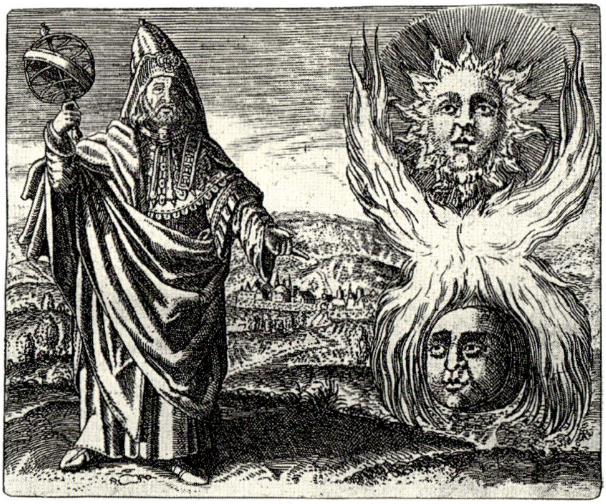

Solve et Coagula, la solution et la coagulation ou le mercure et le soufre représentés sous la forme de l'aigle et du crapaud.

D. Stolcius von Stolcenberg, Viridarium chymicum, Francfort, 1624

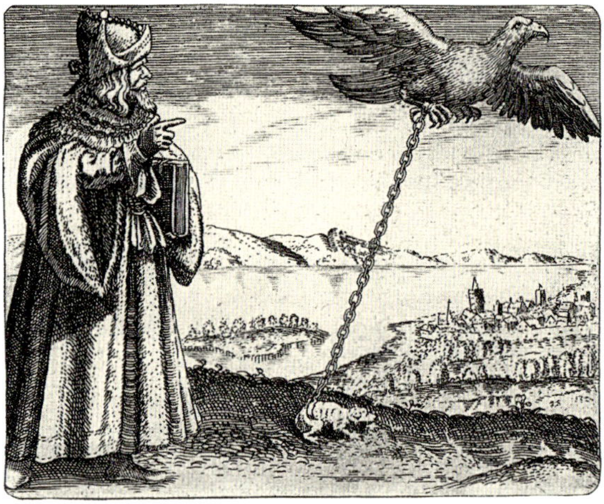

Le travail des métaux

Une représentation symbolique des trois diverses calcinations en matiere première.

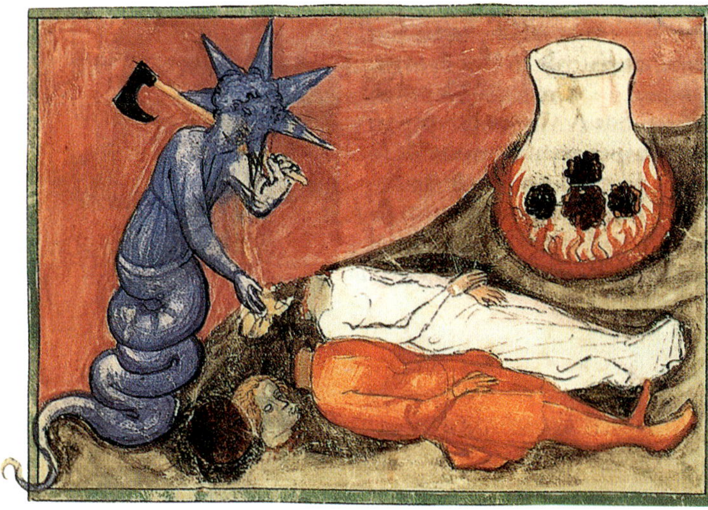

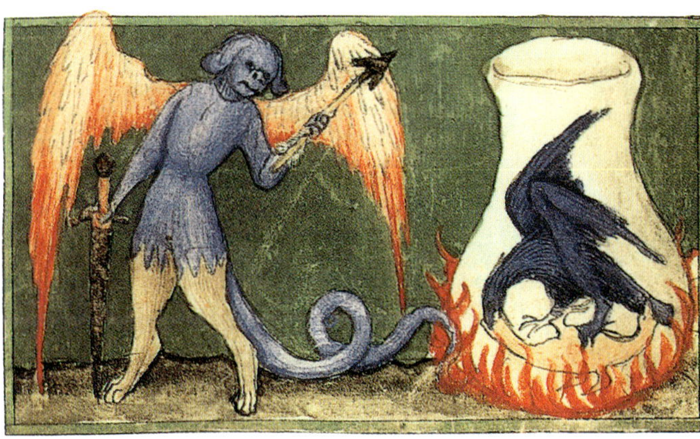

*Aurora consurgens, début du XV*ème *siècle*

L'oiseau fabuleux dans la cornue figure le début de la pulvérisation, de la « renaissance philosophale ».

Le travail des métaux

D'après l'interprétation d'Eléazar, on prépare le dragon à partir du vitriol philosophique ; il figure la voie sèche, tout comme Saturne, l'antimoine, représente la voie humide. Mais toutes deux, en ce qu'elles s'allient à Mercure, mènent à la fixation de ce dernier.

Abraham Eléazar, Opus chymicum antiquum, Leipzig, 1760

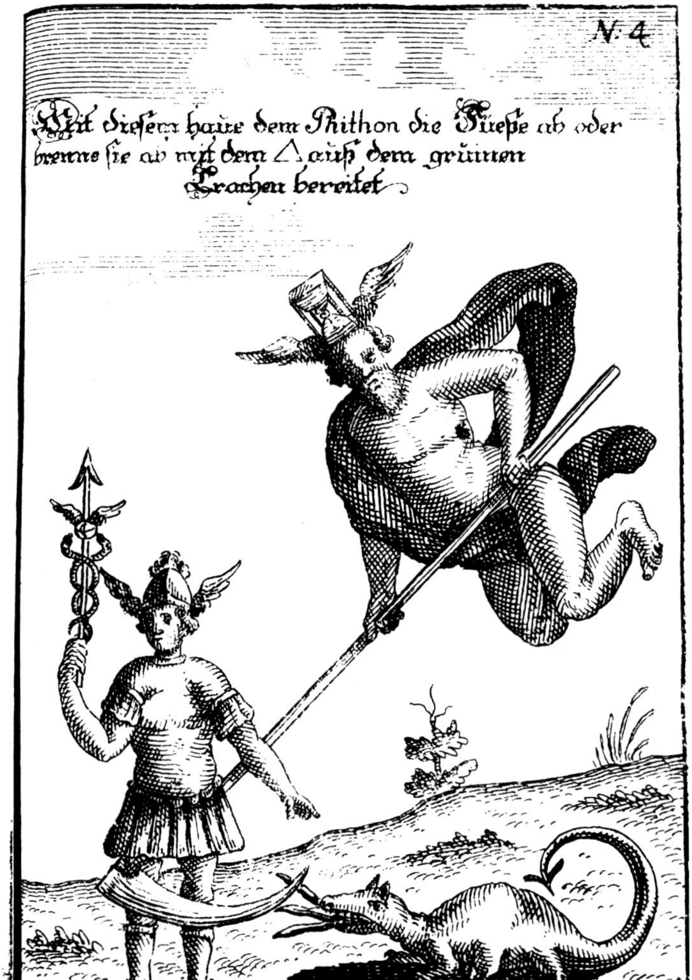

Le travail des métaux

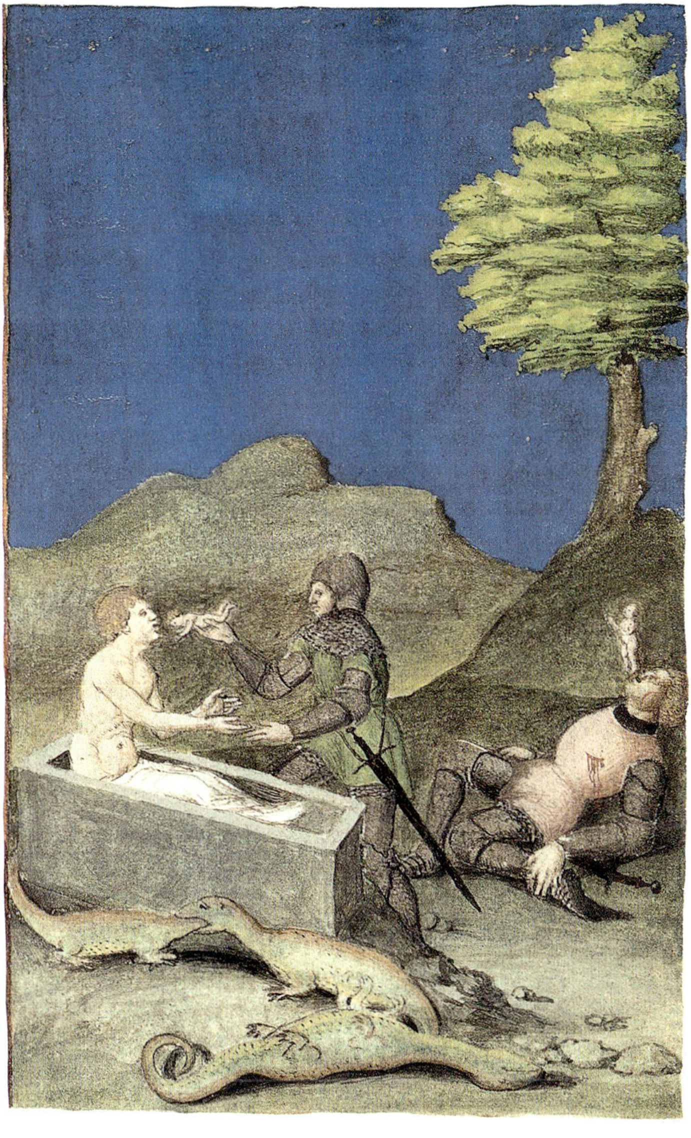

« Prends-lui son âme et rends-la lui, car la ruine et la mort d'une chose vont de pair avec l'enfantement d'une autre. Cela veut dire : vide-la de son fluide corrupteur et rends-la grosse de son fluide naturel, qui sera sa vie et sa perfection. » (Aurora consurgens, d'après une trad. du XVIème siècle)

Aurora consurgens, début du XVIème siècle

Le travail des métaux

Le fils et le serviteur prient le roi de leur donner pouvoir sur le royaume (oro : lat. : je prie ; ro : anagramme d'or ; en hébreux : lumière).

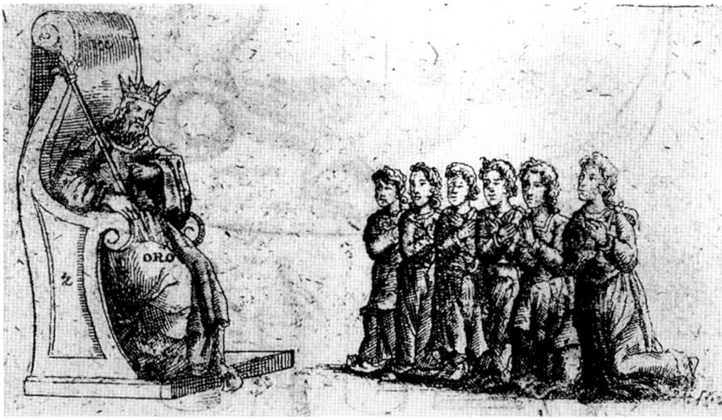

Le fils (Azoth) tue son père

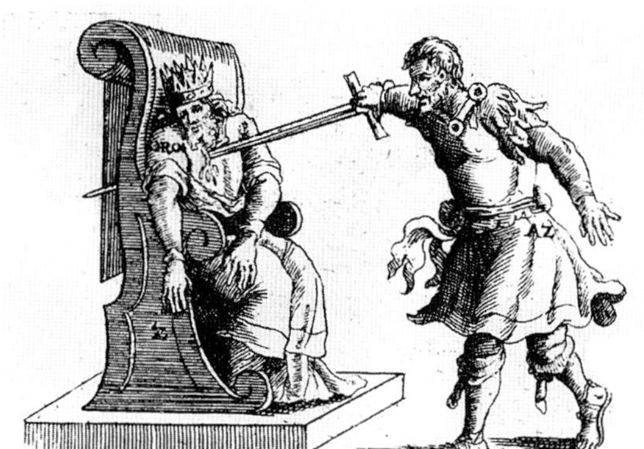

et récupère son sang.

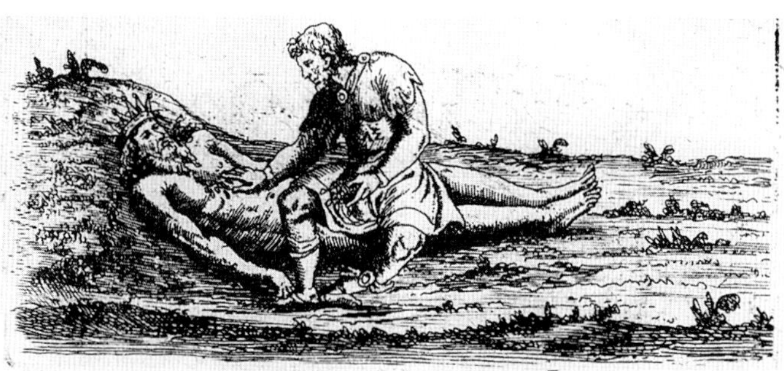

Janus Lacinius, Pretiosa Margarita, Venise, 1546 ; éd. Leipzig, 1714

Le travail des métaux

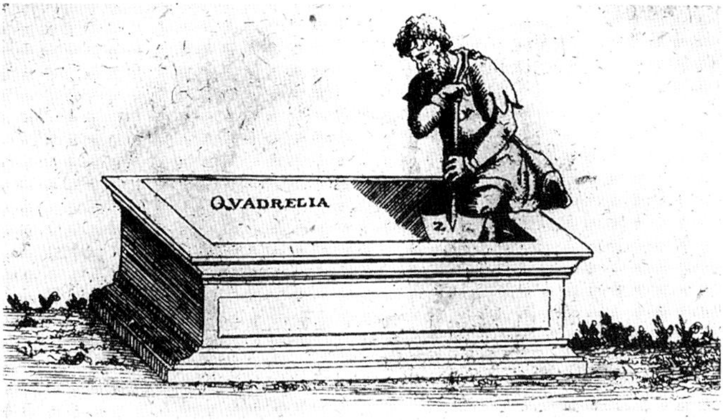

La préparation de la fosse (le four).

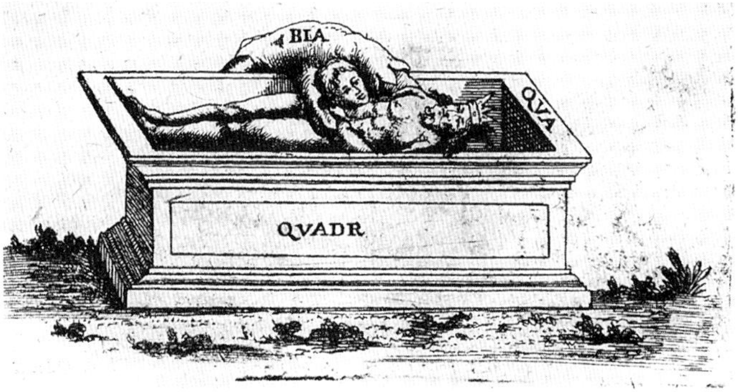

« Le père et le fils tombent dans la fosse par l'opération de l'art » (quadr = les quatre éléments).

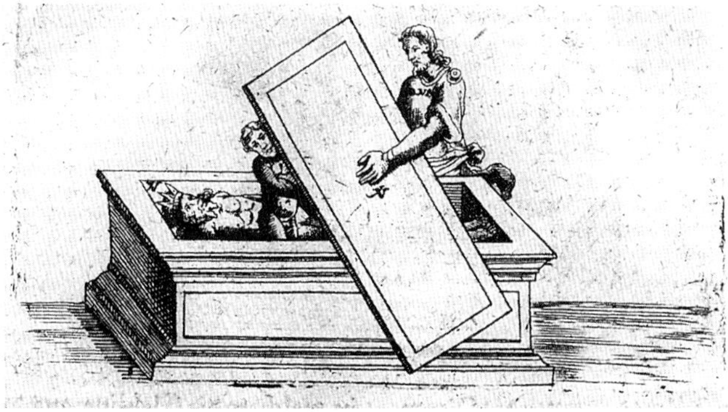

Le fils cherche à fuir, mais un troisième personnage issu des deux premiers l'en empêche. 𝒳 est le symbole de l'alambic, son chapiteau.

Janus Lacinius, Pretiosa Margarita, Leipzig, 1714

Le travail des métaux

Ce qui se passe dans la fosse : « la putréfaction s'y opère dans la cendre ou dans un bain très chaud » (qua = aqua).

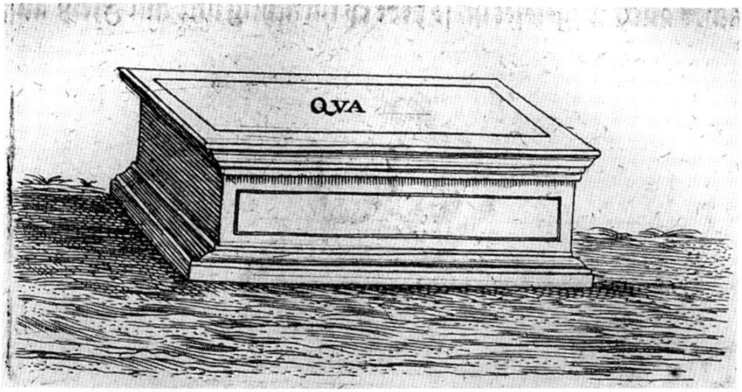

Après le refroidissement, on a le résultat de la putréfaction (Laz : anagramme de sal, ‹ sel ›).

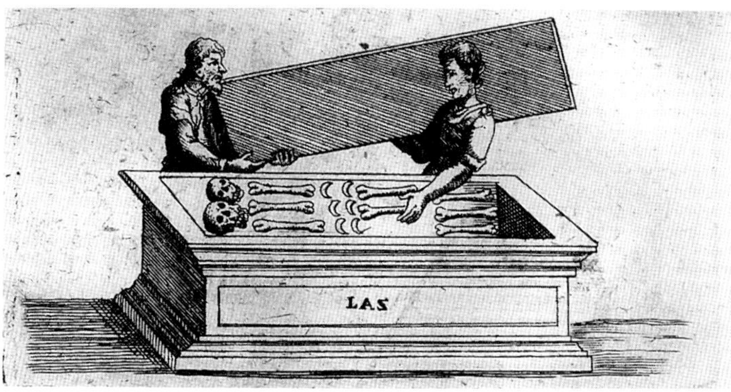

Les ossements sont retirés de la fosse.

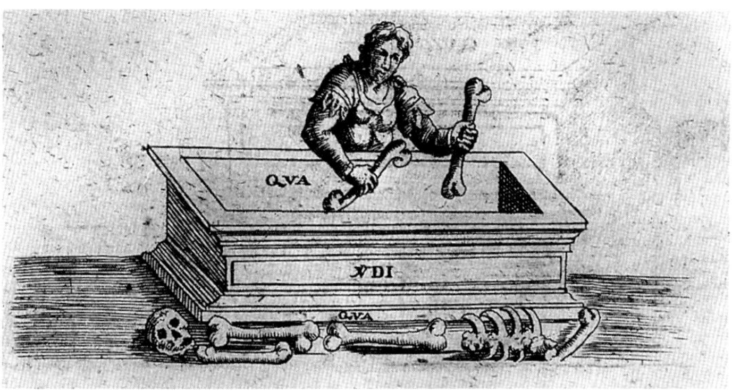

Janus Lacinius, Pretiosa Margarita, Leipzig, 1714

Le travail des métaux

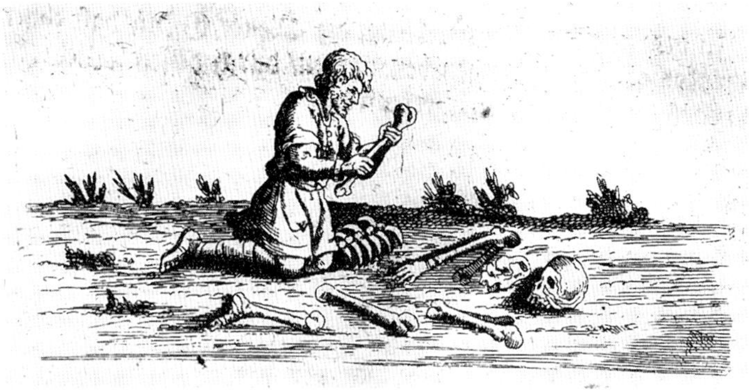

Après la dissolution, on fait cuire la matière jusqu'à ce qu'elle prenne la couleur noire, elle est alors humectée avec l'‹ eau de vie › (aqua vitae), puis recuite jusqu'à l'œuvre au blanc. Un ange intervient alors qui jette les ossements (le sel) dans la terre blanche, qu'on fait alors recuire.

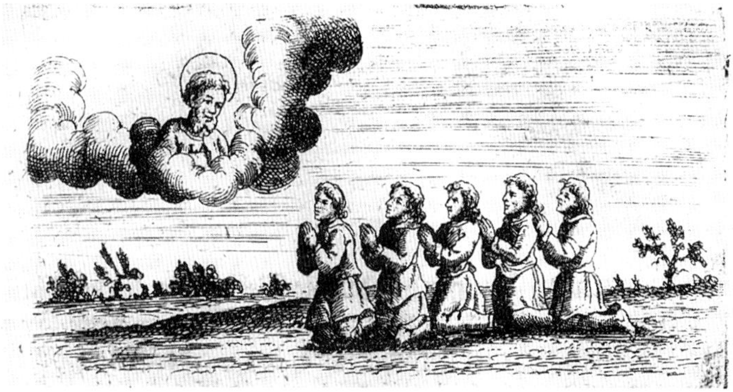

Les serviteurs prient Dieu de leur redonner le roi.

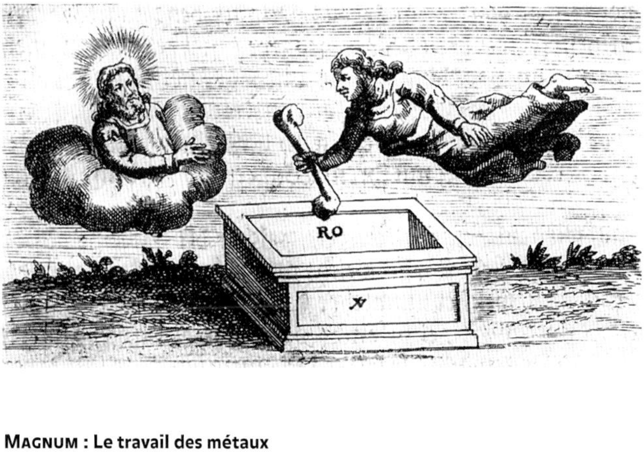

Les anges transportent un à un les ossements jusqu'à la fixation totale de la terre qui prend alors la couleur rouge du rubis. (Ro vient du lat. ‹ Ros › : tau, rosée ; lat. ‹ Rosa › : la rose, nom d'emprunt pour le tartre.)

Janus Lacinius, Pretiosa Margarita, Leipzig, 1714

Le travail des métaux

La nature du roi est désormais toute spirituelle.

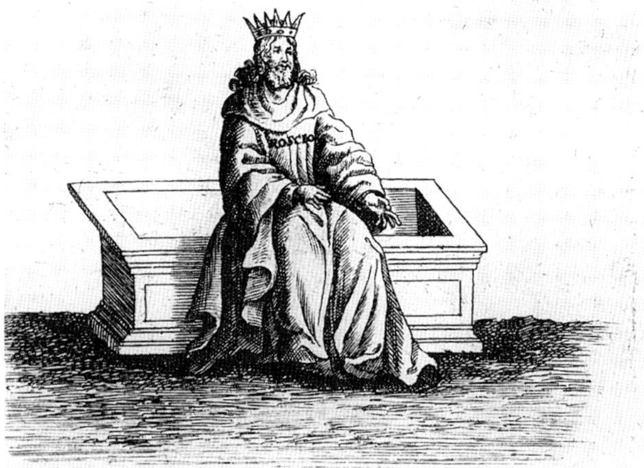

Il a acquis le pouvoir de faire des serviteurs, des rois. Le Fils est absent, mais c'est qu'il ne fait plus qu'un avec le Père.

En cette phase de la projection, le lapis pulvérisé fait fonction d'enzyme qu'on mêle aux métaux vulgaires en fusion.

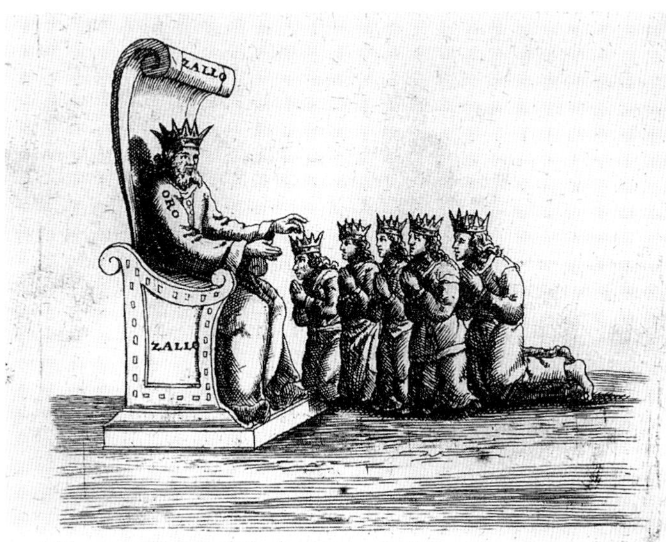

Janus Lacinius, Pretiosa Margarita, Leipzig, 1714

Le travail des métaux

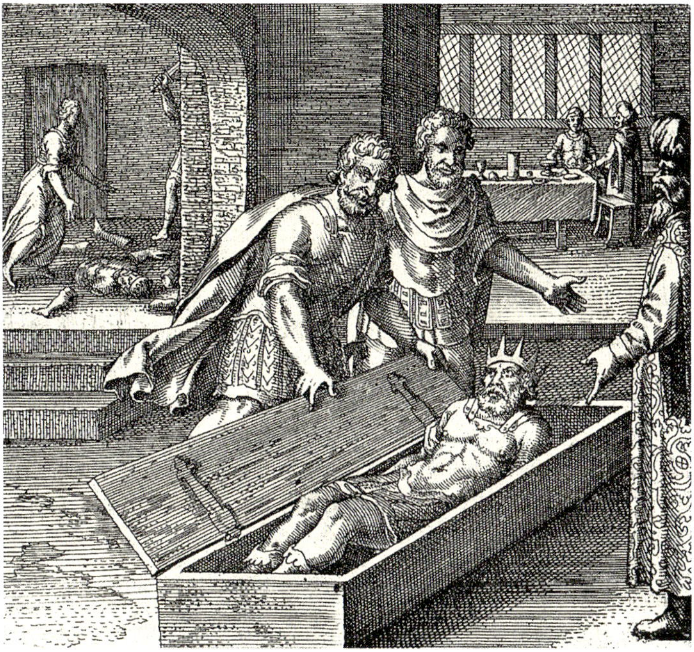

« Osiris fut perfidement assassiné par Typhon (*Seth*) qui en dispersa le cadavre, mais Isis recueille les fragments de son corps à l'exception de son membre viril avalé par un poisson et les remet ensemble.
Le soufre est périssable, et c'est pourquoi il renaît. »

Que le membre viril du roi manque après que ses morceaux ont été remis ensemble renvoie au fait que la matière n'est désormais plus qu'une seule substance, cela que les philosophes hermétiques appellent « rebis » ou encore « hermaphrodite ».

Michel Maier, Atalanta fugiens, Oppenheim, 1618

La résurrection

La loge des franc-maçons telle qu'elle se présente lors de la Réception du Maître :

A : place du Vénérable Grand Maître à l'Orient

B : l'Autel avec la bible et le maillet

G : l'antique parole du Maître sur le cercueil

K : les larmes versées sur la mort d'Hiram

LM : le tertre avec la branche d'acacia

O : place des principaux officiers de la Loge

X : le nouvel adepte à l'Occident

L'ordre des francs-maçons trahi…, Amsterdam, 1745

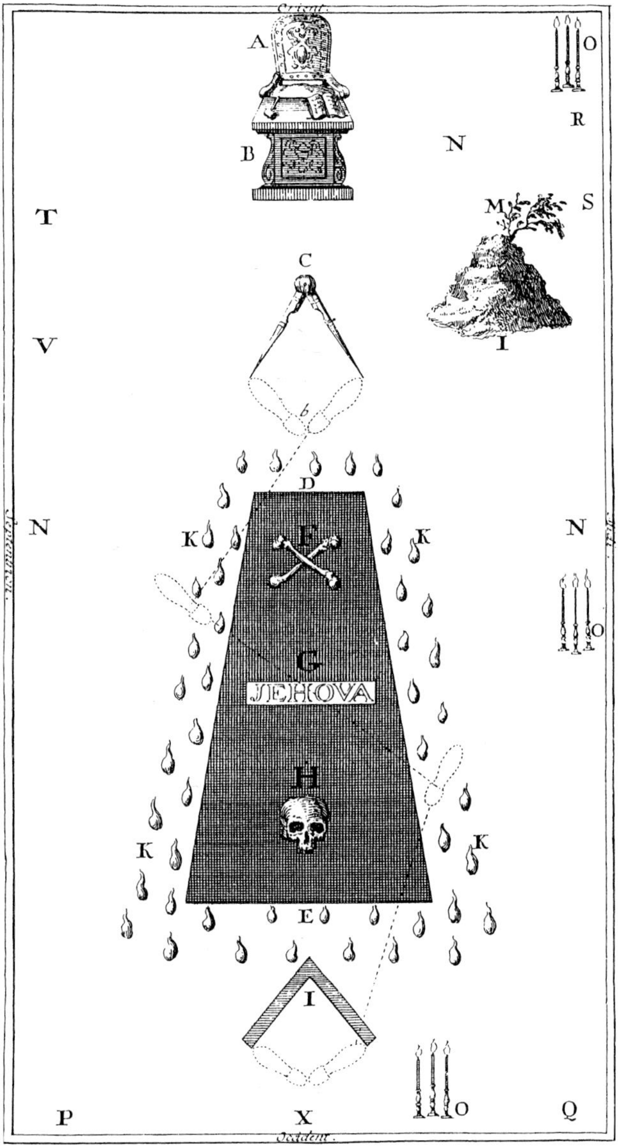

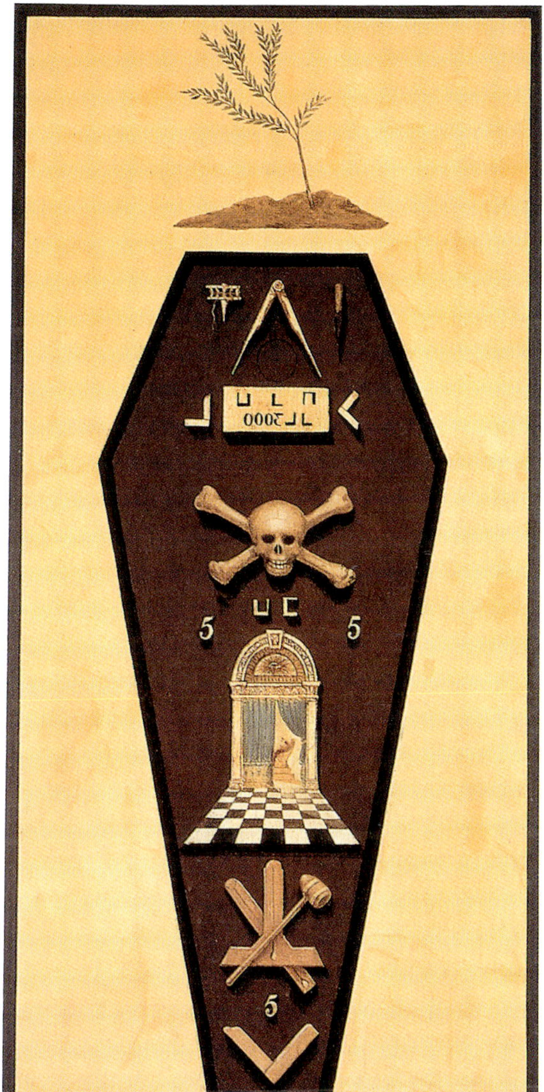

Le « pavé mosaïque » avec les pavés alternativement noirs et blancs renvoie à la bipolarité de l'existence terrestre : la chimère faite de lumière et de ténèbres, qui est agent et patient tout à la fois, forme et matière. Elle mène au Saint des Saints où brûle l'éternel feu spirituel de Jéhova que nul mortel ne pourra jamais voir de ses yeux.

Tableau du 3ème grade do franc-maçon (du Maître), Angleterre, vers 1780

La résurrection

Cependant, Sol et Luna, le soleil et la lune, forment encore « deux choses distinctes » et sont couchés l'un à côté de l'autre dans le cercueil de verre de la cornue. Ils ressusciteront après la putréfaction et, « de deux choses ne feront qu'une » (rebis).

D. Stolcius von Stolcenberg, Viridarium chymicum, Francfort, 1624

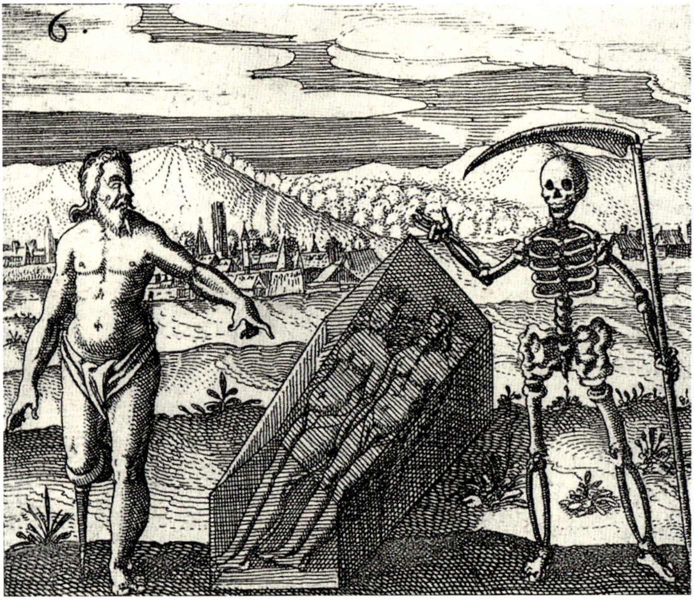

Il ne peut y avoir résurrection sans la mort par le feu (la bougie), car c'est dans la cendre que se trouve « le sel de la glorification ».

D. Stolcius von Stolcenberg, Viridarium chymicum, Francfort, 1624

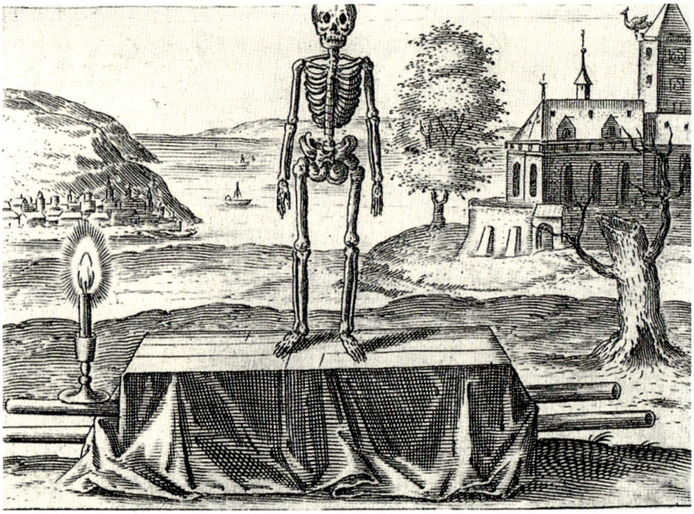

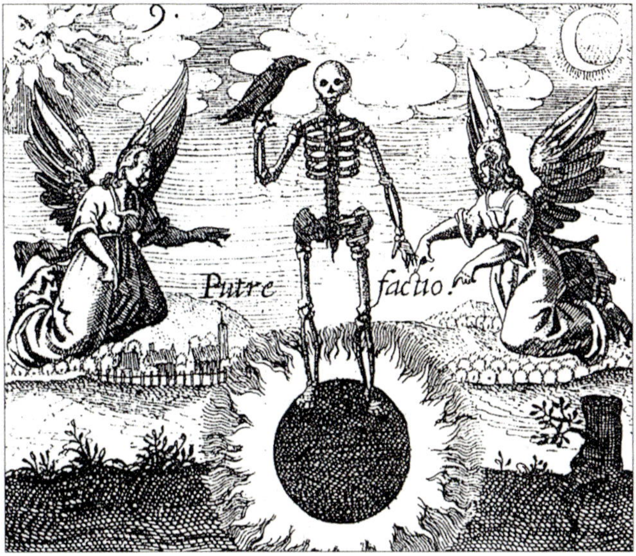

Le « sombre feu tangible » du soleil noir sépare l'âme et l'esprit du corps en putréfaction.

D. Stolcius von Stolcenberg, Viridarium chymicum, Francfort, 1624

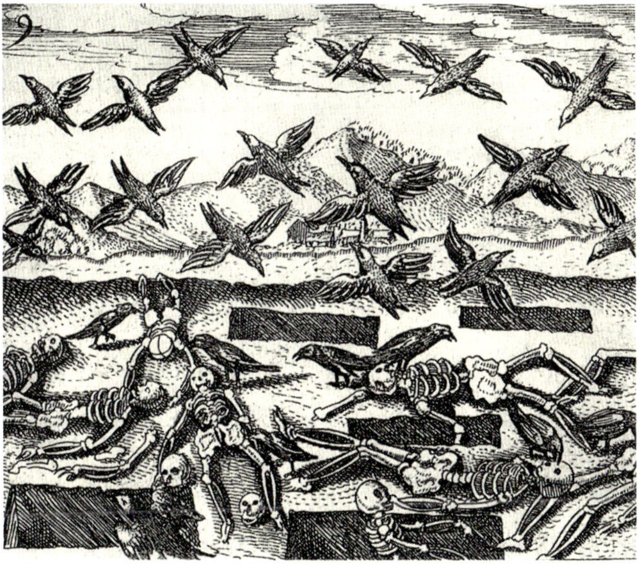

« La putréfaction est le meilleur des forgerons », puisque, comme lui, elle transmue les éléments en d'autres.

D. Stolcius von Stolcenberg, Viridarium chymicum, Francfort, 1624

Aurora

Le soleil noir en tant que soleil extérieur et dont le « sombre feu qui tout embrase » mène la matière à la putréfaction. L'alchimie arabe fait également du « soleil noir ou de l'ombre du soleil » le symbole des impuretés de l'or vulgaire, qu'il s'agit de purifier.

S. Trismosin, Splendor solis, Londres, XVIème siècle

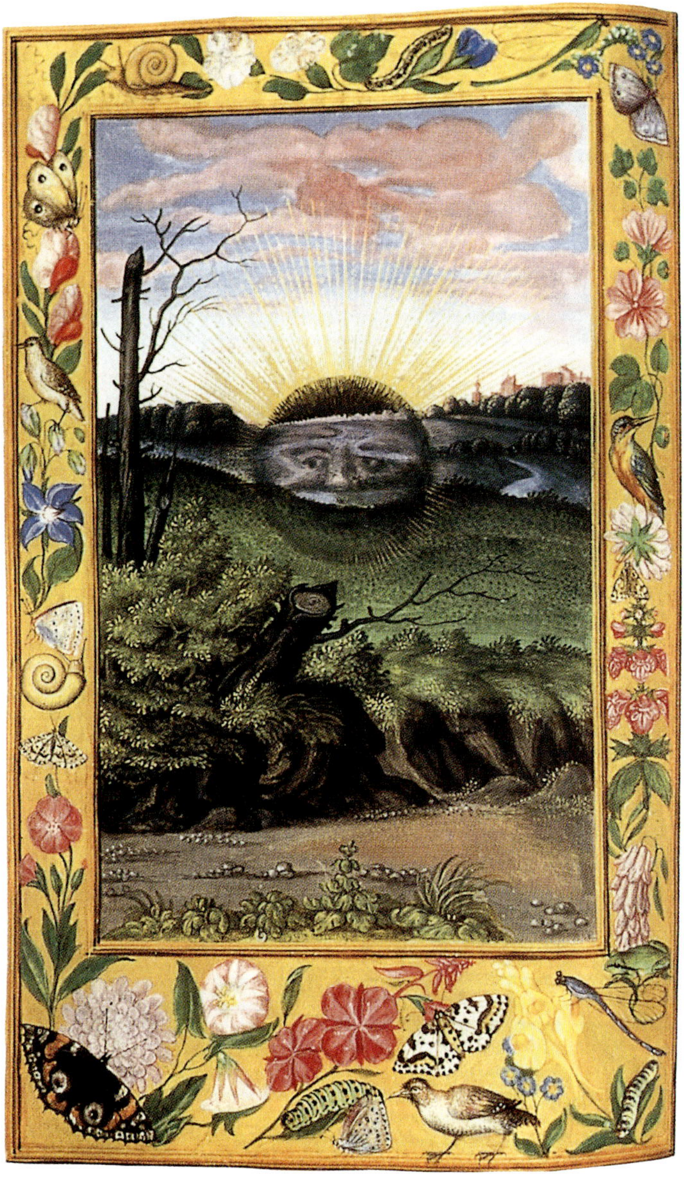

Aurora

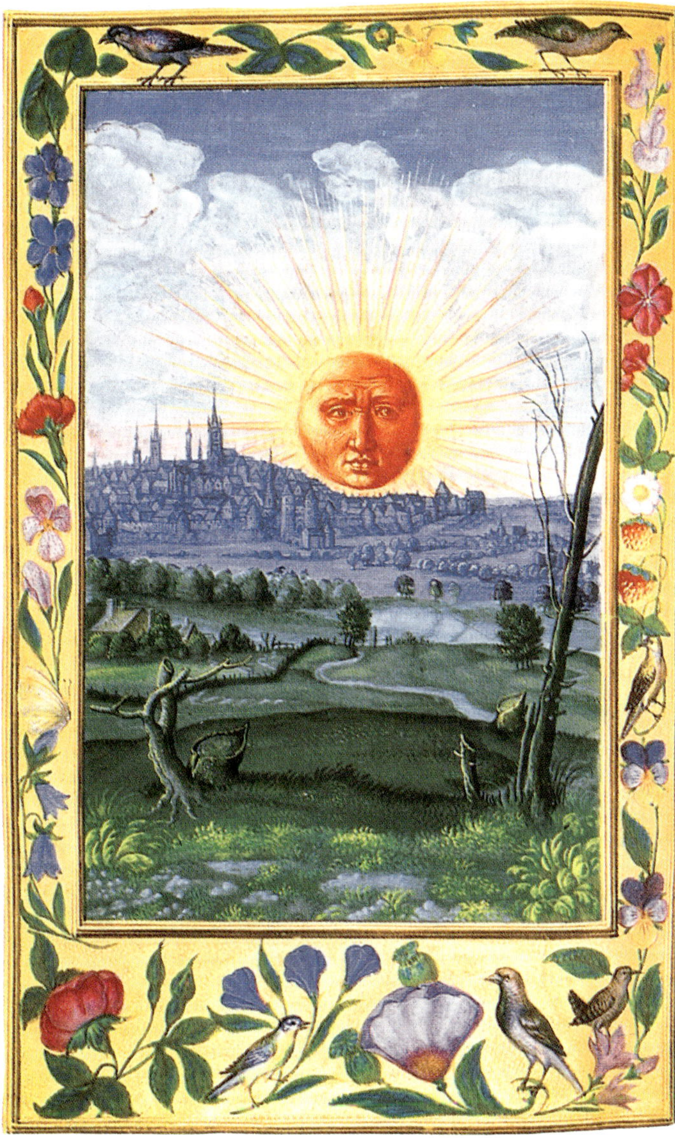

Le soleil intérieur en tant que symbole du lapis, du rouge lion ailé.

*S. Trismosin, Splendor solis, Londres, XVI*ème *siècle*

Aurora

« (...) Telle est l'aurore à l'apogée de l'œuvre au rouge : la fin du règne des ténèbres et la mise en fuite de la nuit, de cette nuit d'hiver où celui qui la traverse et ne prend pas garde, risque de se heurter. »

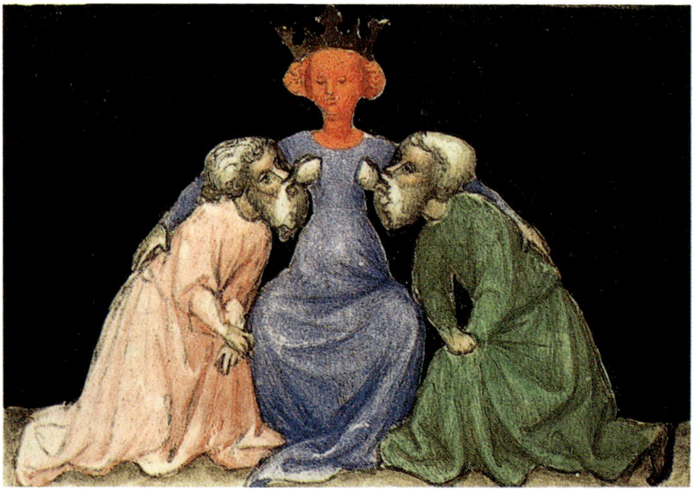

« Aimez-moi du fond de votre cœur et ne me repoussez pas parce que je suis noire et sombre ; c'est le soleil qui m'a brûlée, et les abysses ont recouvert mon visage. »

Aurora consurgens, fin du XIVème siècle

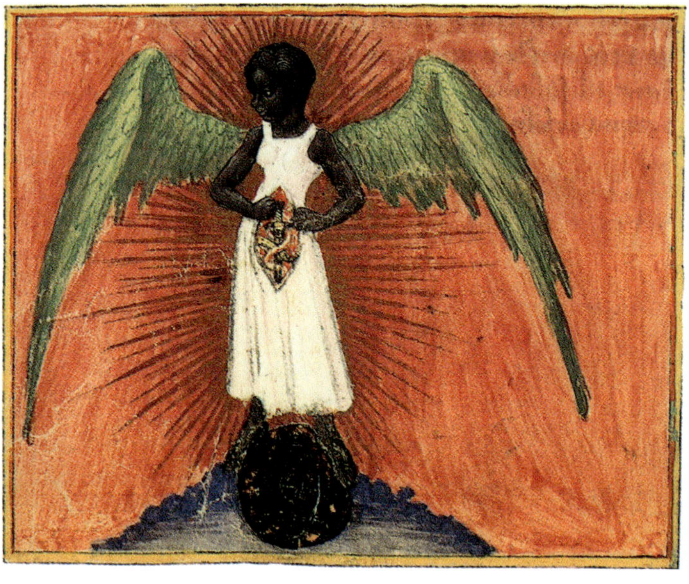

Aurora

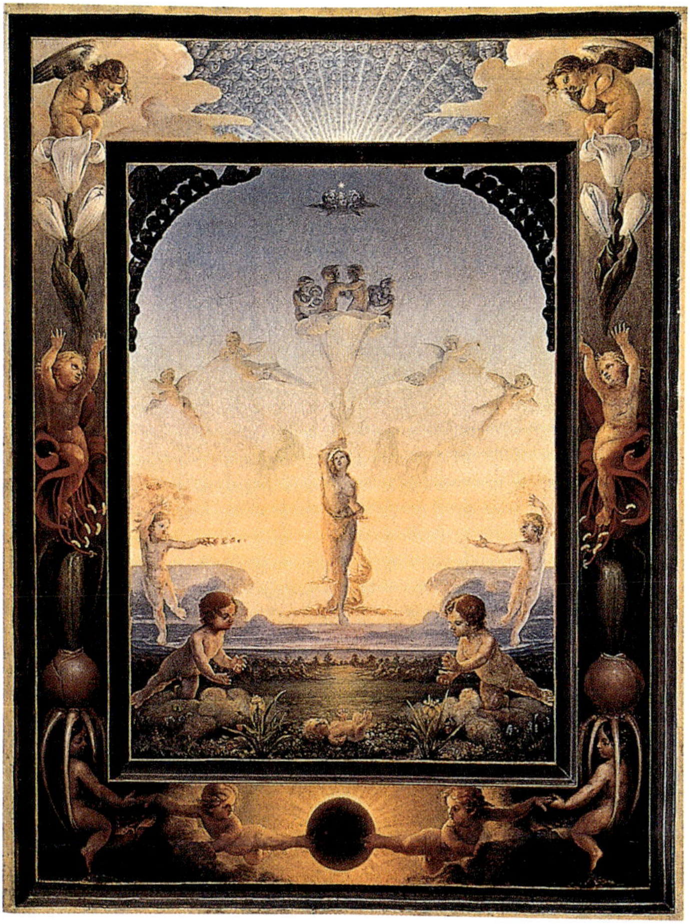

Runge avait composé cette œuvre comme le volet d'un cycle qui aurait dû figurer les quatre phases de la journée en tant que symboles des « quatre dimensions de l'esprit créé ». Le matin était conçu comme « l'illumination illimitée de l'univers »

Le lys et l'aurore annoncent l'ère prochaine du Saint-Esprit.

Ph. O. Runge, Le petit matin, Hambourg, 1808

« Ici encore les deux yeux ne font qu'un (...). Tout ce qui naît de ce regard mouvant (...). Si cet œil se fermait un instant, un instant seulement, plus rien n'existerait. C'est pourquoi on l'appelle l'œil ouvert, l'œil d'en haut, l'œil saint, l'œil qui voit tout, l'œil qui ne dort ni ne somnole, l'œil qui monte la garde sur toute chose, l'œil dont toute chose tient l'existence. » (Zohar, éd. Cologne, 1982)

Seraphinisch Blumengärtlein (*Le séraphique jardin de fleurs*), *tiré de l'œuvre de Böhme, XVIIIème siècle*

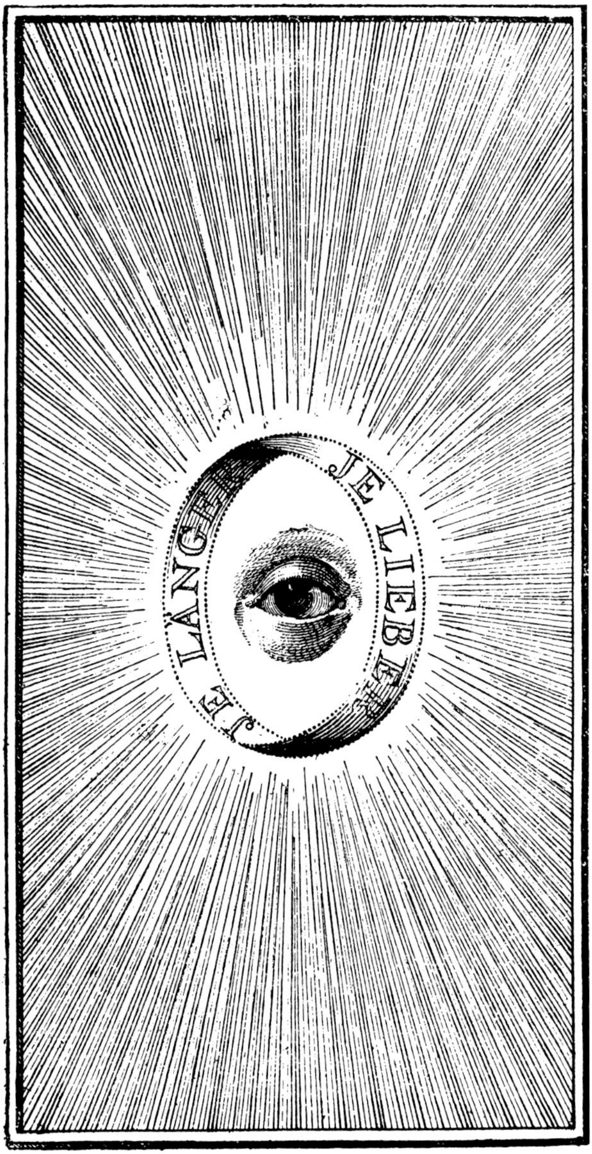

Aurora

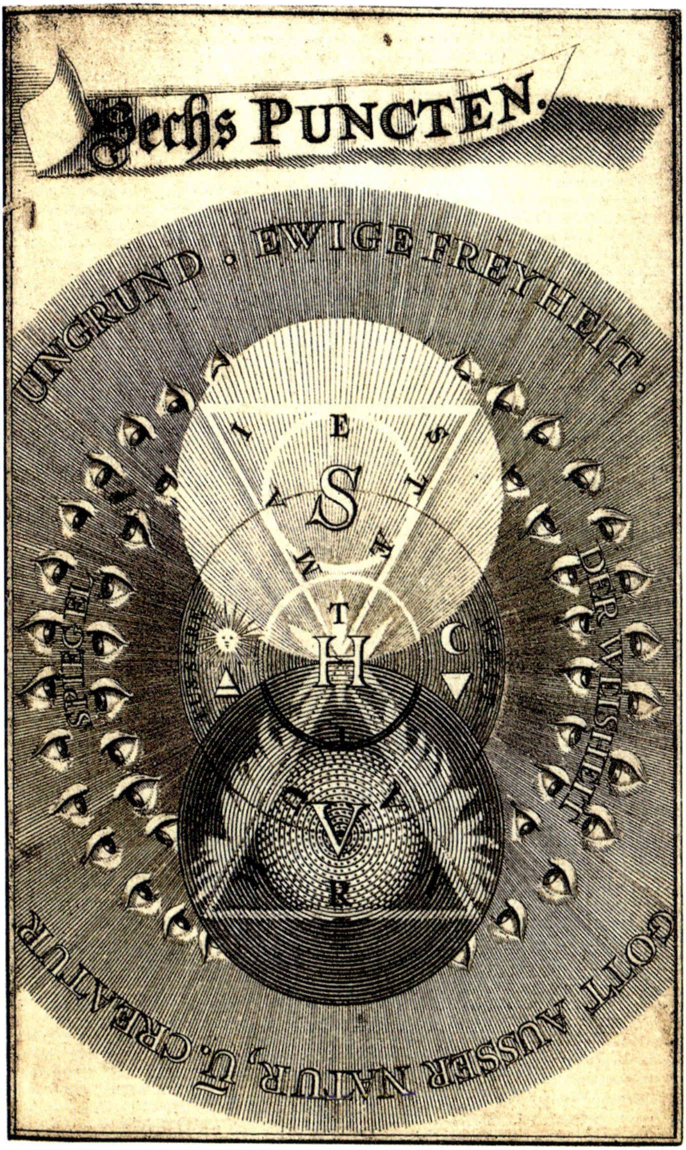

L'arrière-plan ténébreux de la gravure de droite représente la nature profonde et cachée de Dieu. Böhme traduit librement le *En Soph* cabalistique (l'infini) en « l'insondable ». La volonté divine se reconnaît dans le miroir virginal de Sophia et « s'imagine du fin fond de l'inconcevable (...) et est gros de l'imagination de la sagesse (...) comme une mère qui n'enfanterait pas ».

Jacob Böhme, Theosophische Wercke (Ecrits théosophiques) Amsterdam, 1682

« L'âme est un œil de feu, ou un miroir de feu en quoi Dieu se révèle (...). L'âme est un feu avide, et si on ne la nourrit, elle se fait vallon triste et cupide. »

Jacob Böhme, Theosophische Wercke (Ecrits théosophiques, Amsterdam, 1682

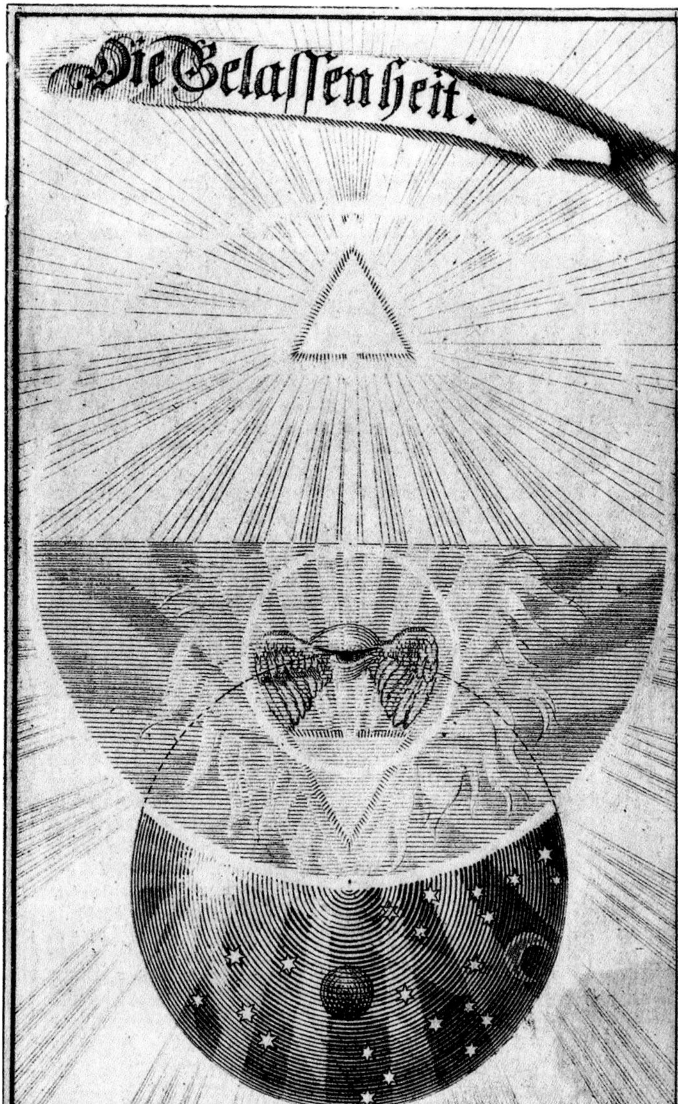

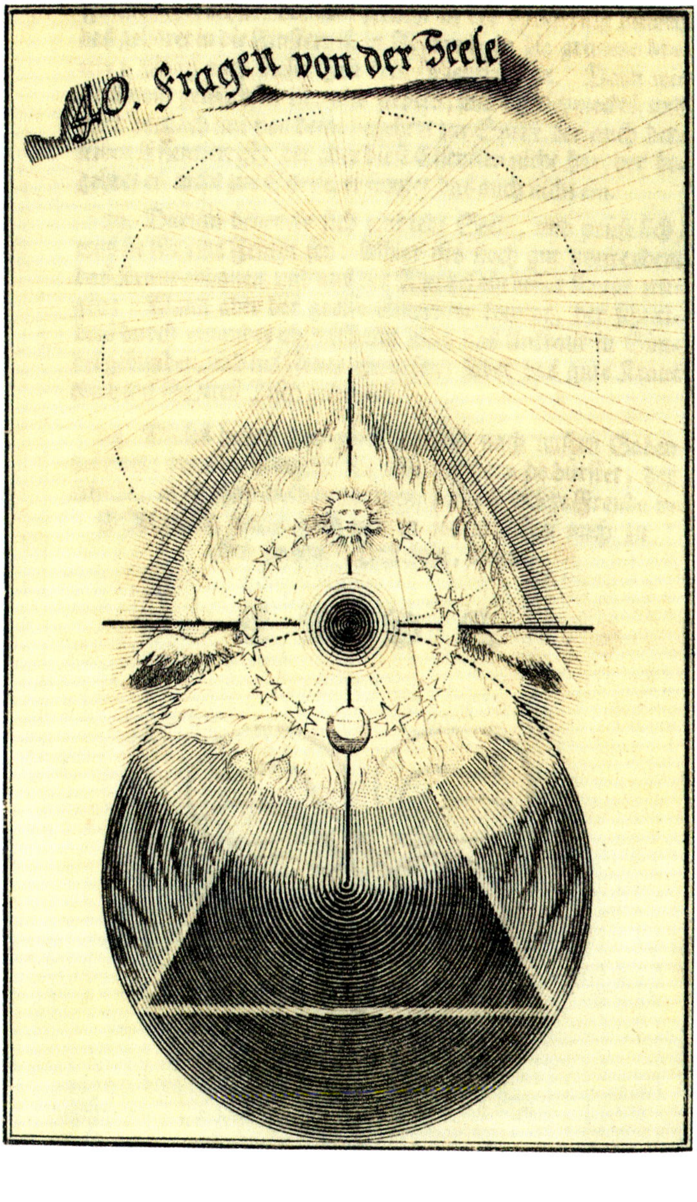

« Sachons donc que c'est l'œil de Dieu qui confère vie à l'âme ; elle plonge ses racines dans le feu et sa vie est dans le feu.

Jacob Böhme, Theosophische Wercke (Ecrits théosophiques), Amsterdam, 1682

Lumière & ténèbres

En l'an 1600, à l'âge de vingt-cinq ans, le cordonnier Jacob Böhme fut saisi, selon le témoignage de son disciple et biographe Abraham de Franckenberg, « par l'illumination divine (...) et, en l'espace d'un instant, à la vue d'une chope en zinc à l'amène et jovial reflet, il fut transporté au cœur profond ou centre de la nature secrète ».

Exposé d'ensemble du système de Böhme

Le cercle extérieur figure « le grand mystère de l'abysse, puisque l'Etre divin s'engendre lui-même dans les profondeurs (le bysse) en se reflétant dans le miroir de la sagesse (Sophia). » Cette auto-procréation de Dieu due à sa propre réflexion dans le néant primordial, sert de départ à la triade dialectique, la démarche même de la création.

Le nom de Dieu, Adonaï (la sphère supérieure), « évoque l'ouverture ou le mouvement spontané de l'insondable et éternelle Unité ».

La respiration de Dieu, l'aspiration et l'expiration dans les trois syllabes du nom de Dieu, Je-ho-va, figure, en contrepoint initial, le principe aspirant, celui du Dieu vengeur : celui du monde des ténèbres. On en relève trois aspects :

1) La force d'attraction, centripète (Saturne). Elle est source de rigueur, de dureté, de froideur.

2) La force de répulsion, centrifuge, celle de l'« âpre amertume », encore appelée « l'aiguillon de la sensibilité ». Cette force engendre la vivacité mercurielle et la vie des sens.

3) Le mouvement rotatoire des « affres de l'angoisse » résulte du jeu de ces forces antagonistes (1 + 2) (Mars).

4) Le quatrième aspect est obtenu par frottement et rotation : c'est le double feu de lumière et de ténèbres, un éclair. Il donne naissance au troisième principe et c'est la nature bipolaire et constituée des quatre éléments avec la vie de toutes les créatures. Les attributs du principe du Fils, qui est expiratoire et qui se manifeste en un clair feu spirituel, sont les suivants :

5) La lumière ou l'amour, l'esprit véritable (Vénus).

6) Le son, le ton, la joyeuse exaltation des cinq sens (Jupiter).

7) L'essentiel, le « mysterium magnum » ou la substance du monde sensible (Luna-Sophia).

Lumière
& ténèbres

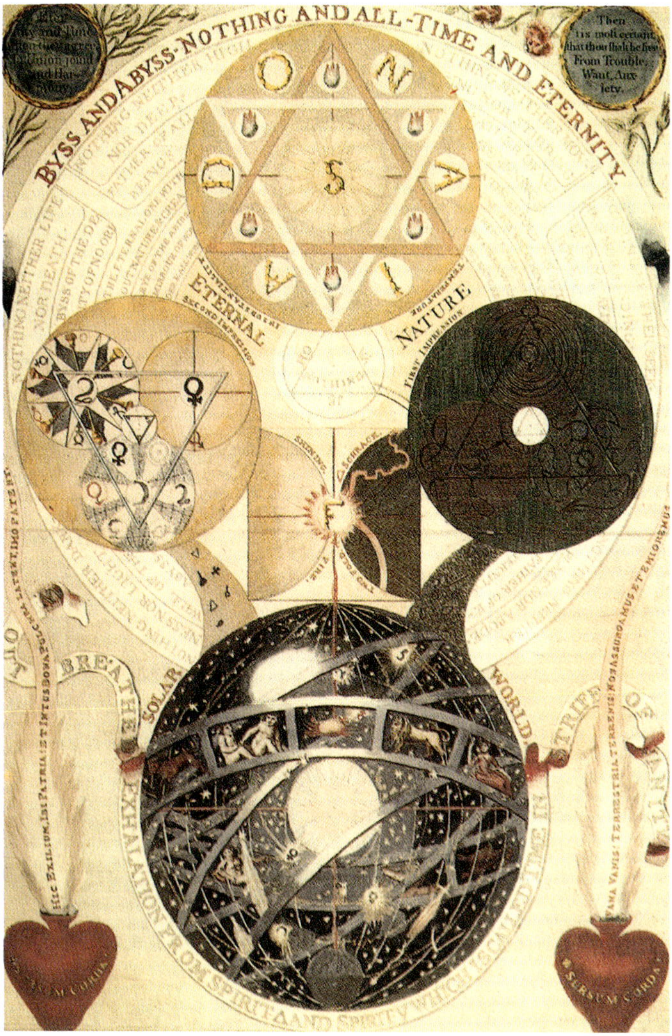

D. A. Freher, in : Works of J. Behmen, Law-Edition, 1764

Lumière
& ténèbres

« Nous portons en nous le centrum naturae, le cœur de la nature : nous sommes libres de faire un ange de ce que nous sommes, et nous le devenons, et nous sommes libres de faire un démon de nous-mêmes, et nous le sommes pareillement ; nous opérons sans cesse et de partout dans la nature, nous cultivons notre champ. » (Jacob Böhme)

D. A. Freher, Paradoxa Emblemata, manuscrit, XVIIIème siècle

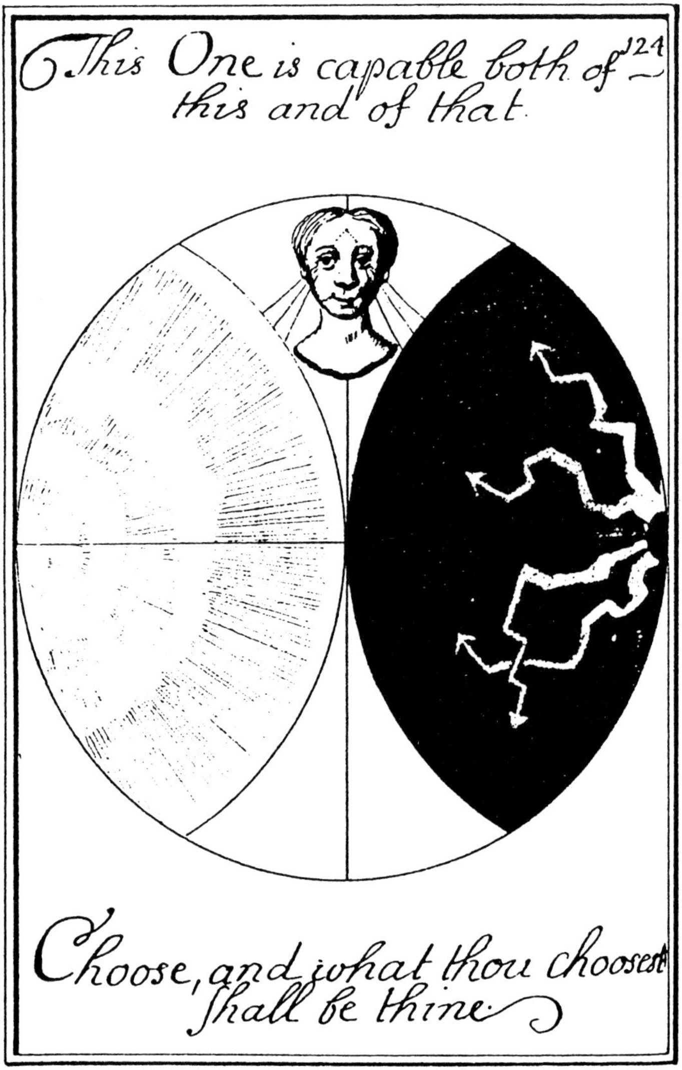

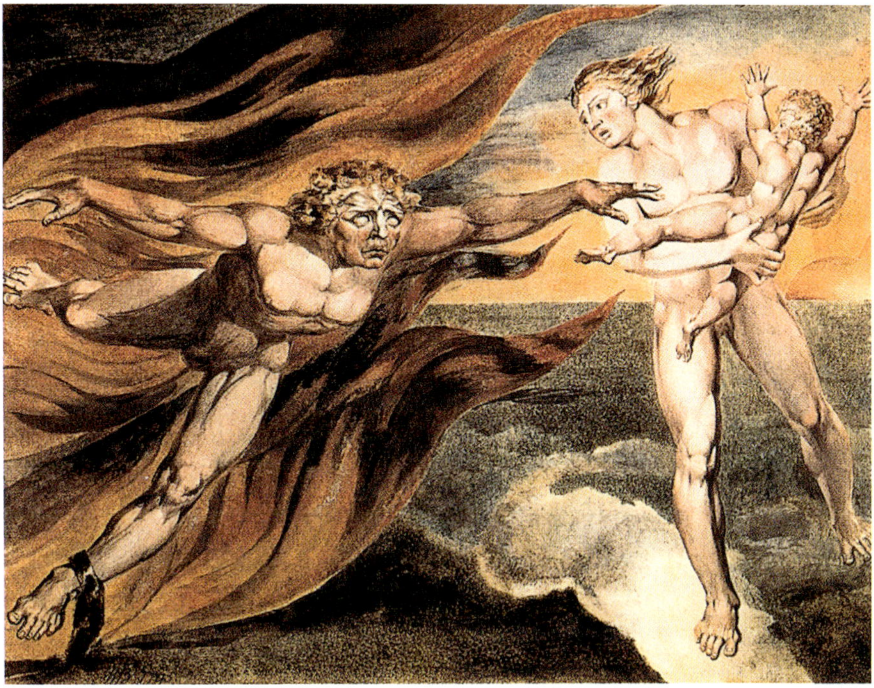

En tant que partisan de l'idéal révolutionnaire de liberté et adversaire de la prise en tutelle du citoyen par l'Etat, le peintre et poète William Blake engagea, en 1790, avec « les Noces du Ciel et de l'Enfer » (Marriage of Heaven and Hell), une vive polémique contre le préjugé qui assimilait le Bien et le Mal à l'âme et au corps. « Il en est bien plutôt ainsi que le corps de l'homme n'est pas différent de l'âme. Car ce qu'on appelle corps, c'est cette partie de l'âme qui est perçue par les cinq sens (...). La vie n'est rien d'autre qu'énergie, et l'énergie vient du corps et la raison, c'est ce qui délimite l'énergie ».

L'illustration évoque une vision de Jacob Böhme, où le Ciel et l'Enfer étaient, comme l'âme et le corps, imbriqués l'un dans l'autre, « sans pourtant que la nature de l'un soit connue de l'autre ».
Les anges célestes, en leur fécondité, flottent « dans les douces eaux de la matrice », et les anges infernaux, en leur stérilité, « sont prisonniers de l'implacable feu de l'ire ». (Böhme)

W. Blake, Les bons et les mauvais anges, vers 1793–1794

Lumière & ténèbres

N° 1 : La forme et la matière, le principe spirituel et le principe matériel symbolisés par deux peignes de teinte respectivement claire et foncée.

N° 2 : « L'hémisphère supérieur correspond au principe masculin procréateur et l'hémisphère inférieur au principe féminin fait pour recevoir la semence de lumière.

Robert Fludd, Utriusque Cosmi, Oppenheim, 1619

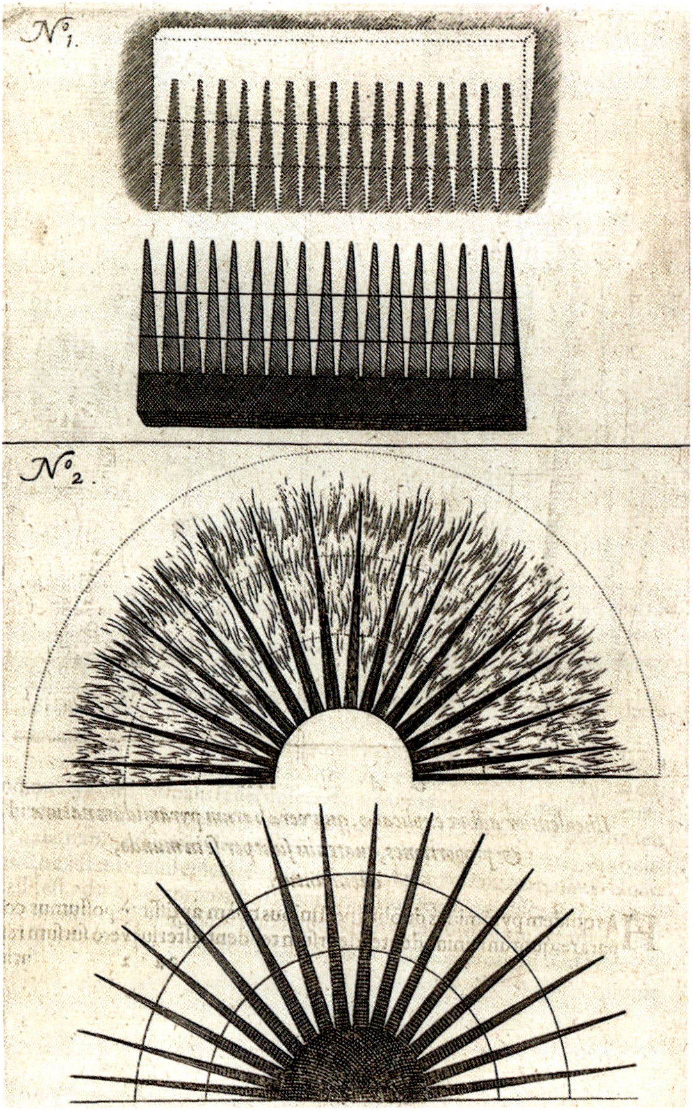

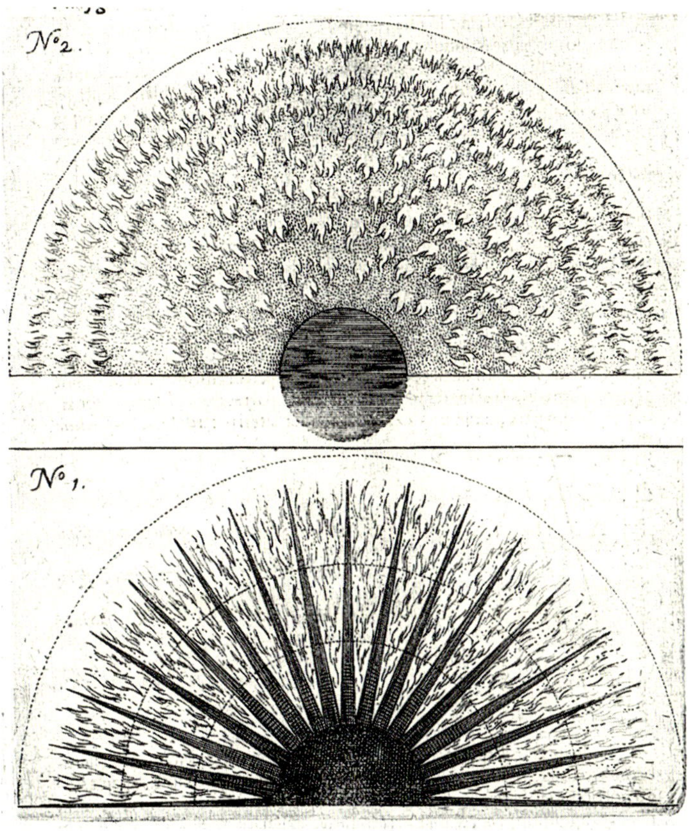

Lumière & ténèbres

L'accouplement du ciel et de la terre :

La célèbre rosée des alchimistes, qu'on ne peut ramasser que lors des nuits de printemps par ciel serein et température douce, représente l'influx séminal divin.

Robert Fludd, Utriusque Cosmi, Oppenheim, 1619

Lumière & ténèbres

Le tiers supérieur représente, selon Fludd, la région du divin feu céleste (l'Empyrée), le tiers inférieur, celle du ciel élémentaire. Il situe le tiers médian, composé en parties égales de la lumière d'en haut et de la matière d'en bas, dans l'éther, « l'air igné ». L'orbite du soleil passe exactement par les points d'intersection, ce qui fait que les platoniciens lui ont donné le nom de sphère de l'âme (*sol-soul* [âme]).

Robert Fludd, Utriusque Cosmi, Oppenheim, 1619

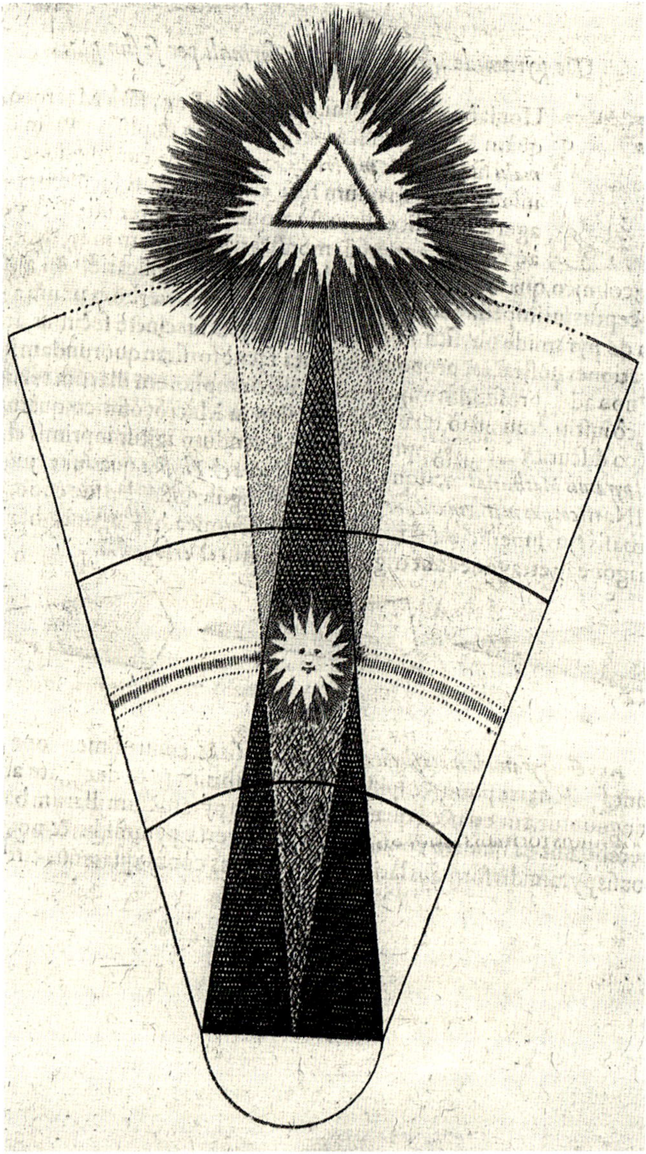

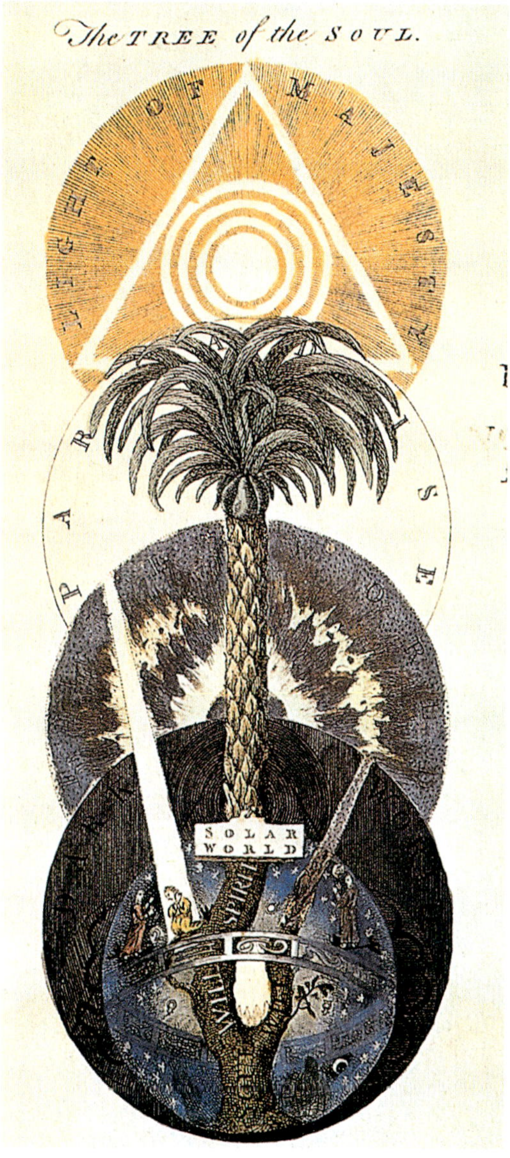

L'arbre de l'âme prend racine dans le sombre domaine du courroux divin et étend ses branches en deux directions : à droite, on a l'expansion du moi à gauche, l'abnégation qui reçoit la lumière de l'Esprit saint. Seule cette branche mère se développe vers le haut en passant par les quatre mondes cabalistiques ou strates de l'âme.

D. A. Freher, in : Works of J. Behmen, Law-edition, 1764

L'échelle

La subdivision des régions supérieures du cosmos en neuf chœurs d'anges est empruntée à l'œuvre ‹ Des hiérarchies célestes › du Pseudo-Denys d'Alexandrie (vers 500 après J.-C.).

Manuscrit, XIIème siècle

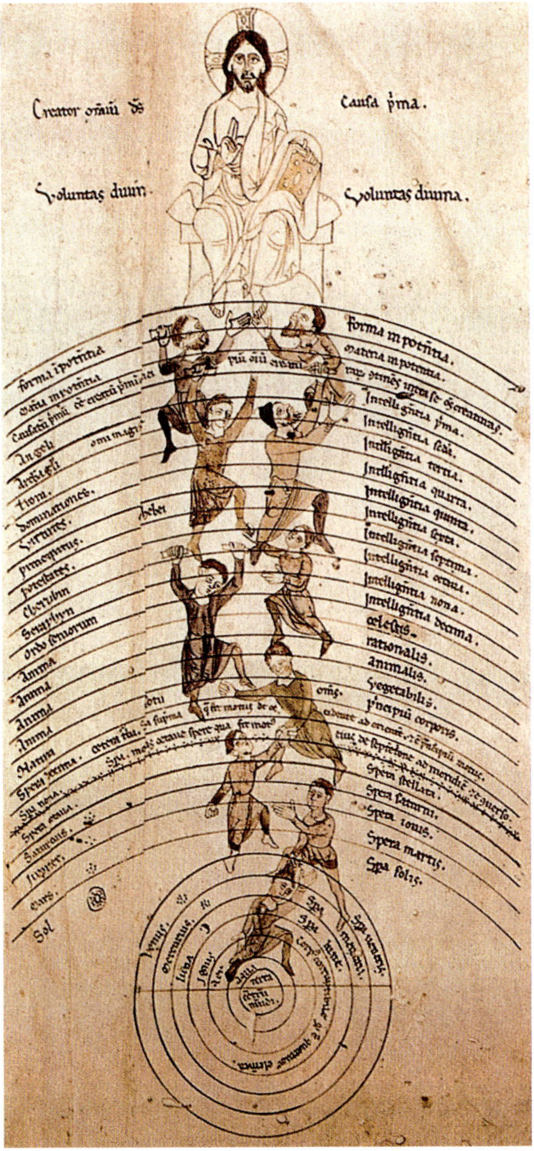

L'échelle

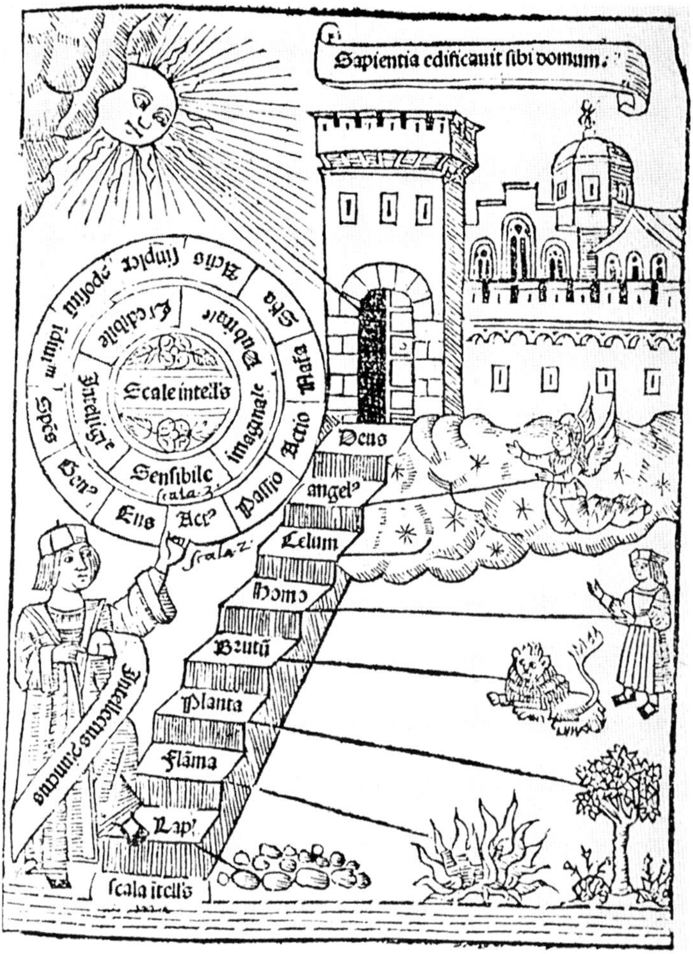

L'intellect se trouve ici au pied de l'échelle de la Création dont les échelons, qui mènent à Dieu, l'échelon le plus élevé où Sophia, la sagesse, a bâti sa demeure, correspondent aux règnes minéral, végétal, animal, humain et angélique. Le personnage, qui figure ici l'intellect, tient un instrument en main qui doit lui permettre de monter les échelons et de les redescendre ; il s'agit d'un disque où est représenté l'*ars generalis* du philosophe catalan et mystique chrétien, Raymond Lulle (1235–1316).

Raymond Lulle, De nova Logica, 1512

L'échelle

L'accès aux secrets de la Maçonnerie part des trois - « Lumières majeures » : la Bible, le compas l'équerre. L'échelle de Jacob symbolise la démarche qui mène de la pierre brute (l'Apprenti, la *prima materia*) à la pierre cubique (le lapis).

Les figures féminines sont : la foi, l'espérance et l'amour. Les colonnes : La force (S), la sagesse (W) et la beauté (B).

J. Bowring, Tableau de travail du 1er grade, 1819

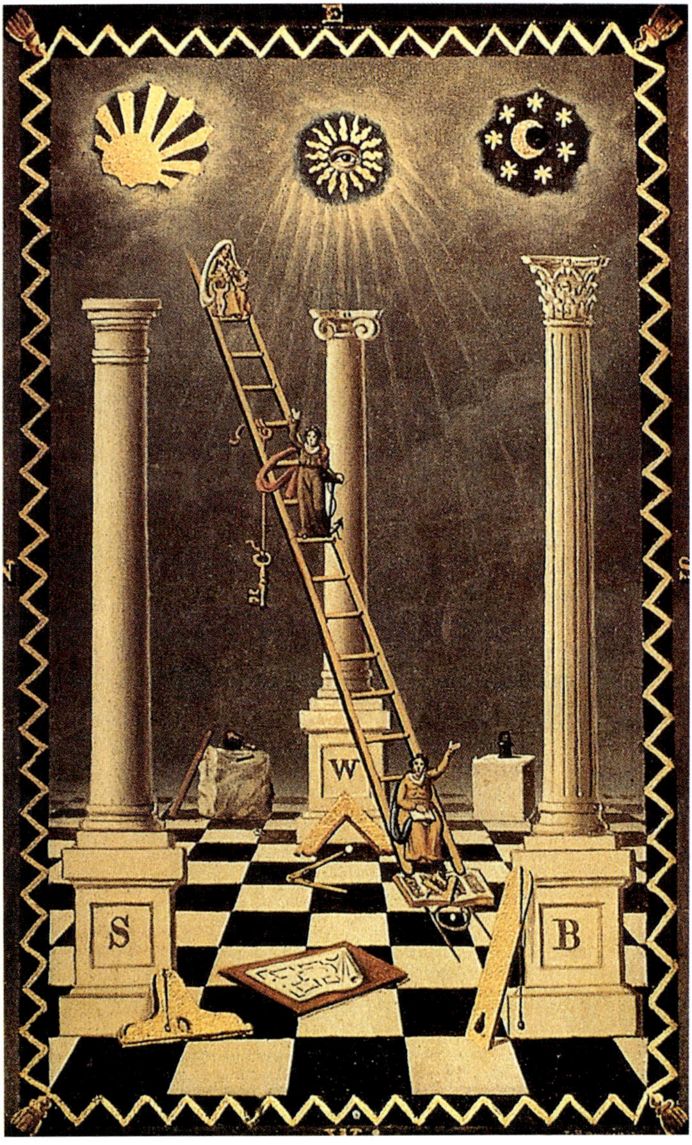

L'échelle

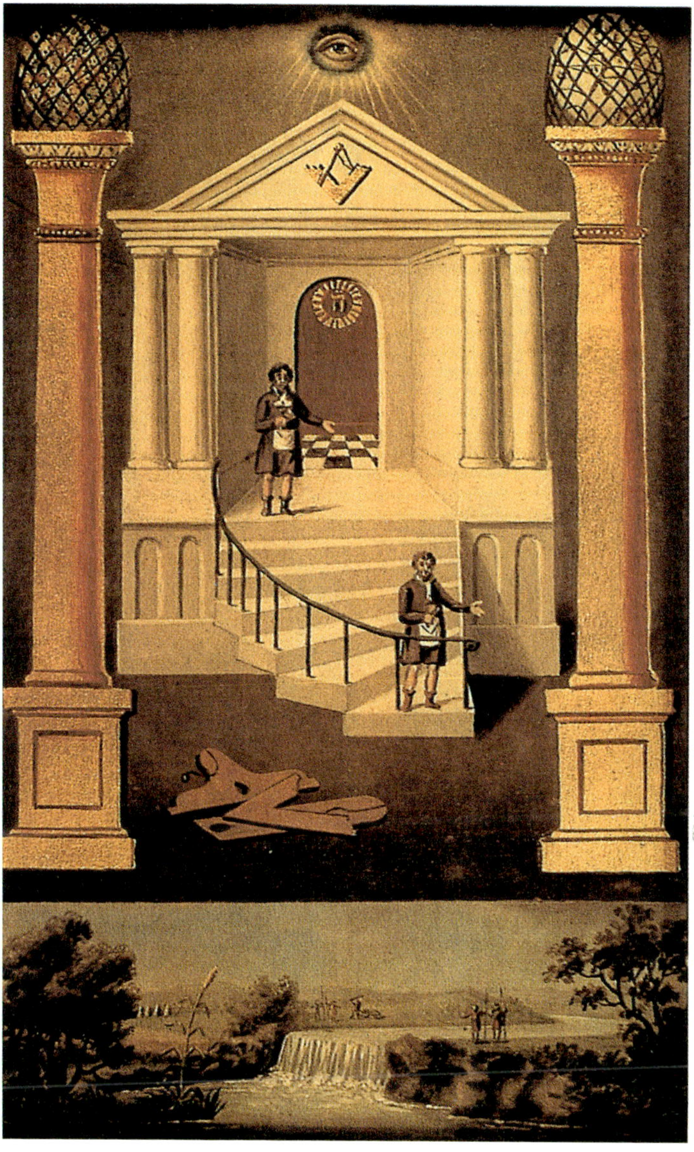

Alors que l'accès au tableau d'Apprenti se fait par l'échelle en ligne droite de bas en haut – ce qui symbolise la volonté initiale, fondée sur une projection –, il se fait ici, au niveau avancé du Compagnon, incurvé, et prend la forme d'un escalier tournant dont on ne sait pas où il commence ni où il prend fin.

J. Bowring, Tableau de travail du 2ème grade, 1819

L'arbre philosophique

Cette représentation de l'*opus magnum* est inspirée de la construction de l'arbre des séphiroth.

Les forces dissolvantes et les forces conjonctives se font face, assises sur les branches collatérales.

J. D. Mylius, Anatomia auri, Francfort, 1628

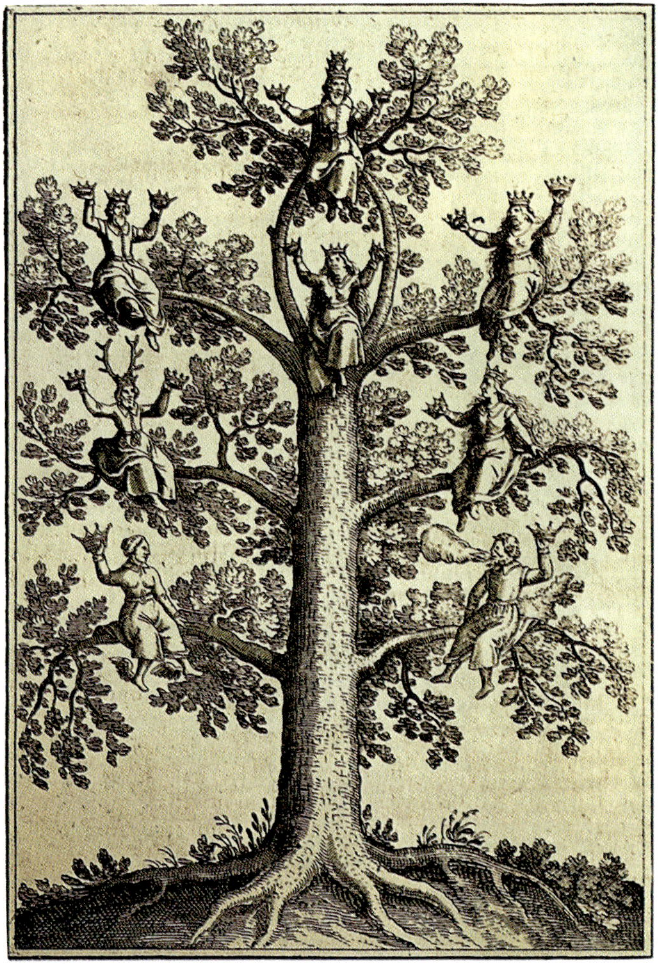

L’arbre philosophique

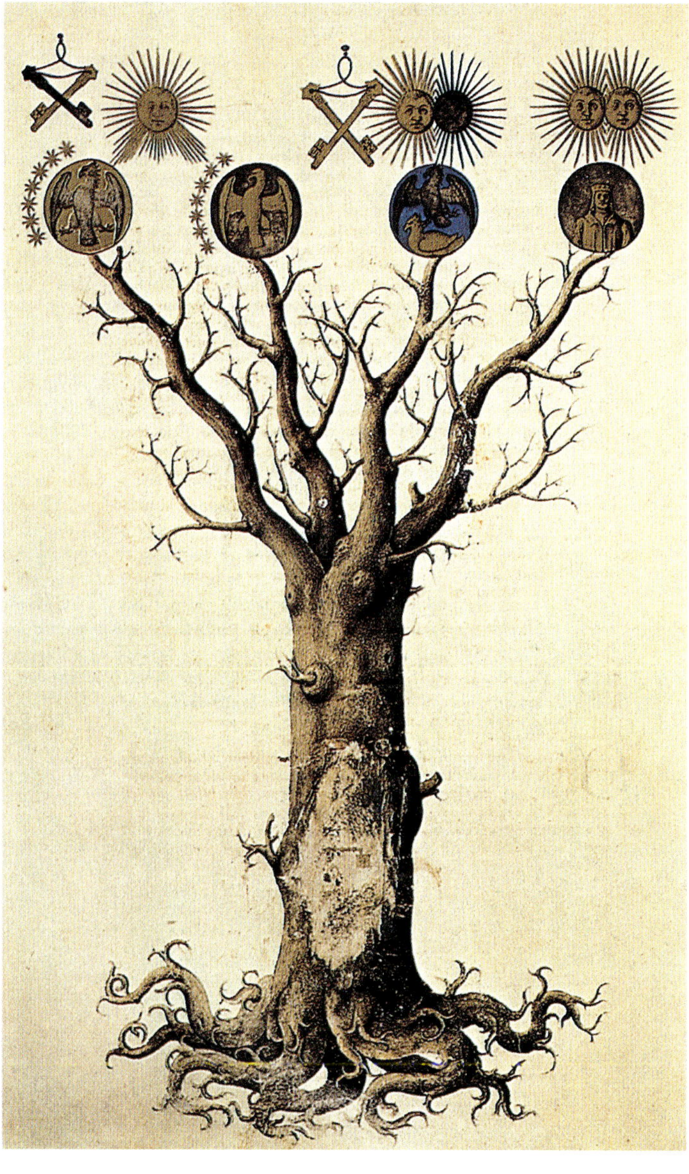

Il est question, dans le Roman d’Alexandre, populaire au Moyen Âge, d’arbres solaires et lunaires portant des oracles. Il est certain que ce motif littéraire se fonde sur l’observation de cristallisations arborescentes en cornue :

Pseudo-Lulle, Traité d’Alchimie, vers 1470

L'arbre philosophique

L'arbre séphirothique forme le cœur de la Cabale, c'est là son symbolisme le plus influent et le plus complexe. Les séphiroth représentent les dix nombres essentiels qui, avec les vingt-deux lettres de l'alphabet hébraïque, constituent le plan de la création de toutes les choses d'en haut et de celles d'en bas. Ce sont les dix noms, attributs ou virtualités de Dieu ; ils sont comme un organisme animé, encore nommé « le visage mystique de Dieu » ou « le corps du cosmos ». L' Arbre repose sur les trois colonnes de la Grâce (à droite), de la Force (à gauche) et de l'équilibre axial. La colonne du milieu figure le maître pilier par où la rosée divine s'écoule dans la matrice inférieure. Dans la création, seuls les sept séphiroth inférieurs sont manifestes. La triade supérieure se situe hors du temps et n'est concevable d'aucune façon. Elle correspond, dans le système quaternaire des mondes, au monde de lumière divin (Aziluth) séparé par un voile des deux triades inférieures, celle du Trône (Beriah) et celle des Anges (Jetzira). La séphira inférieure, Malchut, est assimilée à Assia, l'archétype mental du monde matériel.

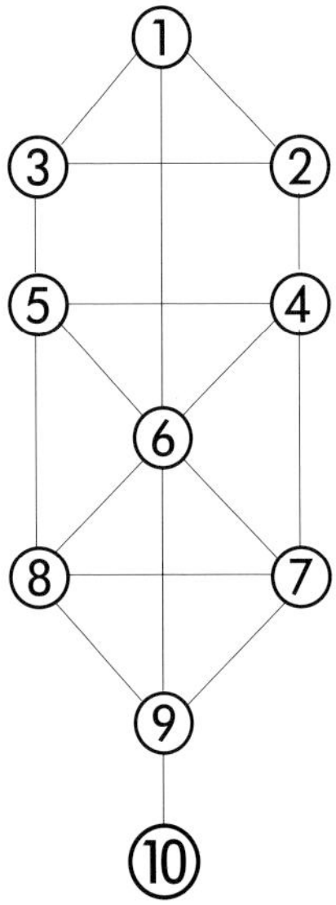

1)	**Kether**	La Couronne, la volonté initiale
2)	**Hocmâ**	La Sagesse, la semence de toutes choses
3)	**Binà**	L'Intelligence, la matrice supérieure
4)	**Hesedla**	La Grâce, l'Amour, la Bonté
5)	**Geburà**	La Force, la Rigueur
6)	**Tiphereth**	La Miséricorde, la Splendeur, la Beauté
7)	**Netzâ**	La Persévérance, la Victoire
8)	**Hod**	La Grandeur, la Majesté
9)	**Yesod**	Le Fondement de toutes les énergies procréatrices
10)	**Malchut**	Le Royaume, la demeure de Dieu dans la création

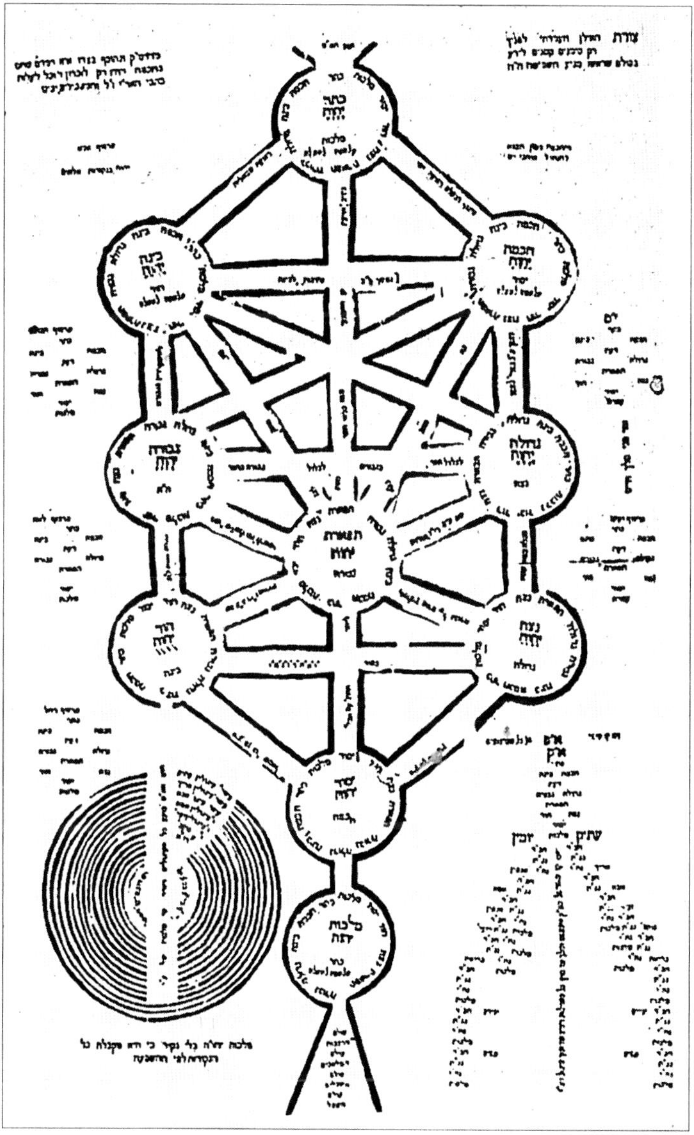

L'arbre philosophique

Le Zohar enseigne, entre autres, que le mal vient d'une éruption du sepher de la « Rigueur » (5) provoquée par une occlusion du canal médian, ce qui eut pour effet d'empêcher l'influence équilibrante de l'« Amour divin » (4), de l'atteindre. Selon le mystique Isaac Luria, la cause possible de cette obstruction pourrait être une rupture cosmique suivie d'une chute des séphiroth inférieurs qui, de toute façon, n'étaient pas faits pour soutenir longtemps la violence originelle du flux de lumière supérieure.

L'Arbre séphirothique selon Isaac Luria, Amsterdam, 1708

L'arbre philosophique

Cette structure des séphiroth, qui rappelle l'ordonnance en rayons d'une ruche, figure les néoplasmes et les réorganisations de l'Arbre après la rupture de la séphira inférieure. Luria appelle cette configuration « Parzufim », les visages de la divinité.

C. Knorr de Rosenroth, Kabbala denudata, Sulzbach, 1684

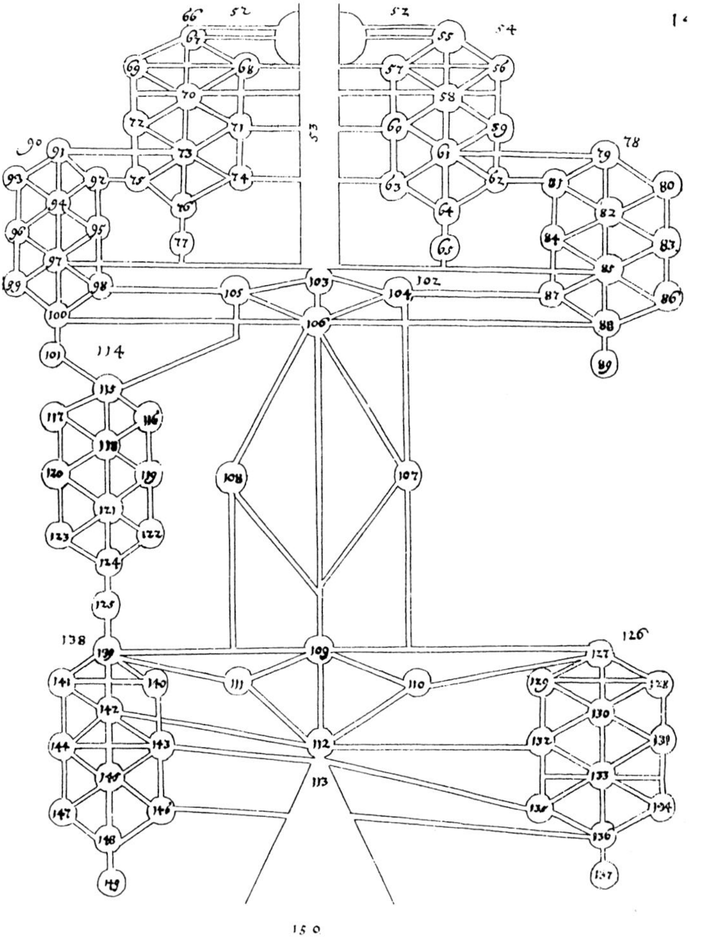

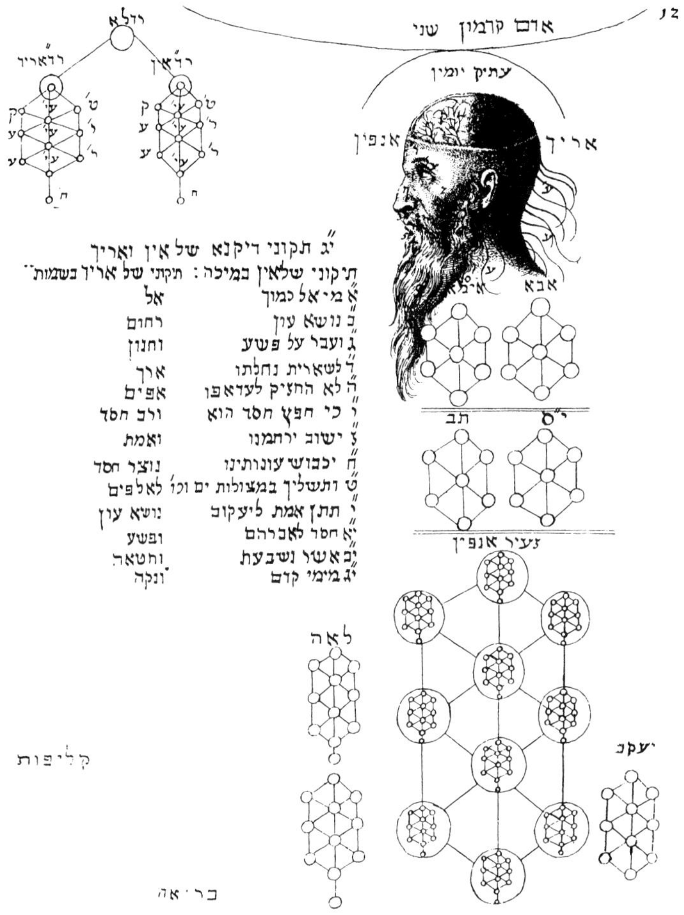

L'arbre philosophique

Les dix séphiroth ne font pas que constituer le corps cosmique du premier homme aux trois cavités cérébrales et aux sept membres, Adam Kadmon, mais, selon les enseignements d'Isaac Luria, ils sont encore le reflet de son visage mystique ; chacun d'eux en souligne un aspect particulier.

C. Knorr de Rosenroth, Kabbala denudata, Sulzbach, 1684

L'arbre philosophique

D'après la loi inhérente à la tétraktys pythagoricienne, les quatre semences des noms-forces de Dieu se répandent sur dix plans.

Manuscrit, Salonique

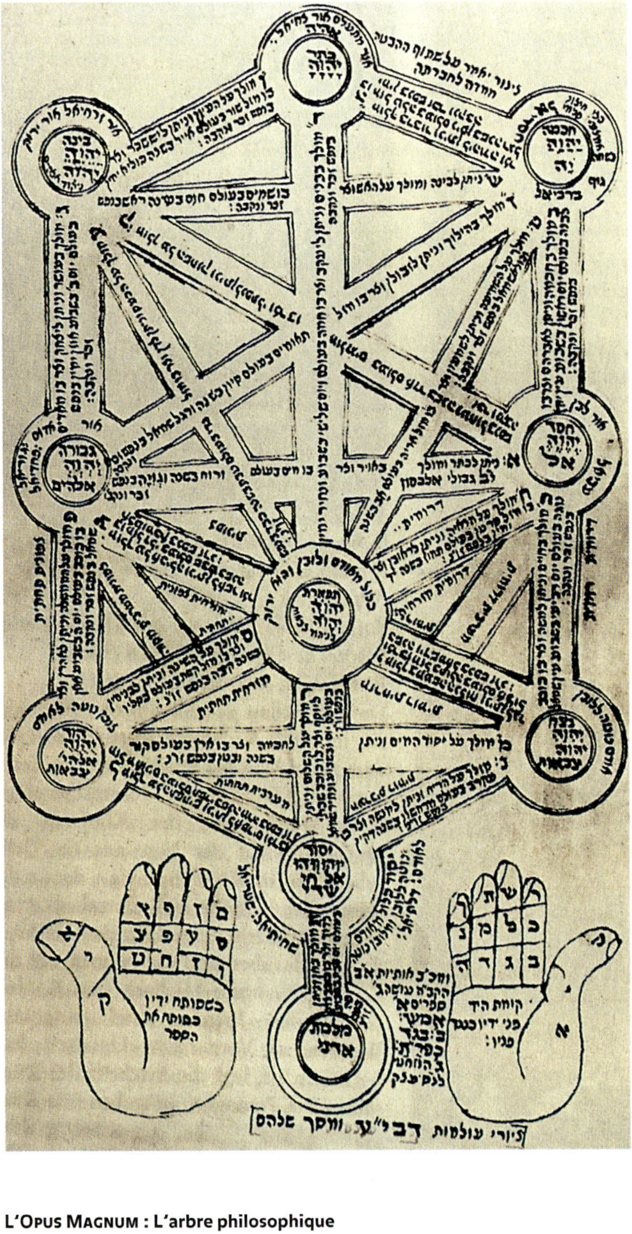

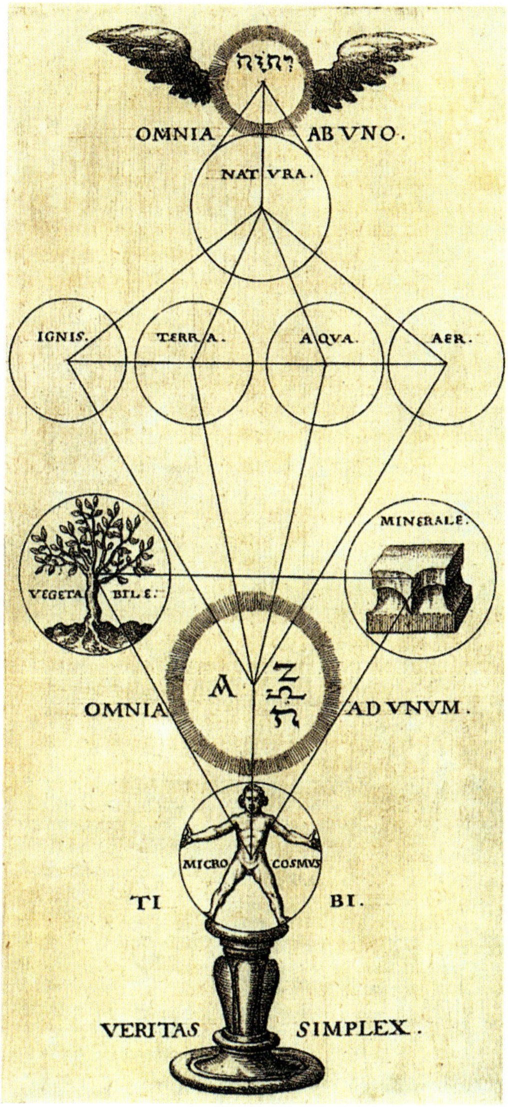

L'arbre philosophique

Le rosicrucien Daniel Mögling (pseudonyme : Théophile Schweighart) de Constance donne à son diagramme le nom d'« arbre de la pansophie » ; il faut y voir l'harmonieuse union du microcosme et du macrocosme dans la contemplation.

Théophile Schweighart, Speculum sophicum Rhodostauroticum, 1604

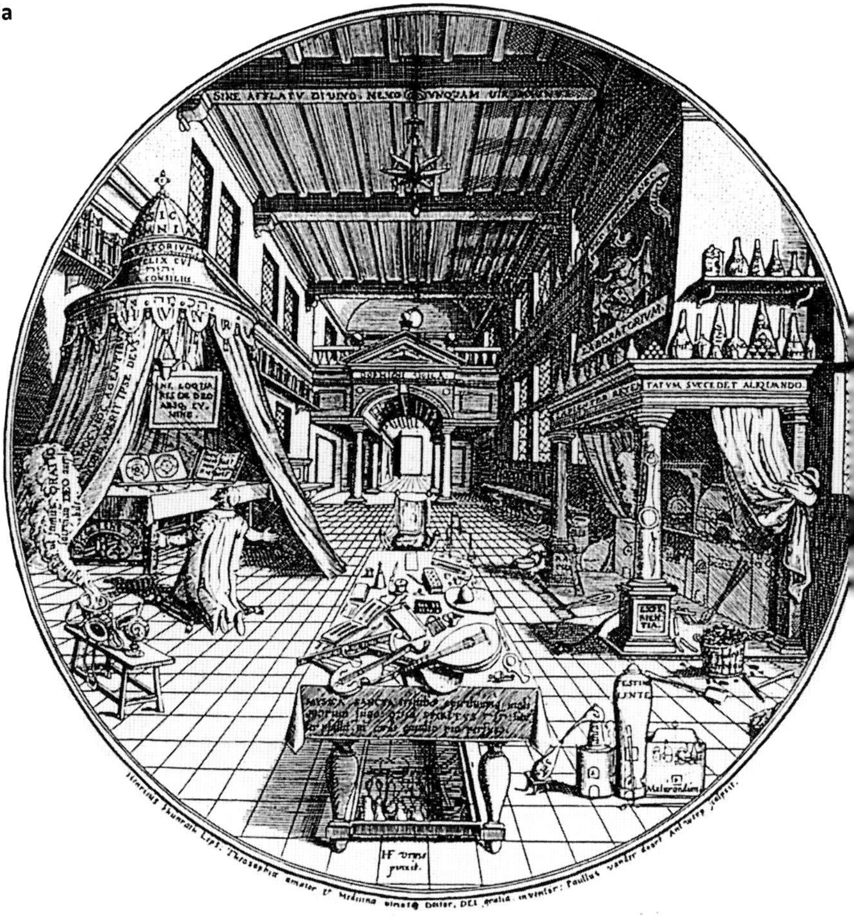

Le « cercle entier (…), la scène circulaire du monde de la Sagesse éternelle », de Heinrich Khunrath, est gros du sel spirituel de la Vérité, le « Tartarus Mundi » ou « centre du sel harmoniac de l'immense édifice de l'univers », où confluent toutes les lignes de cette gravure en perspective cavalière de Hans Vredeman de Vries.

Heinrich Khunrath, Amphitheatrum sapientiae aeternae, 1602

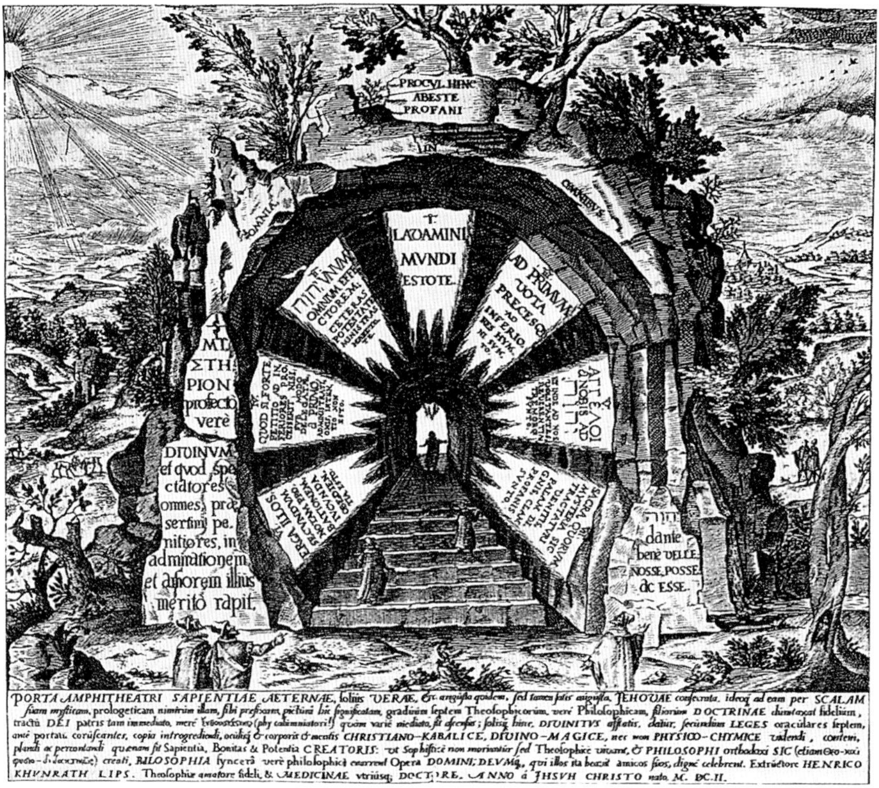

Tout comme les abeilles qu'attire le parfum de la rose, les amoureux de Théo-Sophia se hâtent, venant de toutes les directions, de gravir les sept gradins de « l'échelle mystique » pour franchir « la porte de la Sagesse éternelle ».

Heinrich Khunrath, Amphitheatrum sapientiae aeternae, 1602

Devise accompagnant l'emblème :
« Dieu est la forteresse de tous ceux qui croient en Lui »

Devise accompagnant l'emblème :
« Dieu est notre espoir quand la lame de fond nous emporte »

M. J. Ebermeier, Sinnbilder von der Hoffnung (Symboles de l'espoir), Tübingen, 1653

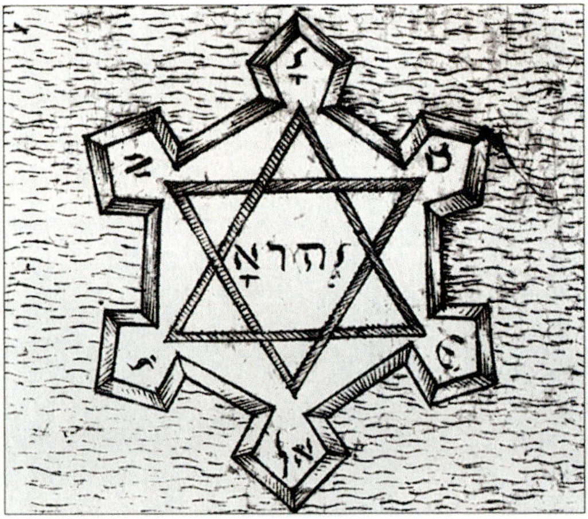

Des arts militaires et de la planification de forteresses.

Robert Fludd, Utriusque Cosmi tome II, Oppenheim, 1619

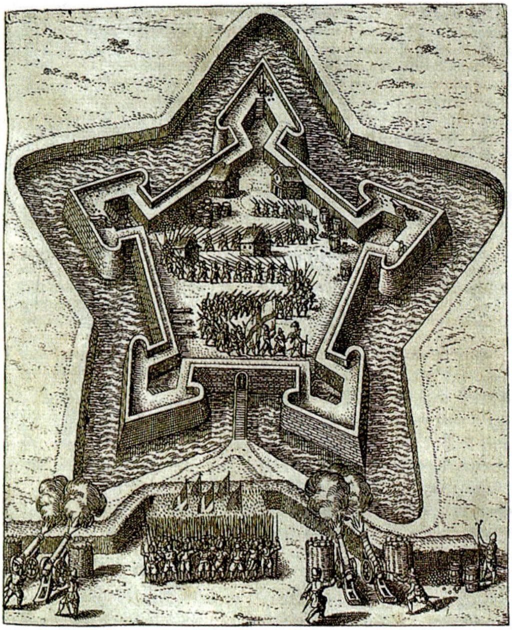

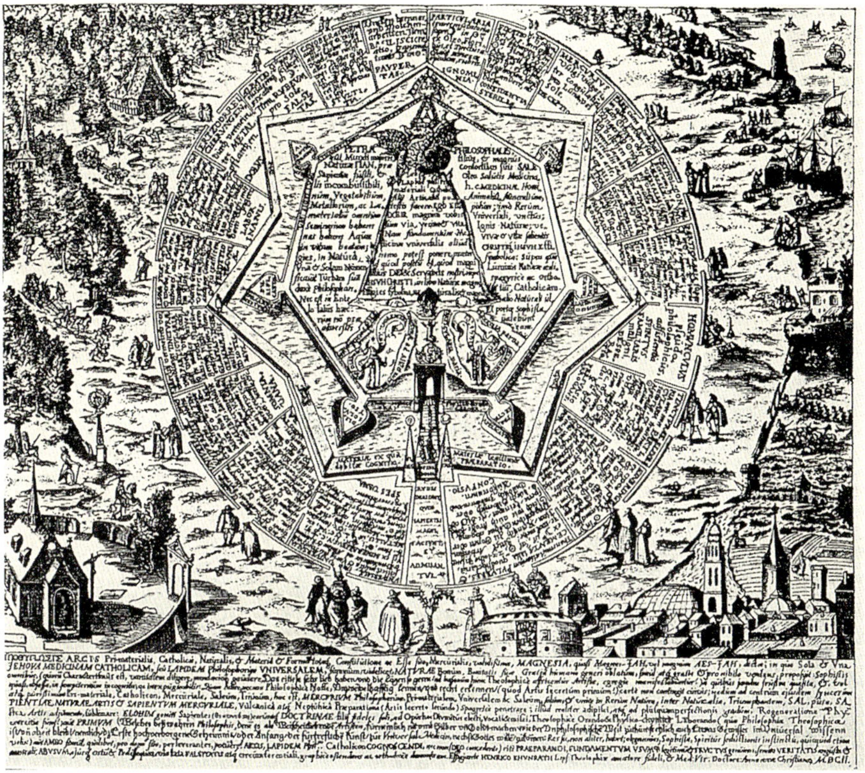

On compte vingt et une voies menant à la forteresse de l'alchimie, mais une seule permet d'y accéder, et c'est la voie de la piété et de la prière dans le feu de la passion. Elle seule procure la connaissance véritable de la matière première. Les sept angles de la forteresse sont les sept phases de l'œuvre, lesquelles mènent au lapis, le roc central. C'est là que demeure « notre Mercure », le dragon, « époux et épouse tout à la fois et qui se féconde soi-même ».

Heinrich Khunrath, Amphitheatrum sapientiae aeternae, 1602

Mandala

Ce palais mandala tibétain est composé, tout comme l'homme, la mesure divine de toutes choses, de trois étages, le corps, la langue et l'esprit – auxquels, dans ce mandala tibétain dit de « la roue du temps » sont attribuées 722 divinités, ni plus ni moins.

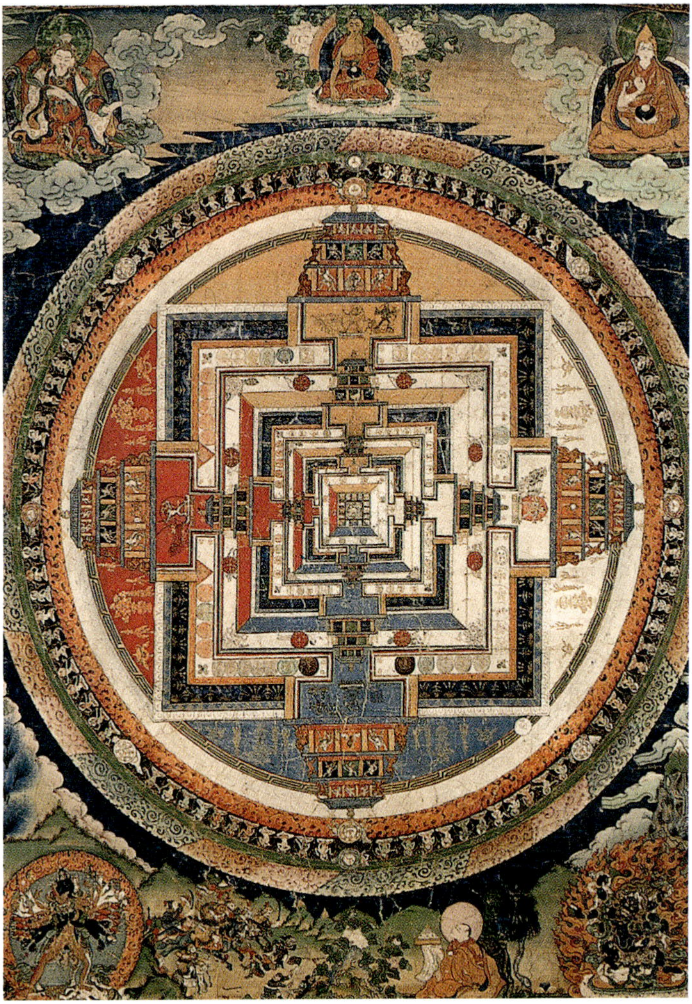

Kalachakra-Mandala, gouache, Tibet, XVIIIème siècle

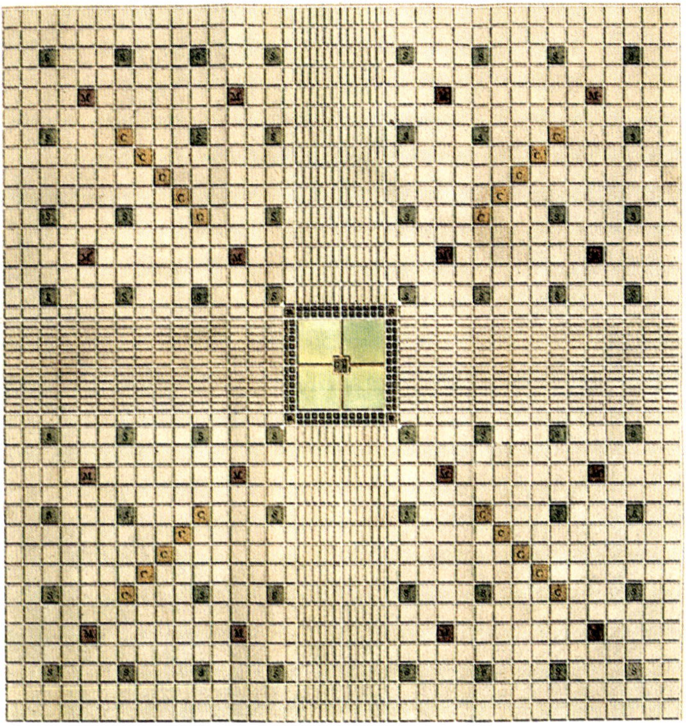

Comme dans les vers de William Blake, on trouve dans les écrits prophétiques de Richard Brothers, tous deux avaient le même âge, des convictions démocratiques radicales mêlées de tradition biblique et de savoir visionnaire. Il identifiait la Jérusalem déchue au Londres de son temps. Brothers fit le plan détaillée de la ville à venir d'après les indications données par le prophète Ezéchiel.

Gravure de Wilson Lowry, in : R. Brothers, A Description of Jerusalem, 1801

La rosée

« Son pays recevra de l'Eternel, en signe de bénédiction, le meilleur don du ciel, la rosée. » (Deut. 33, 13)

« Notre rosée, notre matière est célestement spermatique et féconde, électrique et vierge généralement. » (Extrait des Œuvres du comte Marsciano, 1744)

De alchimia, Leyde, 1526

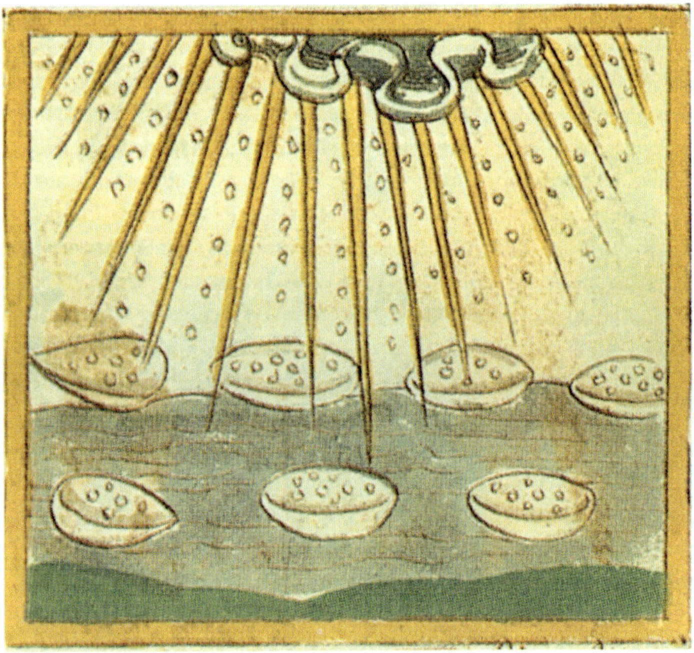

La rosée

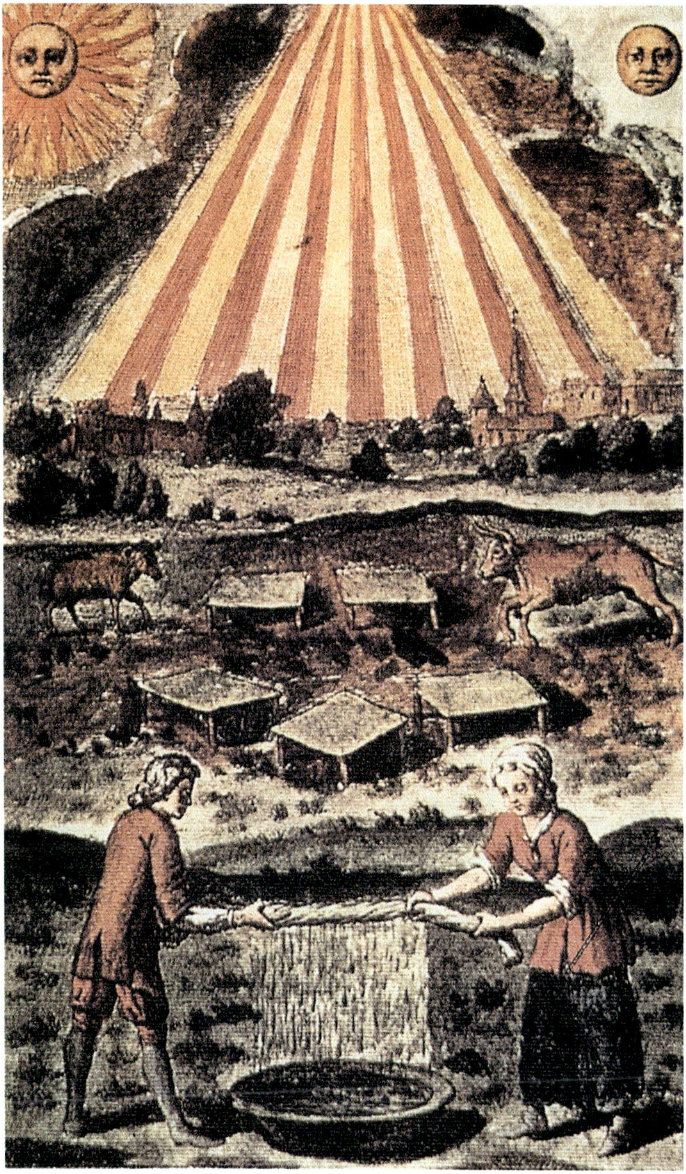

Planche 4 du ‹ Mutus Liber › (Livre muet) paru en 1677 à La Rochelle. L'ouvrage fut illustré d'une série de 15 planches.

Le couple alchimique lors de la récolte de la rosée aux mois d'avril (le Bélier) et de mai (le Taureau)

La rosée

Planche 6

Le produit d'une digestion de quarante jours et d'une seconde distillation apparaît sous la forme de fleurs de soufre fixe qu'on nomme « l'or des Sages ».

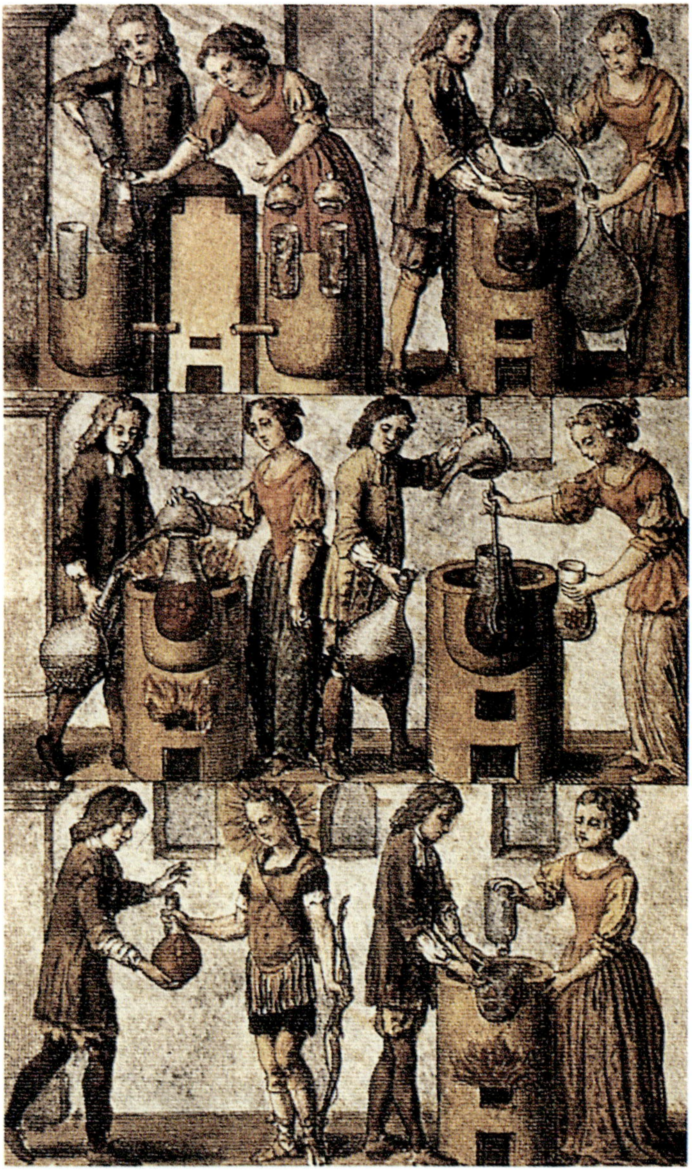

La rosée

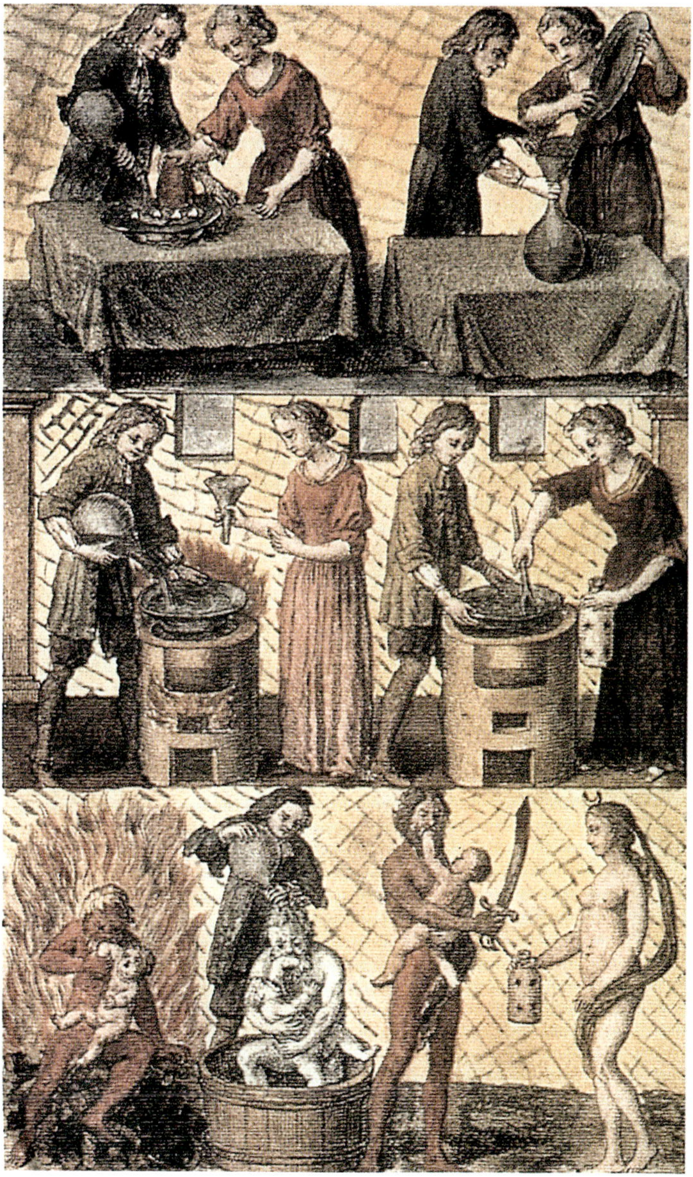

Planche 7

Le produit des distillations est allié à l'extrait, lequel est concentré par l'action du feu lunaire secret. En bas, Saturne-antimoine dévore l'enfant ou « soufre des Sages ». Après qu'il a été mondé par le feu et l'eau, il est prêt à recevoir l'albedo (Diane).

La rosée

Planche 11

Le mercure philosophique s'est revêtu de la pourpre.

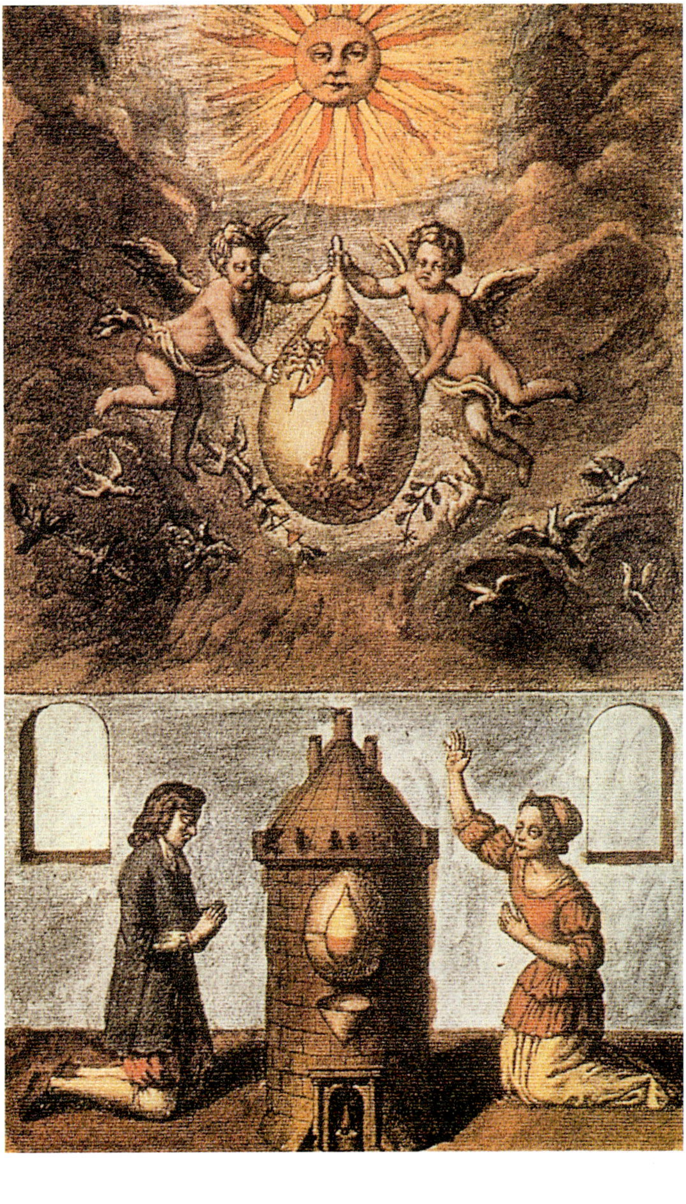

La rosée

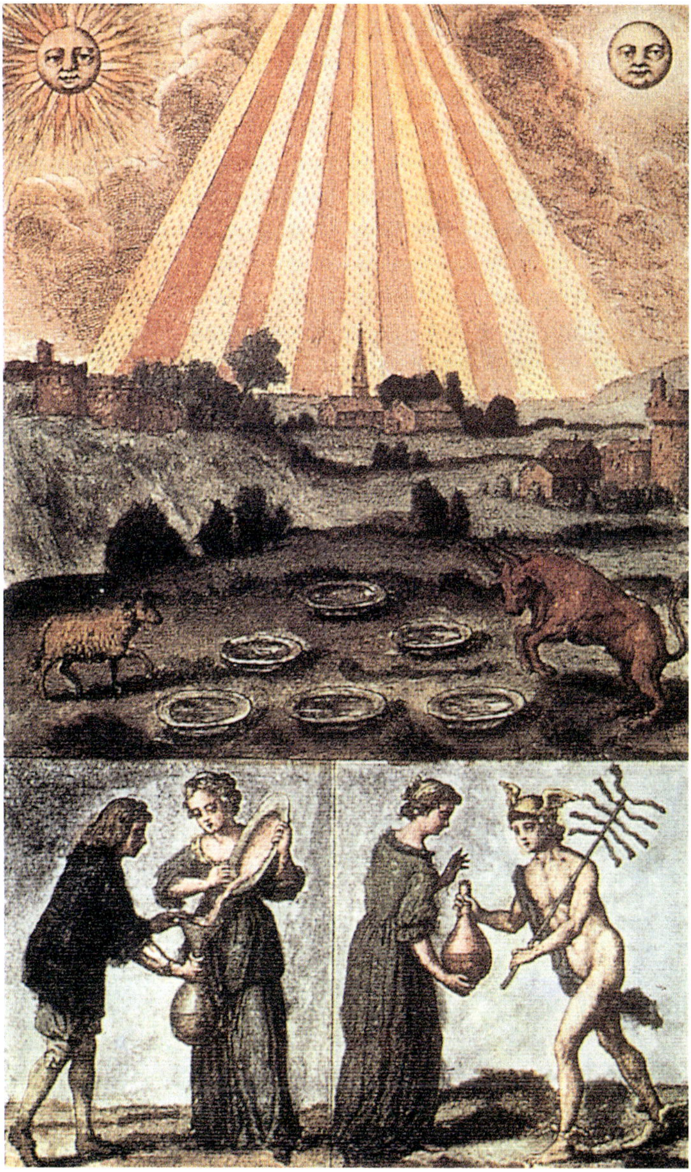

Planche 12

Le soufre/taureau se cambre sous l'effet de l'effervescence qui l'emplit, et la rosée dans les écuelles est saisie d'une vibration, grosse qu'elle est du céleste esprit de nitrate, le pur salpêtre.

La rosée

Planche 13

Les fleurs de soufre se sont transmuées en un petit soleil qui a le pouvoir de porter le mercure philosophique au plus haut point de la fixation.

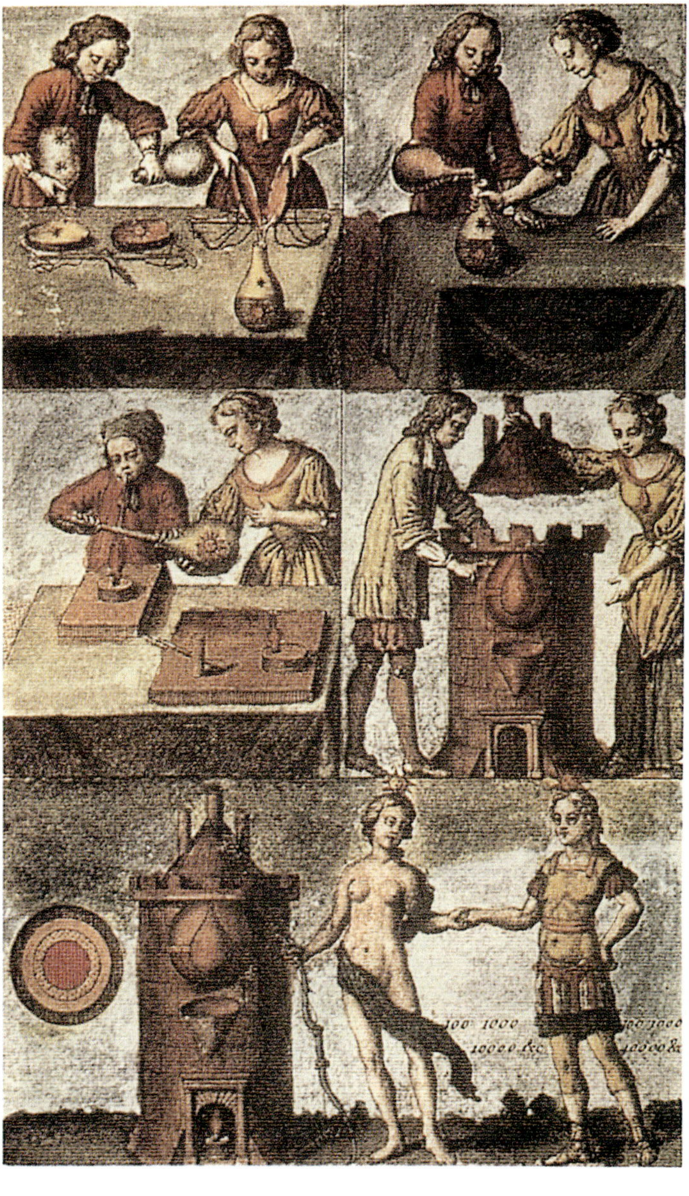

La rosée

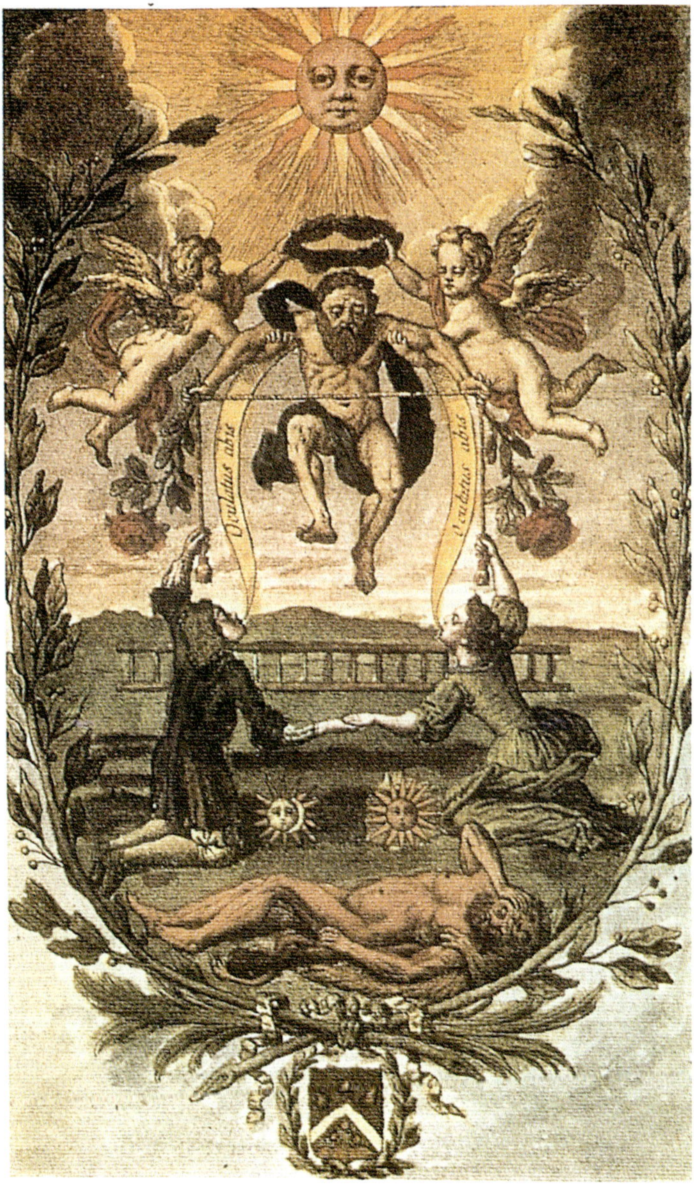

Planche 15

Le couple d'alchimistes célèbre l'ascension de l'aurore. L'Hercule païen a accompli les Travaux de l'Œuvre et ses restes mortels se déposent au fond du creuset, alors que son imputrescible esprit, s'élève dans les airs porté par la rosée (les roses).

Le serpent

« Sème l'or dans la terre à la blancheur feuillée qui est la tierce terre, c'est pourquoi elle sert à l'or et teint l'élixir et l'élixir la teint à son tour. »

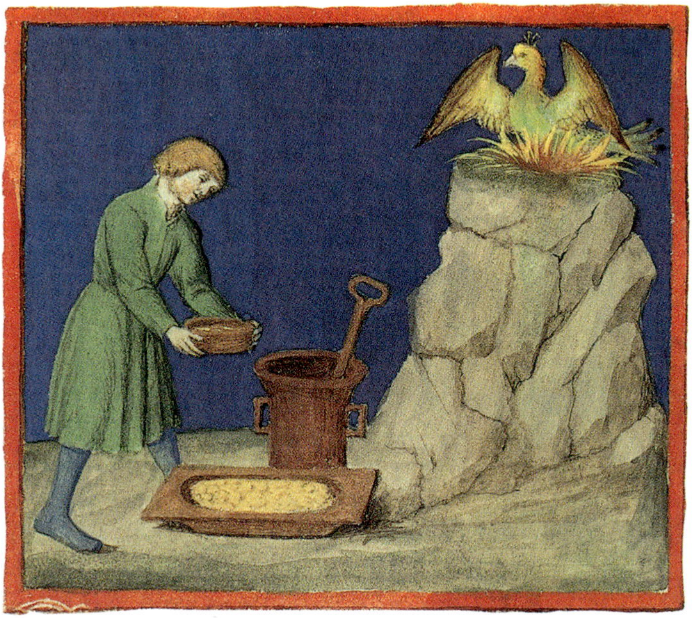

Aurora consurgens, début du XVIème siècle

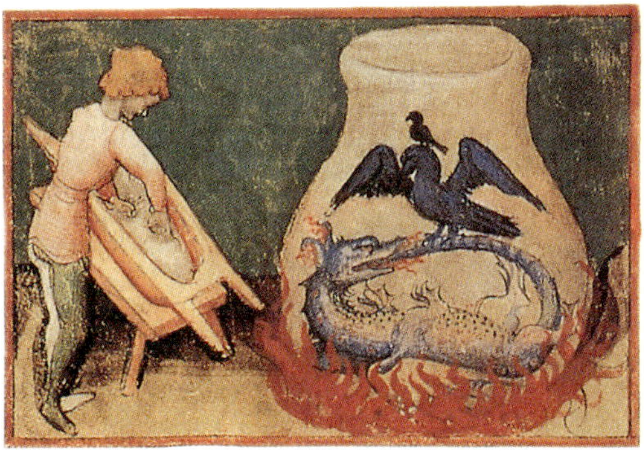

Le levain est souvent comparé au ferment dont on se sert pour élever la matière.

Aurora consurgens, fin du XIVème siècle

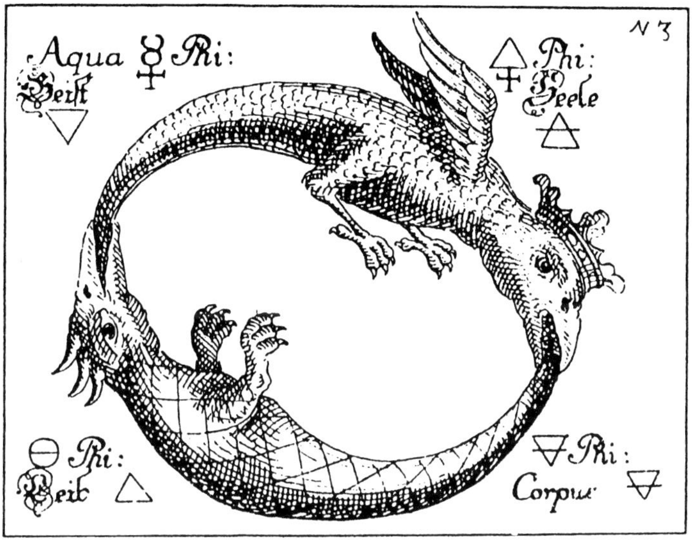

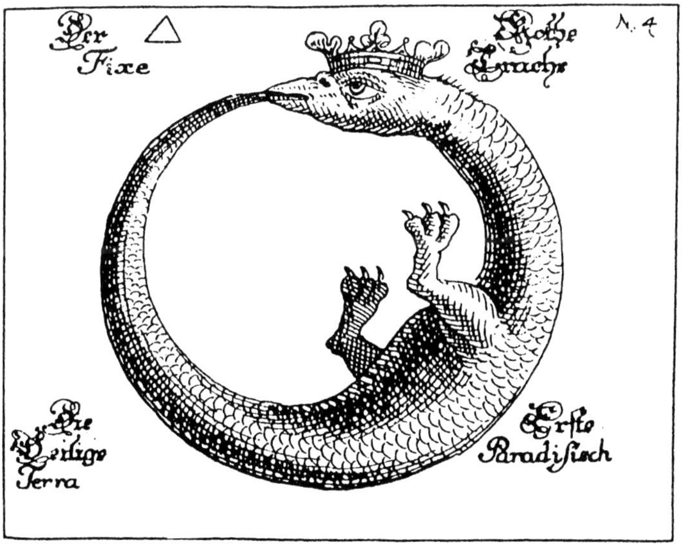

« Le serpent d'en haut (nº 3), c'est l'esprit universel qui anime toute chose, mais qui tout aussi bien tue tout ce qui est, et qui prend toute forme possible. En gros : il est tout et il n'est rien. »

Cet être, c'est *Ouroboros.* Ouro veut dire en copte : roi, et *ob*, c'est le serpent en hébreu.

Abraham Eléazar, Donum Dei, Erfurt, 1735

Le serpent

« Voici les deux serpents fixés au caducée de Mercure ; c'est d'eux qu'il tient sa force et son polymorphique pouvoir (...)
(Nicolas Flamel, Chymische Werke, éd. Hambourg, 1681)
Livre des figures hiéroglyphiques, Paris XVIIème siècle

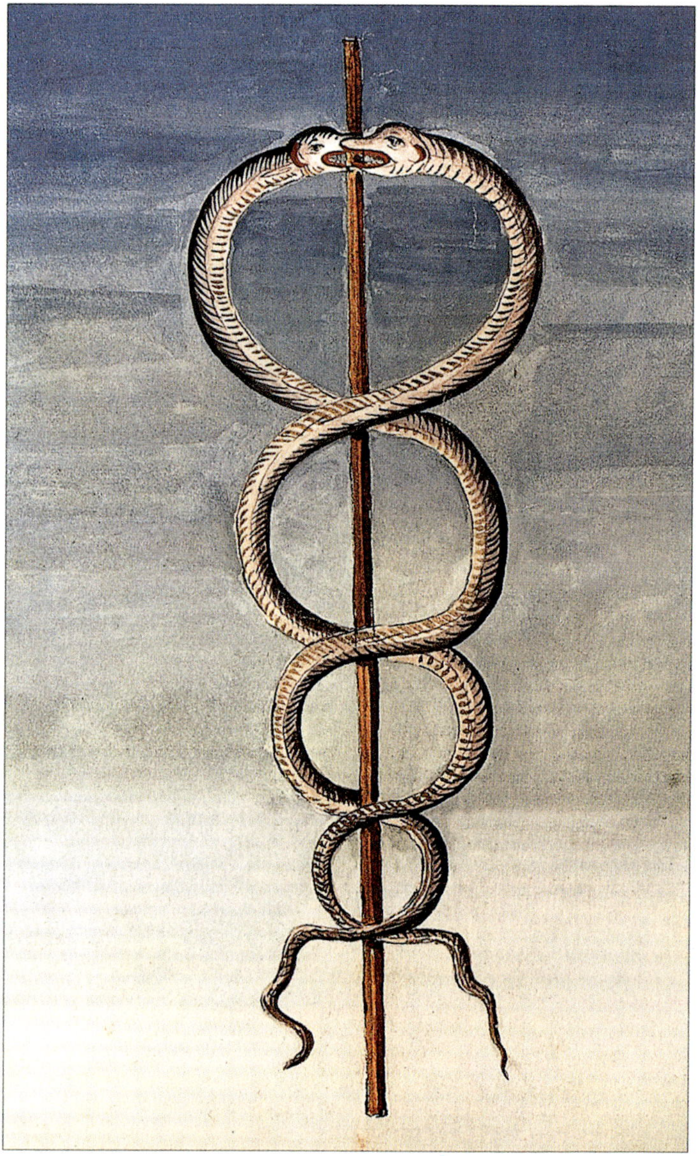

Le serpent

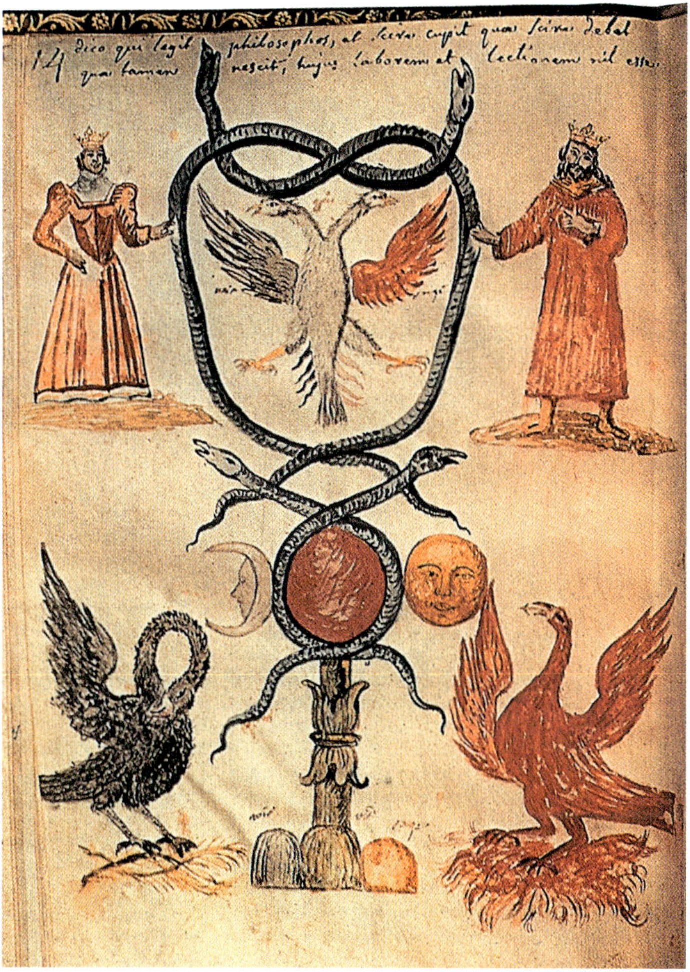

Allégorie du rapprochement des deux principes dans l'opus : à gauche, le mercure ou l'aspect féminin représenté par son symbole, le pélican ; à droite, le soufre ou l'aspect masculin symbolisé par le phénix de feu.

*Figuarum Aegyptiorum Secretarum, XVIII*ème *siècle*

Le serpent

Ce « mercuriel avaleur de queue » est « notre sujet ». « De cette racine unique poussent des roses, le plus grand des biens. » La rose blanche, c'est la « teinture philosophique » lunaire, la rose rouge, « la teinture métallique » solaire. La mystérieuse « rose bleue » qu'on voit au milieu, est appelée ici « la fleur de sagesse ».

Jérôme Reussner, Pandora, Bâle, 1582

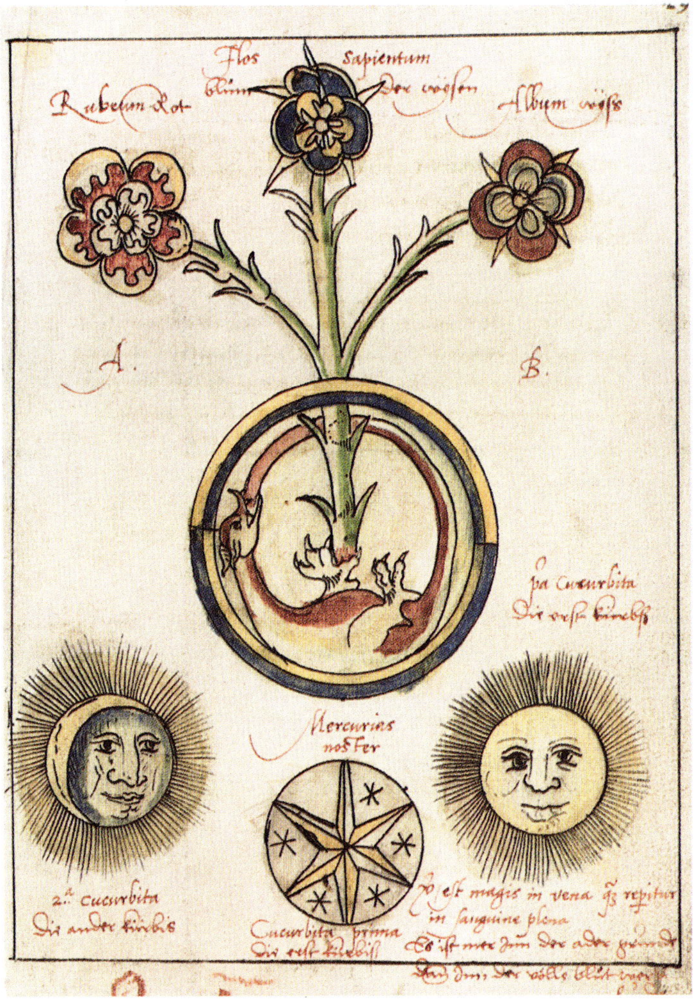

Le serpent

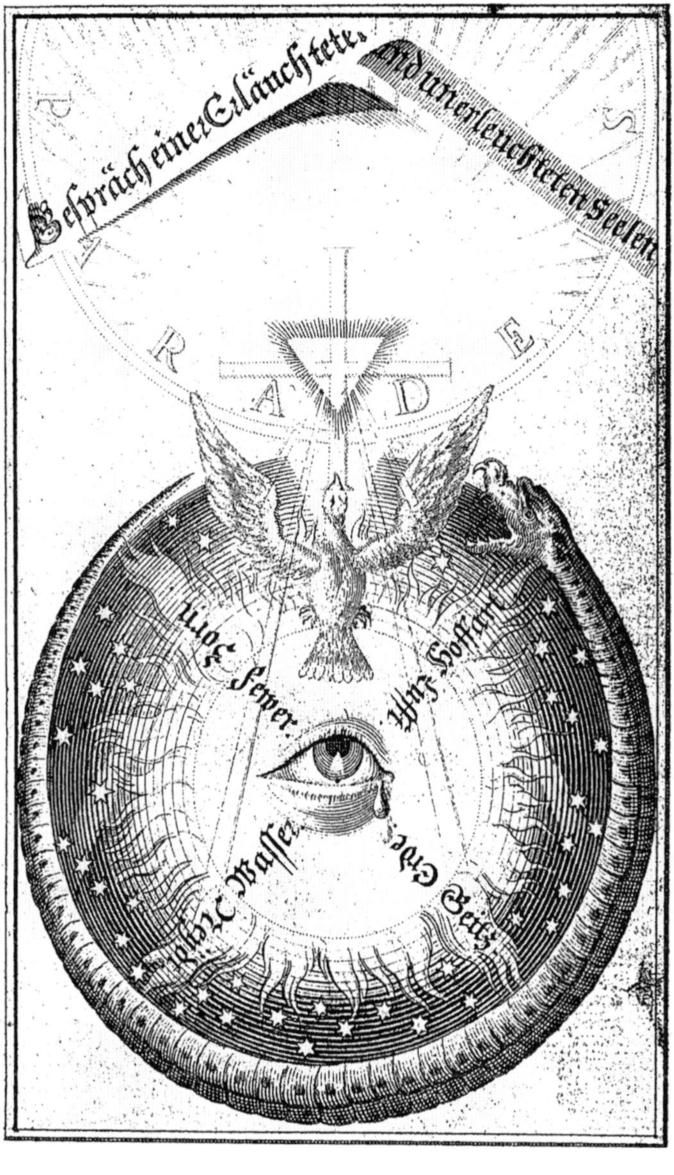

Depuis que Vulcain a allumé la roue d'angoisse mercurielle où l'âme s'est projetée, « elle ne convoite rien d'autre que la multiplicité des choses naturelles ». Elle est soumise en entier au jeu miroitant des passions.

L'âme de lumière conseille à l'âme des ténèbres, en s'ouvrant à l'esprit d'amour du Christ, de briser cette monstrueuse larve ophidienne en elle.

Jacob Böhme, Theosophische Wercke (Escrits théosophiques), Amsterdam, 1682

Le serpent

La « mer Rouge », inscription ornant le frontispice du Rouleau de Ripley, était l'un des noms qu'on donnait à la divine eau mercurielle et à sa propriété de tirer et de retenir les teintures.

Rouleau de Ripley, manuscrit, XVIème siècle

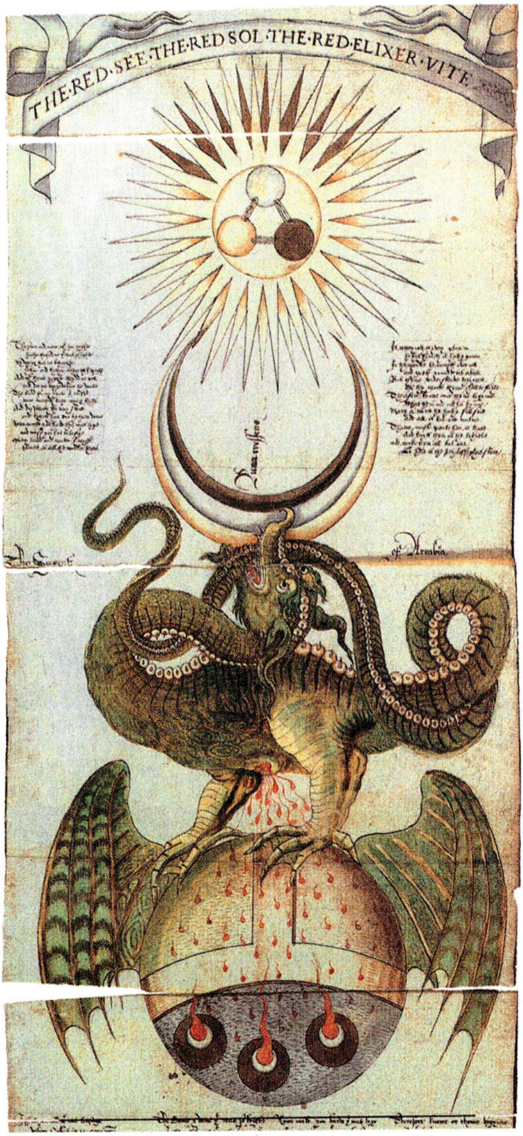

Le serpent

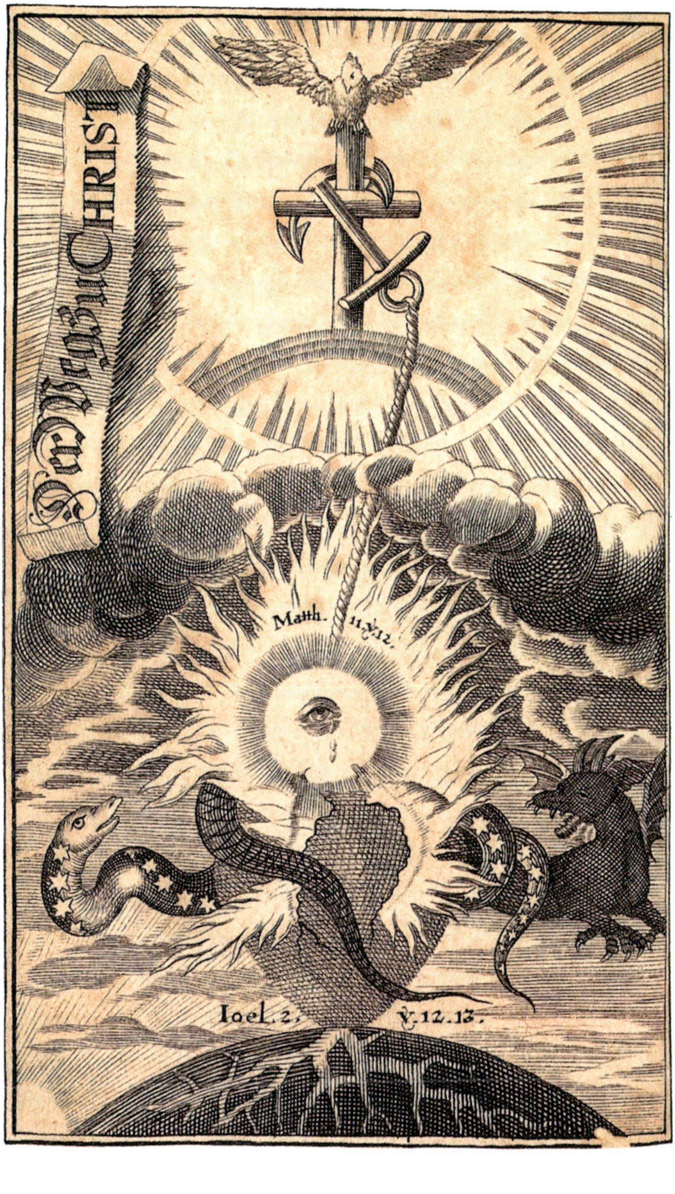

Joël, 2, 13 : « Déchirez vos cœurs et non vos vêtements, et revenez à l'Eternel, votre Dieu. »

L'âme ignée a choisi, avec le feu, la mauvaise auberge, et c'est avec le feu et la violence qu'il lui faudra la quitter, car, autrement, le serpent diabolique, qui est encore l'esprit sidéral de ce monde, la retiendra prisonnière en sa geôle. Il n'y a pas d'issue par en bas, « mais par en haut, au-delà des sens, on respire et on vivifie la vie ». C'est là que la céleste Sophia attend son époux animique.

J. Böhme, Weg zu Christo, éd. 1730

La conjonction

« Notre dragon mercuriel » ne peut être dompté que par l'action concertée de Sol et de Luna, ce qui veut dire qu'il faut, pour le tuer, en extraire à la fois le soufre et l'humidité lunaire qu'il contient.

Aurora consurgens, début du XVIème siècle

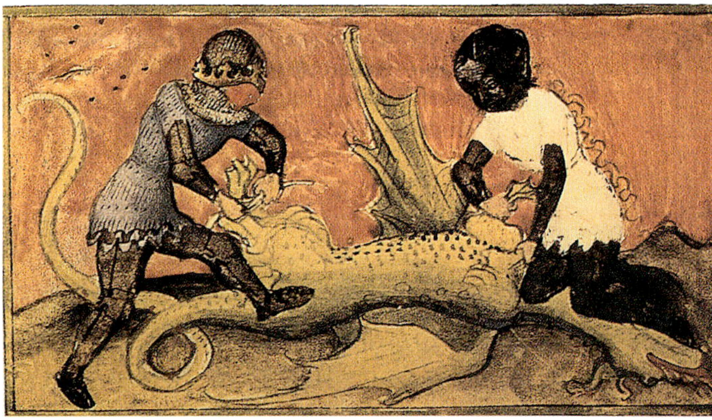

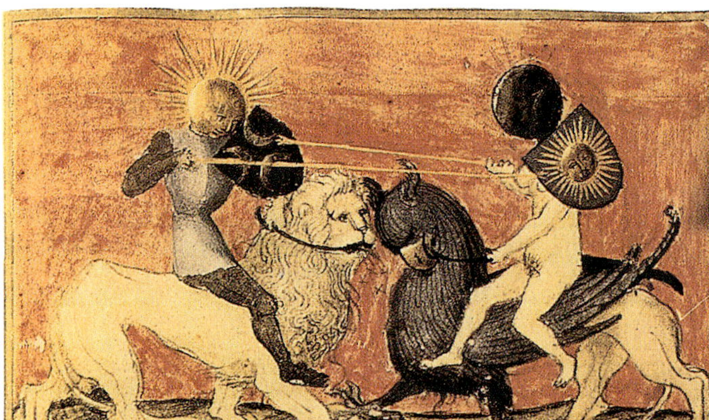

« Il est écrit : que la femme dissolve l'homme et que l'homme fixe la femme. Ce qui veut dire : l'esprit dissout le corps et l'assouplit et le corps fixe l'esprit. »

Senior s'exprime en ces termes : je suis Sol, je suis chaud et sec, et toi, Luna, tu es froide et humide. C'est ainsi que, lors de notre union (...), je te prendrai l'âme par mes caresses. » (Aurora consurgens)

Aurora consurgens, début du XVIème siècle

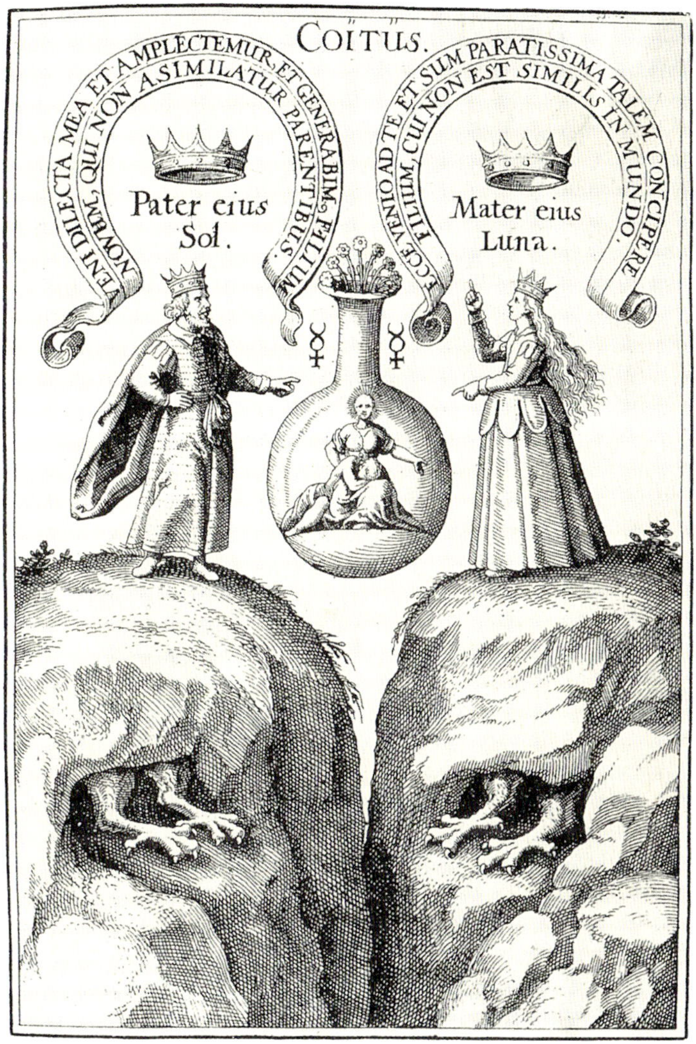

Le couple royal, le frère et la sœur Gabricus et Beya, projette de s'accoupler pour « mettre au monde un fils qui n'a pas son pareil ».

J. D. Mylius, Anatomia auri, Francfort, 1628

La conjonction

Le couple alchimique veut s'accoupler pour engendrer un fils, un roi « à la tête rouge, aux yeux noirs, aux pieds blancs : car c'est là la maîtrise de l'art ».

*Donum Dei, XVII*ème *siècle*

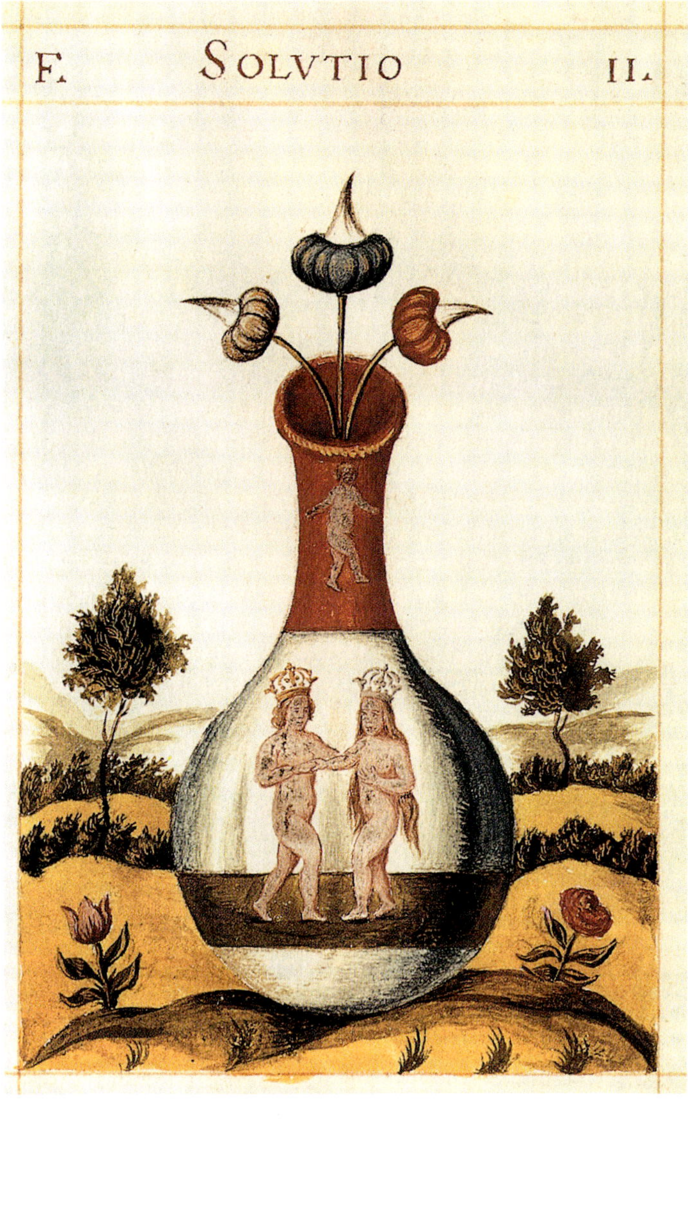

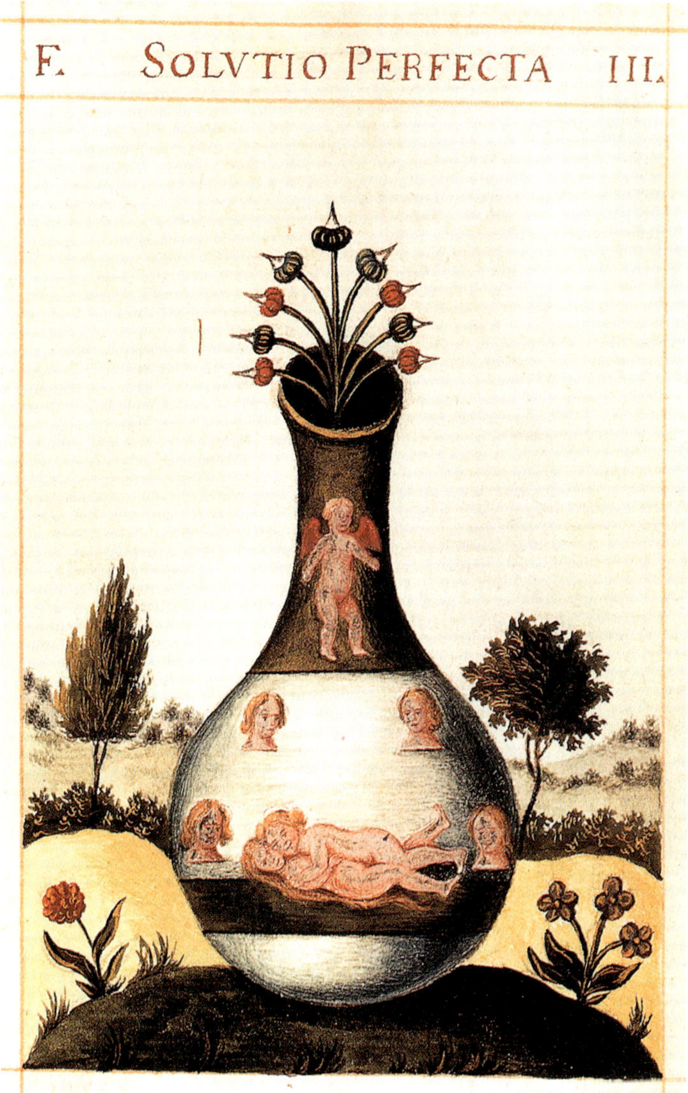

« Renverse l'ordre de la nature des quatre éléments, alors tu trouveras ce que tu cherches, mais renverser l'ordre de la nature, cela veut dire transmuter en esprits les cadavres par la maîtrise de notre art. »

Donum Dei, XVIIème siècle

LA PUTRÉFACTION

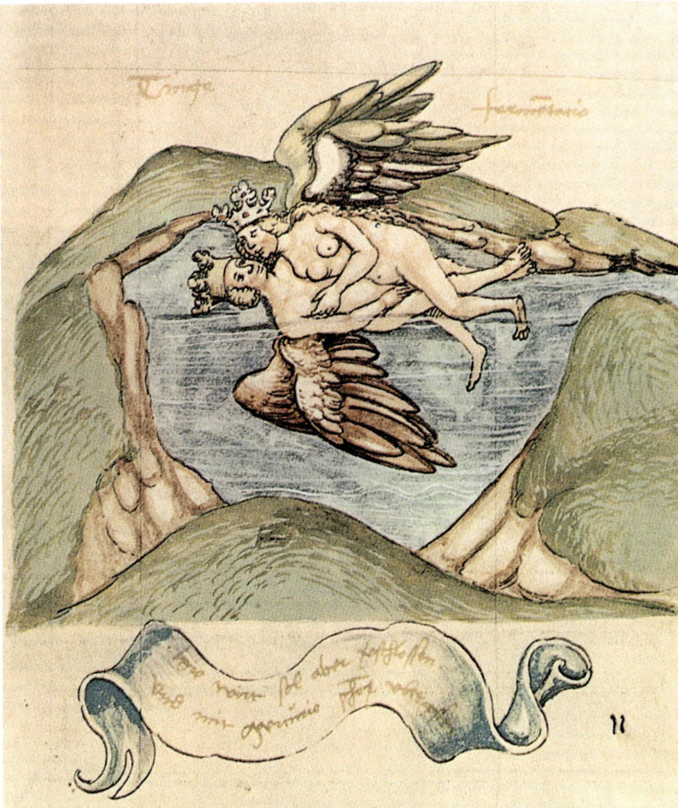

« Mais ici Sol est fermé
Et arrosé par le ‹ Mercure des
Philosophes ›. »

Rosarium philosophorum, 1550

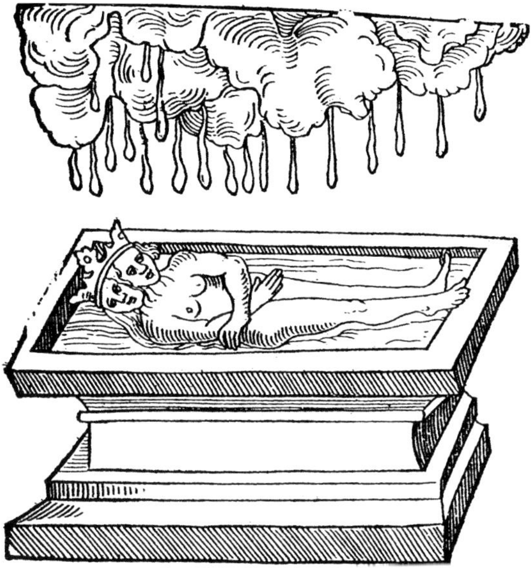

LA MULTIPLICATION

« L'eau alors tombe en pluie/

Et redonne son eau en boisson à la terre. »

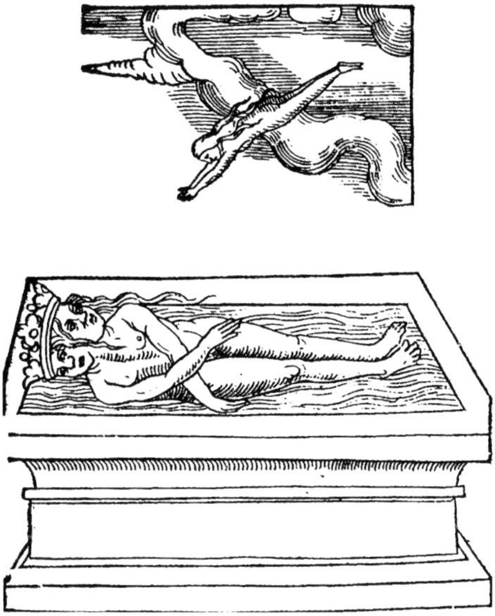

LA RÉSURRECTION

« Voici l'âme qui du ciel revient, belle et pure.

Et ressuscite en vérité des philosophes la fille. »

Illustrations in : Rosarium philosophorum, 1550

L'androgyne

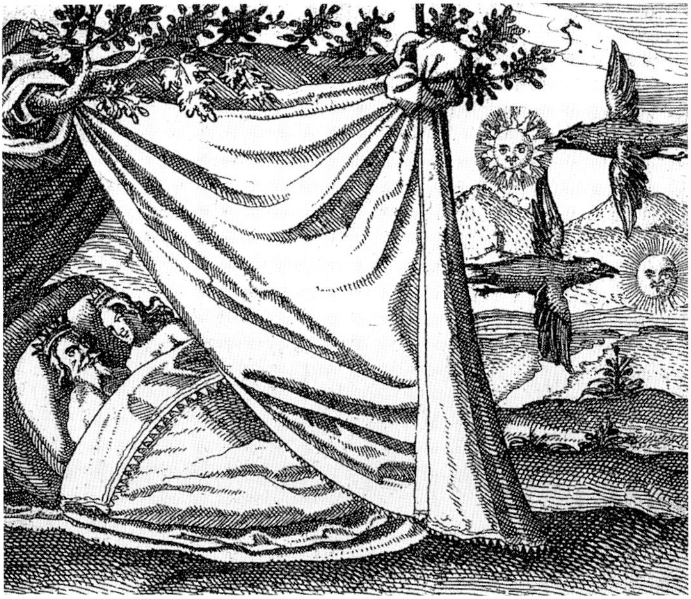

Après la purification par le feu et la dissolution de leurs corps dans le bain mercuriel, le frère et la sœur qui forment le couple royal procèdent au coït. Les corbeaux annoncent la phase de la putréfaction.

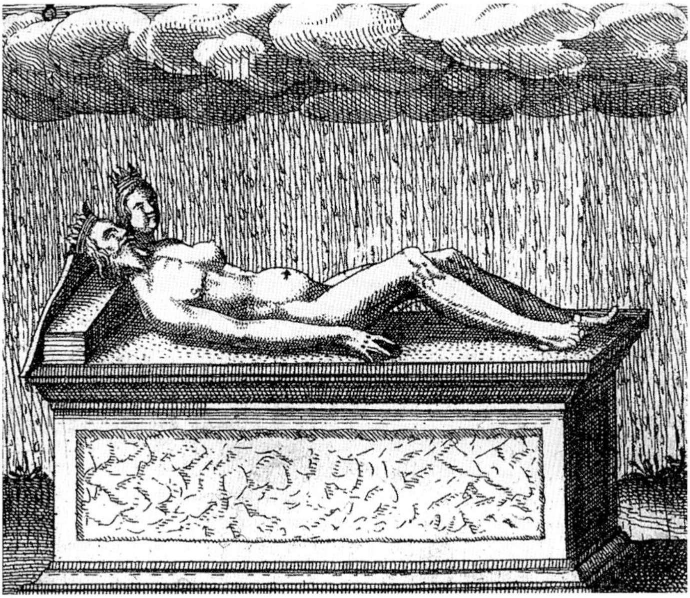

C'est sous forme de rebis que le couple royal ressuscite du sépulcre de la putréfaction et qu'il est lavé de sa noirceur par la rosée du ciel.

L'androgyne

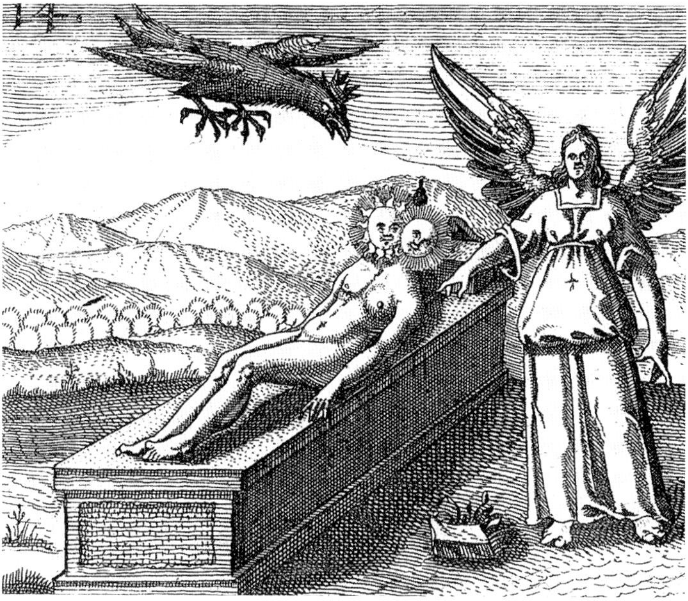

L'or et l'argent philosophiques ont fait leur apparition sur les visages du rebis. La présence des deux être ailés fait allusion aux ultimes phases opératoires de la sublimation.

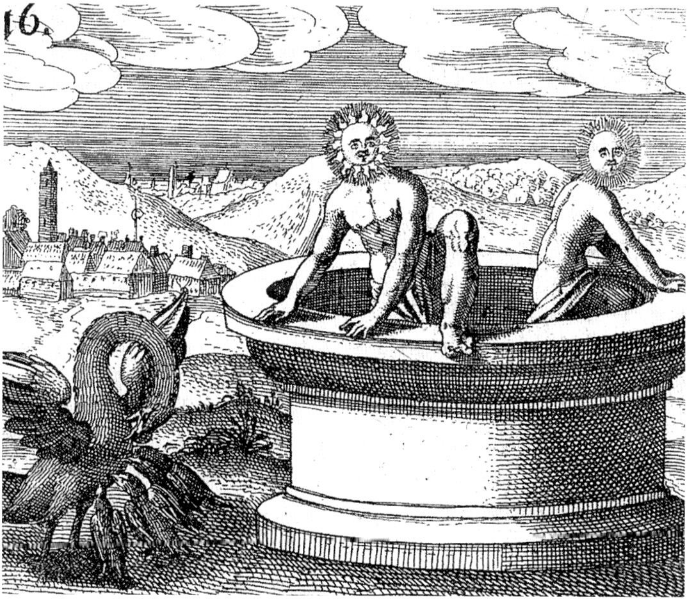

Le pélican, qui abreuve ses petits de son sang, symbolise la phase subséquente de la multiplication.

Illustrations in : Stolcenberg, Viridarium chymicum, Francfort, 1624

L'androgyne

« Besoin est du feu à l'hermaphrodite qui gît, tel un mort, dans la ténèbre. »

La matière froide et humide c'est, pour les Philosophes, la femme (la lune), en revanche, la matière chaude et sèche, c'est l'homme (le soleil). L'androgyne, cependant, possède ces quatre propriétés.

Michel Maier, Atalanta fugiens, Oppenheim, 1618

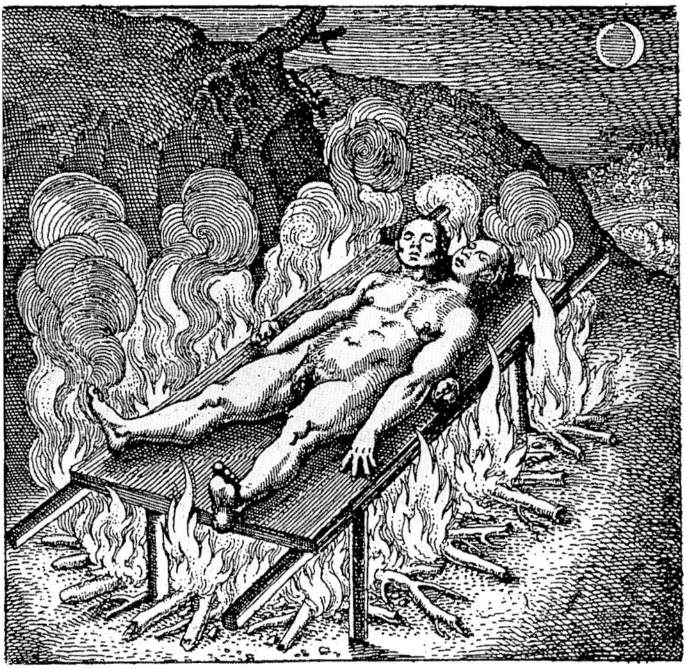

Fig. de droite : W. Blake, Jérusalem, 1804–1820

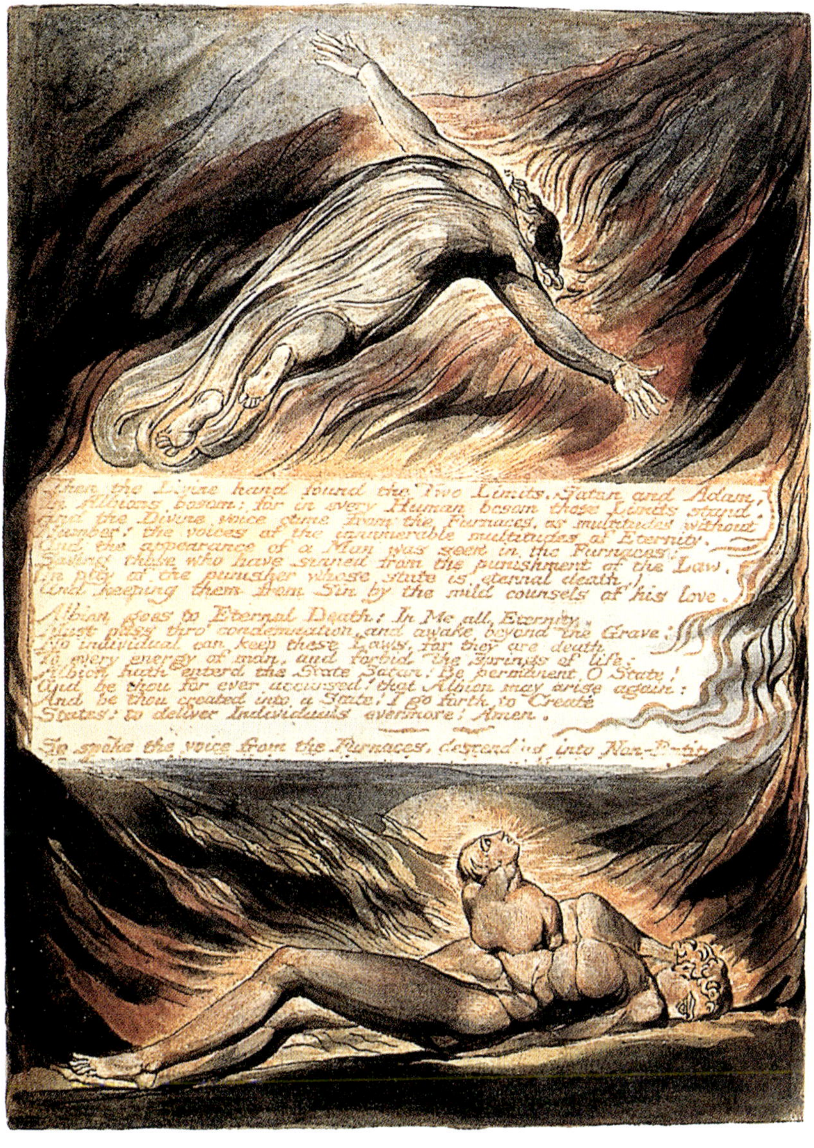
Then the Divine hand found the Two Limits, Satan and Adam,
In Albions bosom: for in every Human bosom those Limits stand.
And the Divine voice came from the Furnaces, as multitudes without
Number! the voices of the innumerable multitudes of Eternity.
And the appearance of a Man was seen in the Furnaces;
Saving those who have sinned from the punishment of the Law,
(In pity of the punisher whose state is eternal death,)
And keeping them from Sin by the mild counsels of his love.
Albion goes to Eternal Death: In Me all Eternity,
Must pass thro' condemnation, and awake beyond the Grave;
No individual can keep these Laws, for they are death
To every energy of man, and forbid the springs of life;
Albion hath enterd the State Satan! Be permanent O State!
And be thou for ever accursed! that Albion may arise again:
And be thou created into a State! I go forth to Create
States: to deliver Individuals evermore! Amen.
So spake the voice from the Furnaces, descending into Non-

L'androgyne

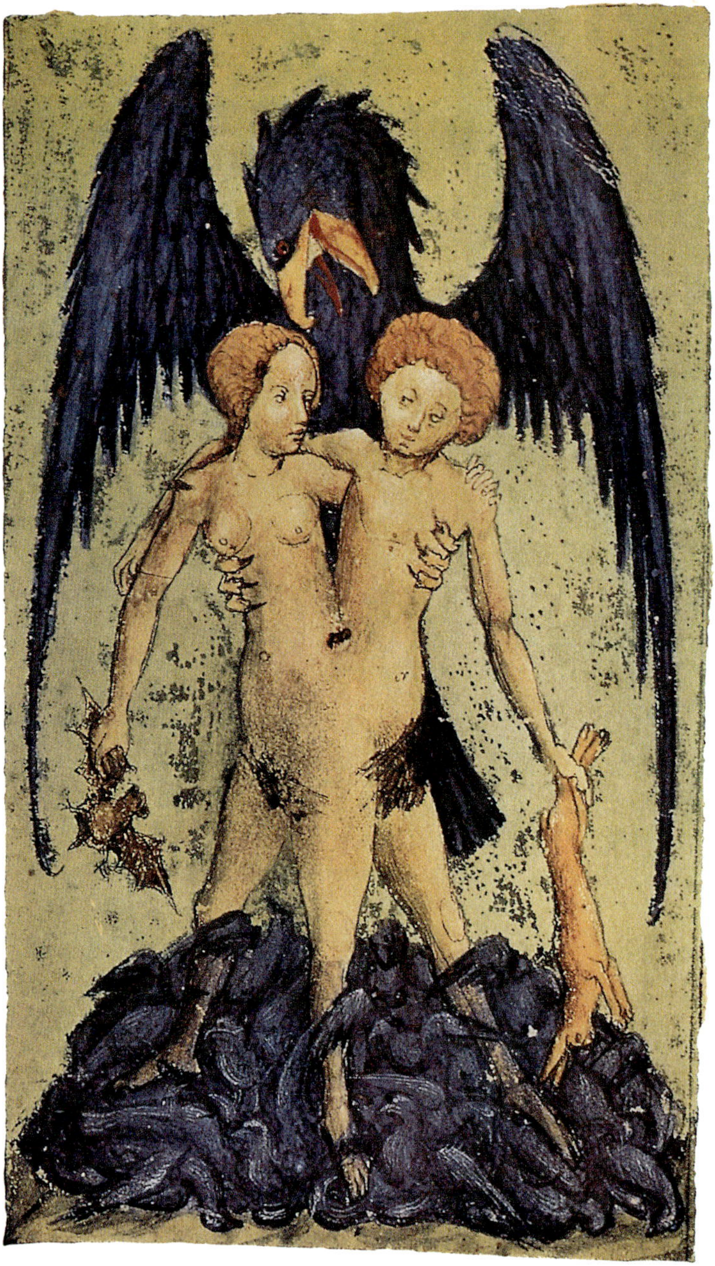

Le vent du sud, symbole de l'ensemble des sublimations, est mis ici en scène sous forme d'un grand aigle qui unit progressivement les contraires. Les trois jambes de l'androgyne font allusion au trépied où l'on faisait chauffer la cornue.

Aurora Consurgens, début du XVI^{éme} siécle

L'androgyne

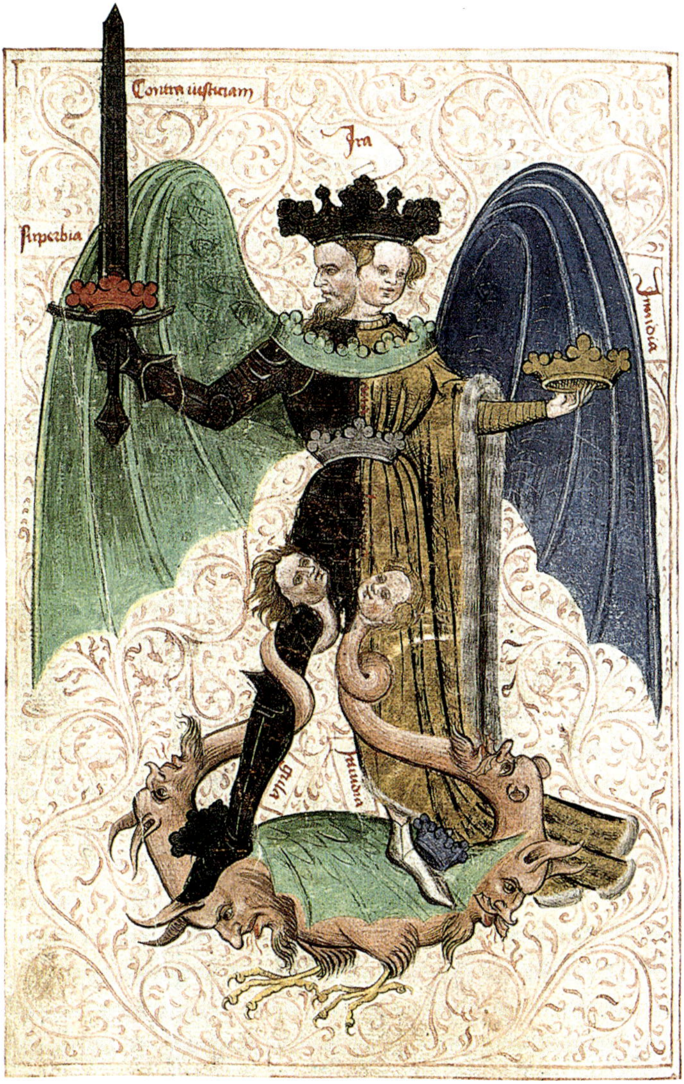

Cet androgyne est de nature spectrale et pervertie ; c'est « Lucifer et sa mère, un corps et une âme, fixe et volatil ; c'est en lui que sont assemblés les arts naturels de ce monde ».

Livre de la Sainte-Trinité, XVème siècle

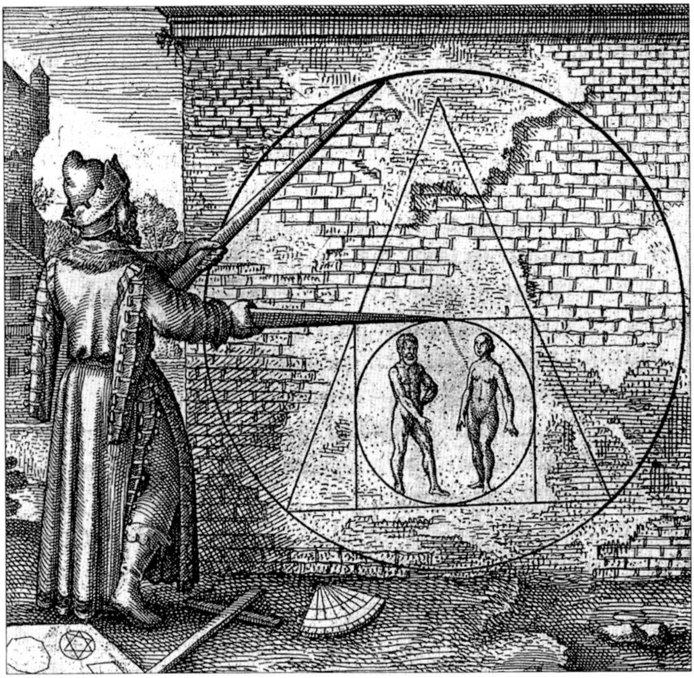

« Fais un cercle de l'homme et de la femme, mets le cercle dans un carré, le carré dans un triangle et le triangle dans un second cercle, et tu auras la pierre philosophale. »

Michel Maier, Atalanta fugiens, Oppenheim, 1618

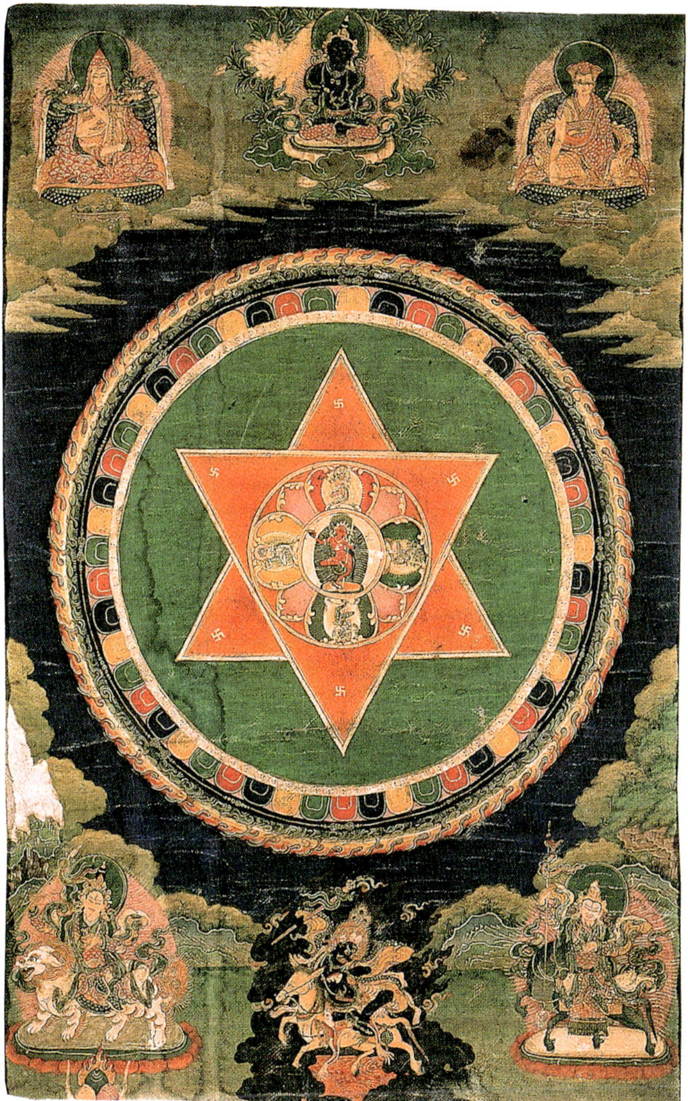

Selon la tradition tantrique, l'ultime vérité va de pair avec la totale interpénétration de Çiva et de Shakti, de l'énergie mâle et de l'énergie femelle. Çiva, le triangle avec la pointe en haut, symbolise l'aspect statique de la réalité supérieure, Shakti, le triangle avec la pointe en bas, l'énergie cinétique de l'univers sensible.

Mandala de Vajravarahi, Tibet, XIXème siècle

Lors de la première partie du Grand Œuvre, la prime matière est sublimée trois fois en ce qu’on l’humecte de ‹ l’urine de l’éphèbe ›, ce qui est un nom d’emprunt bien connu pour l’eau mercurielle.

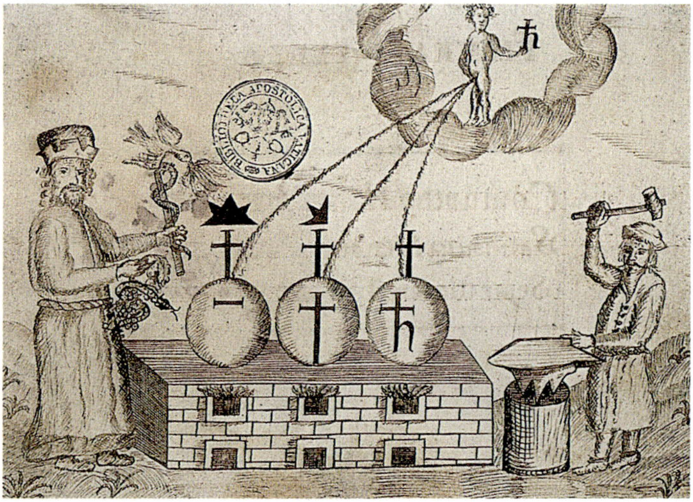

A la fin de la troisième et dernière partie de l’Œuvre, l’élixir est à même de pénétrer tous les vils métaux.

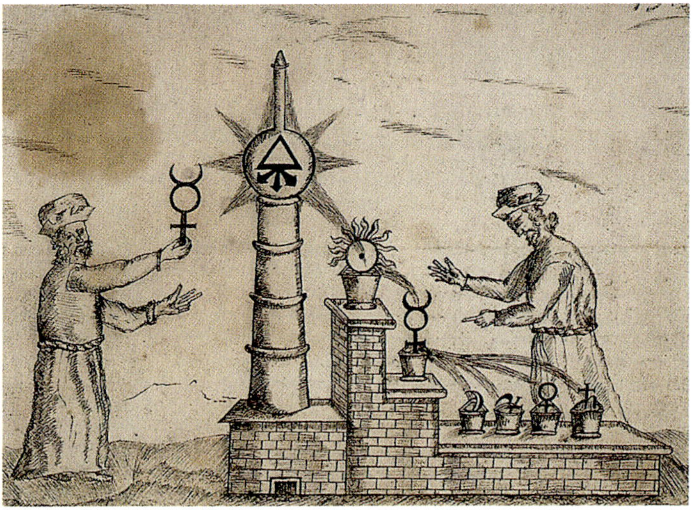

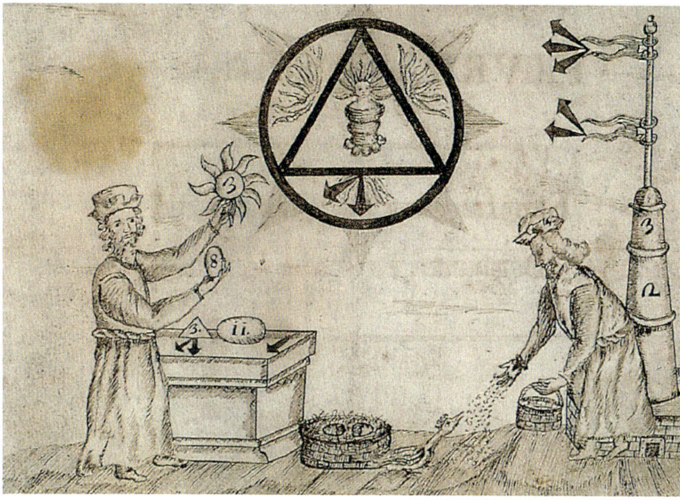

Il y a trois opus dans l'opus magnum. Les Philosophes parlent de trois clefs et de trois degrés de la solidification, qu'indiquent ici les trois flèches.

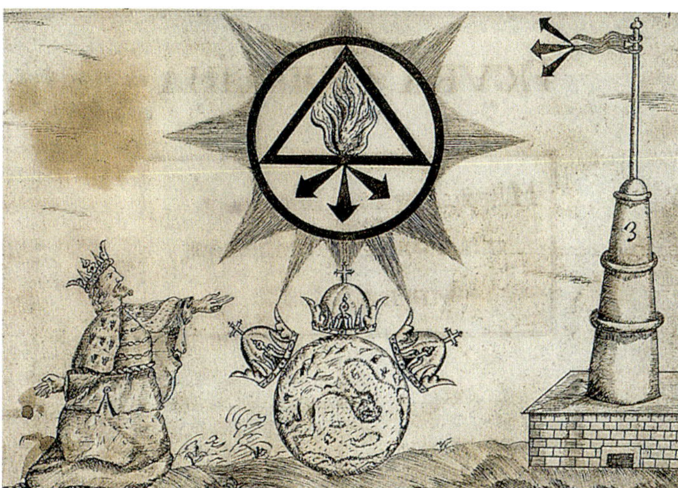

Le pouvoir séculaire tombe à genoux devant la gloire ‹ du fils rouge du soleil ›.

Illustrations in : Speculum veritatis, XVIIème siècle

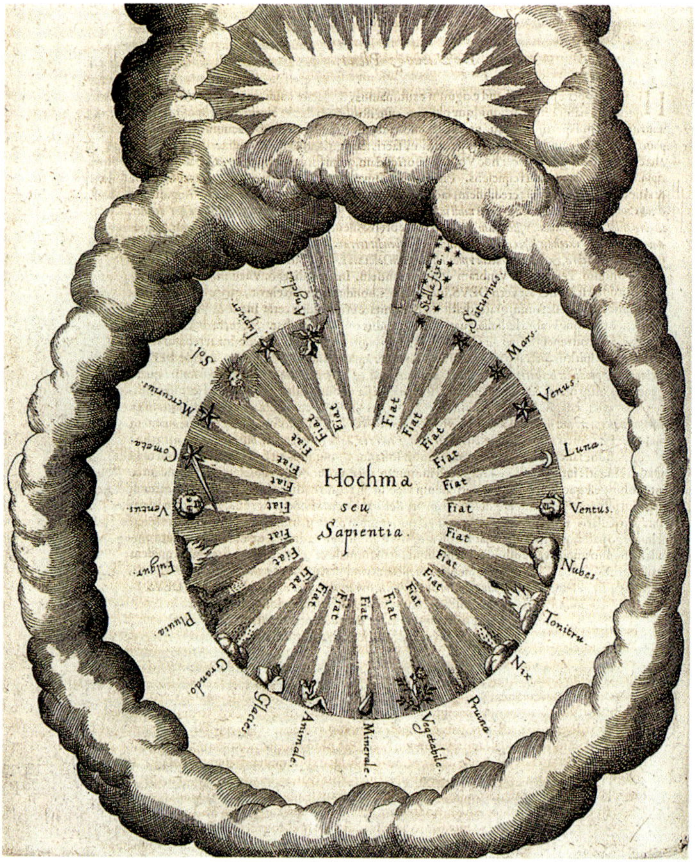

Cette illustration de Fludd se réfère à l'interprétation de la Genèse qu'en donne le premier livre du Zohar ; il y est exposé comment, de l'occulte et inappréhensible essence divine, une brume s'élève d'abord dont jaillit alors une source. Le point central, primordial, y rutile de ses feux. Ce point des tous débuts a été identifié par les cabalistes avec la Sagesse divine, « Sophia », qui correspond à la seconde séphira ou Hocmâ.

Robert Fludd, Philosophia Sacra, Francfort, 1626

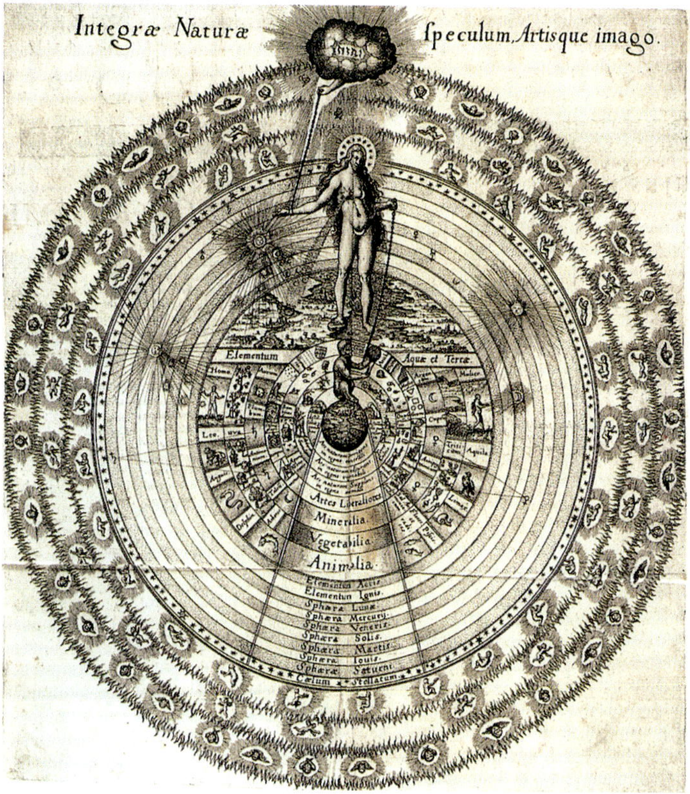

La nature, qui est la nourrice de toute chose, relie l'empyrée à l'éther sidéral et au monde sublunaire des éléments. « Ame du monde », elle se fait médiatrice entre l'Esprit divin et sa manifestation sensible.

Robert Fludd, Utrinsque Cosmi, tome 1, Oppenheim, 1617

La matrice

La nature exhorte ici « l'alchimiste errant » à quitter le cercle borné des chimistes de laboratoire.

Miniature de Jean Perréal, peintre à la cour de Marguerite d'Autriche, 1516

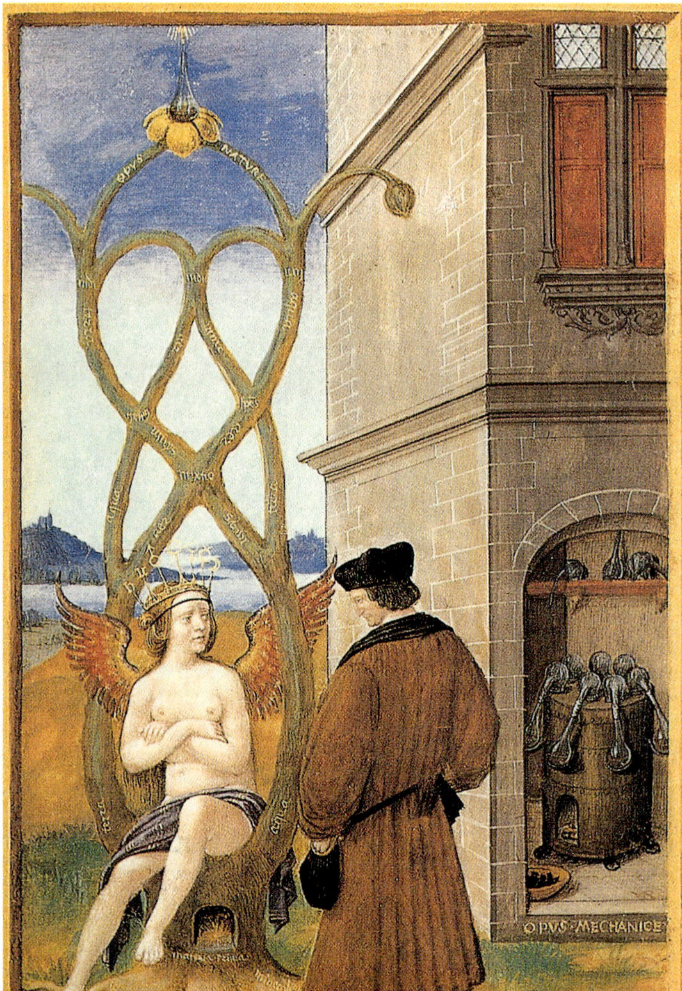

La matrice

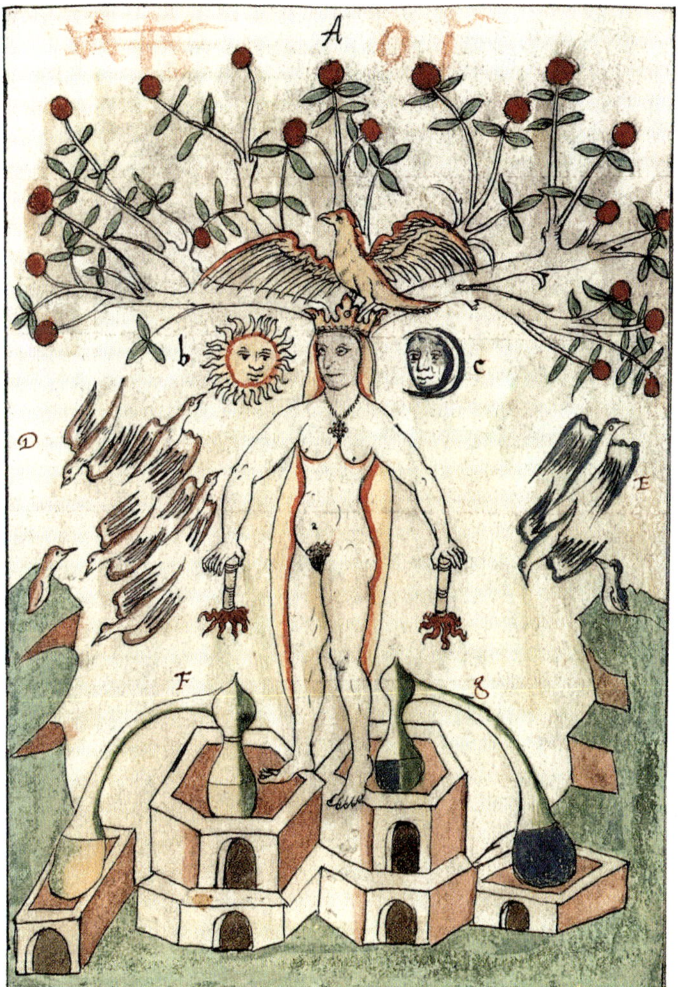

La vénération qu'on voue à Sophia, épouse mystique des Philosophes ou encore, ‹ souveraine du royaume intérieur ›, recouvre souvent le culte de la divine eau mercurielle.

Jérôme Reussner, Pandora, Bâle, 1582

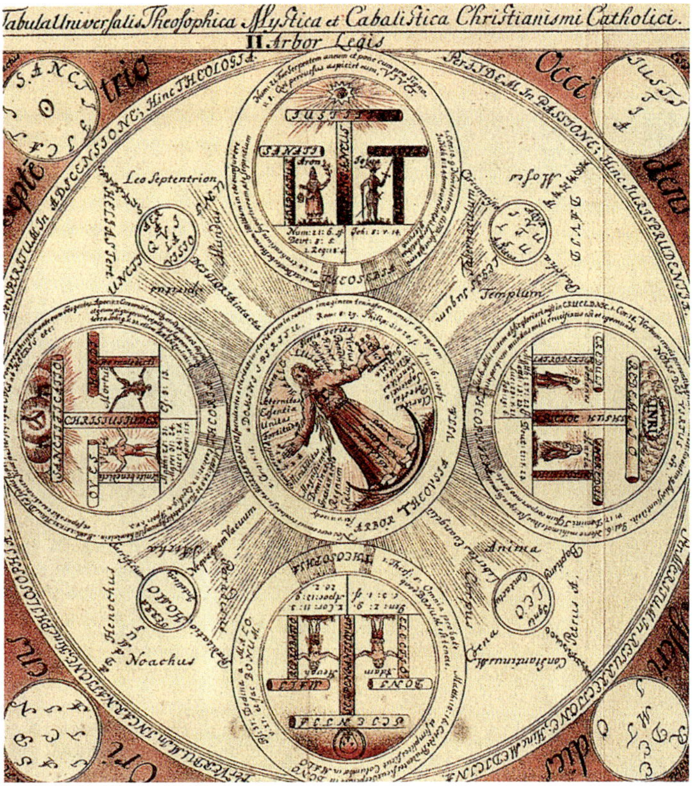

Toutes les maladies se ramènent selon l'élève de Böhme Abraham de Franckenberg, à des idées fausses et centrées sur elles-mêmes, ce qui empoisonne le corps astral (la « momie ») et, par suite, contamine le sang. C'est ainsi que l'équilibre des éléments dans l'ensemble du corps est détruit.

Il propose trois sortes de remèdes : les remèdes cabalistiques issus de l'Esprit et du Verbe du Christ, les remèdes magiques à employer dans la méditation sur le serpent bénéfique, et les remèdes chymiques allongés de vin et d'huile.

Abraham de Franckenberg, Raphaël ou l'archange-médecin, 1639 (réimpression 1925)

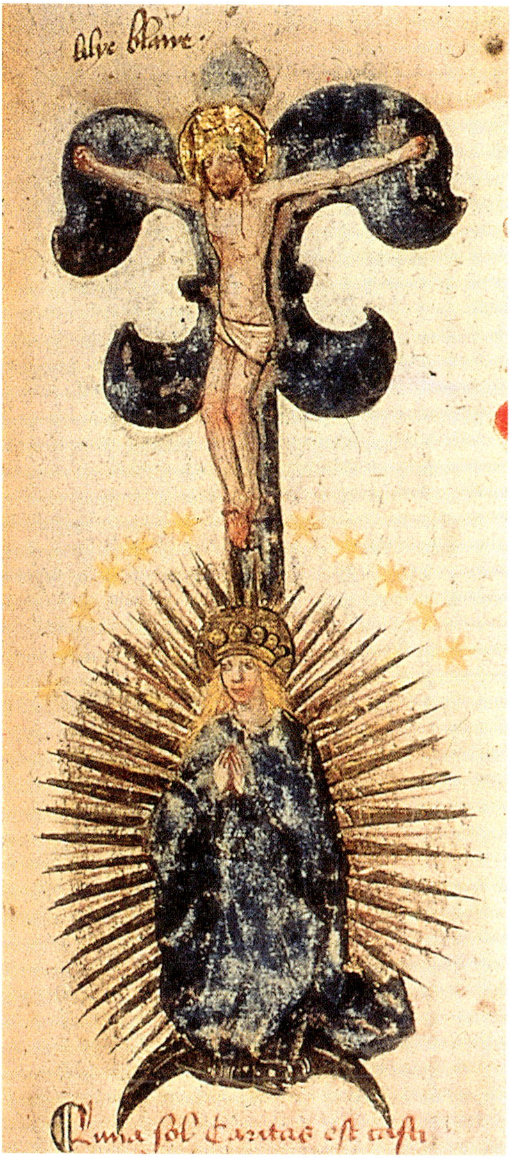

Marie et Jésus ne sont qu'une seule substance : en l'état fixe de la condensation, et c'est la Mère ; en l'état subtil de la dissolutions, et c'est le Fils. Le soleil symbolise Dieu le Père, et les douze étoiles les éléments en leur triple manifestation : « esprit (le Fils), âme (le Père), corps (la Mère) ».

Livre de la Sainte-Trinité, début XVème siècle

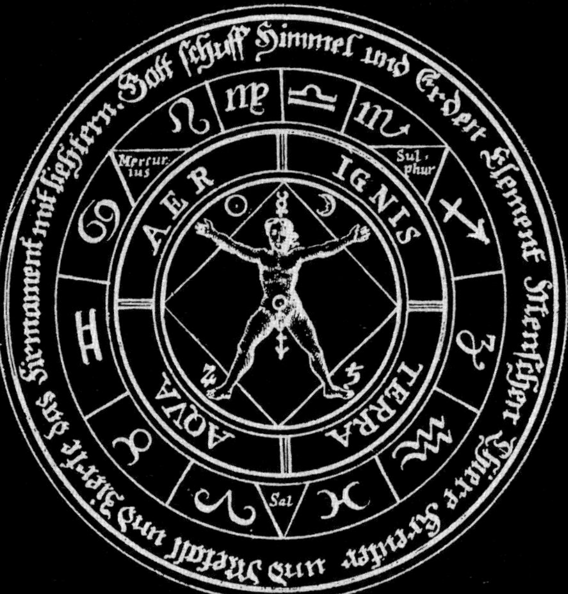
Gott schuff Himmel und Erden Element Menschen Thier Kreuter und Metall und zierte das Firmament mit Liechtern.
Mercurius
Sulphur
Sal
AER
IGNIS
AQVA
TERRA

Le Microcosme

« Le monde est en premier lieu la totalité de tout ce
qui est, à savoir du ciel et de la terre (...).
La mystique cependant, de façon plus adéquate,
en fait l'homme. Car, tout comme celui-là est fait de quatre éléments,
celui-ci se compose de quatre tempéraments (...) »
(Isidore de Séville, 560–636, De natura rerum)

La divine forme humaine

La planche en frontispice au premier tome de l'‹ Histoire des deux Cosmos › montre le macrocosme ptoléméen dans le cercle extérieur, dont l'homme est, en toutes ses parties, le reflet dans le miroir.

Robert Fludd, Utriusque Cosmi, tome I, Oppenheim, 1617

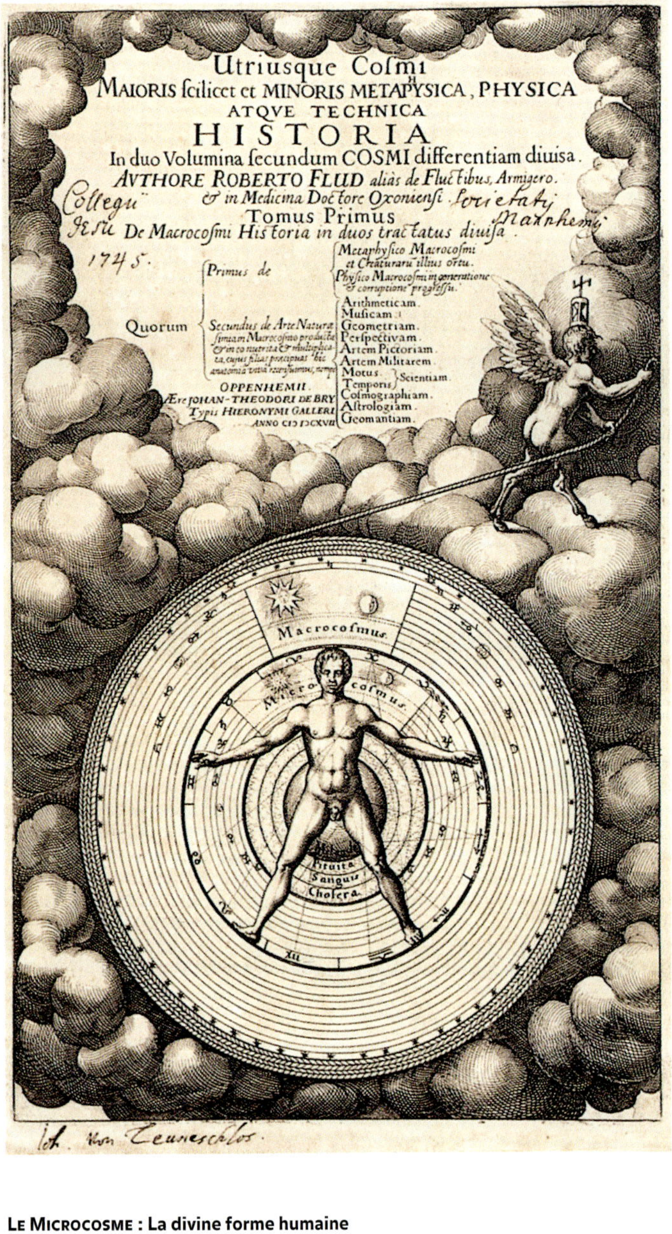

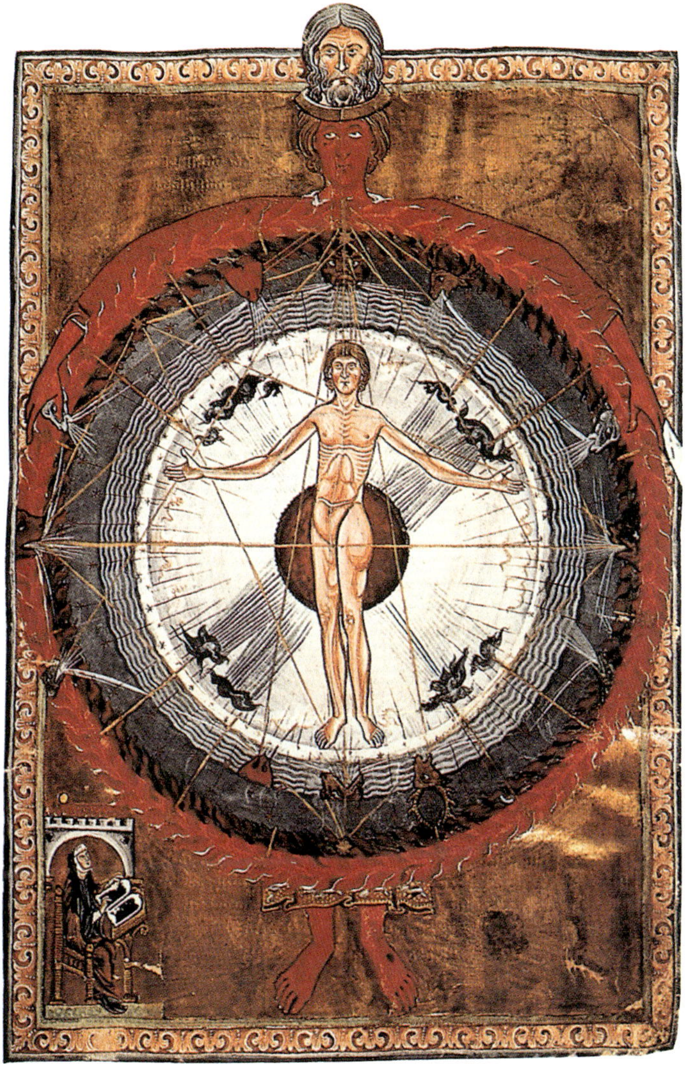

La divine forme humaine

Les dernières visions de Sainte Hildegarde, qu'elle a mises sur papier entre 1163 et 1173, ont l'homme et son intégration dans l'ordre de la création divine pour objets. L'amour divin du Fils lui apparut au ciel sous une forme cosmique de couleur rouge, lequel n'est surpassé que par la bonté du Père.

Hildegarde de Bingen, Liber Divinorum Operum, XIIIème siècle

La divine forme humaine

Dans la tradition indo-préaryenne du Jaïnisme, l'homme cosmique n'est pas divin et immatériel, mais il est l'organisme même du monde. Ce cosmos anthropomorphe « n'a jamais eu de commencement et n'aura jamais de fin.

Forme et dimensions du premier homme cosmique, Goudjerate, XVIIème siècle

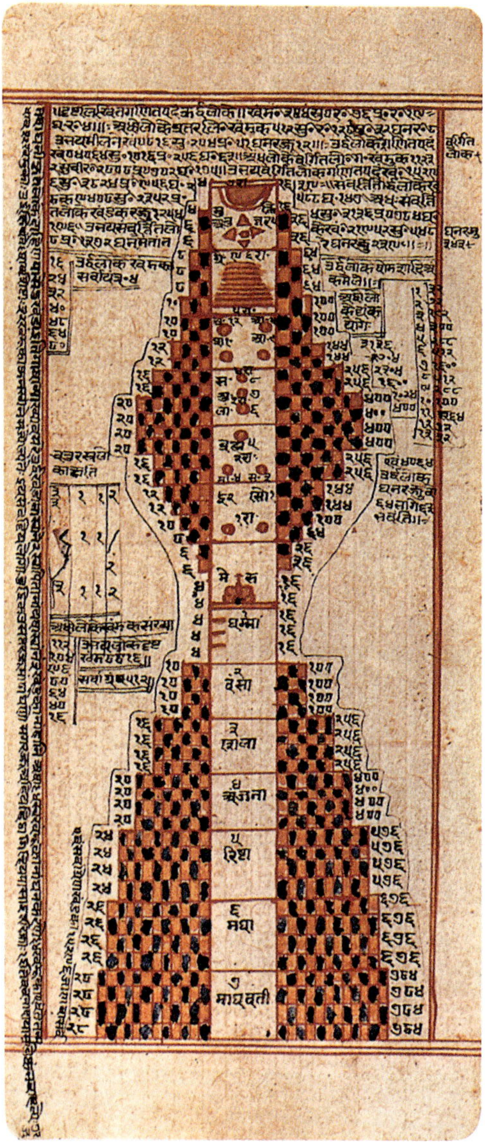

La divine forme humaine

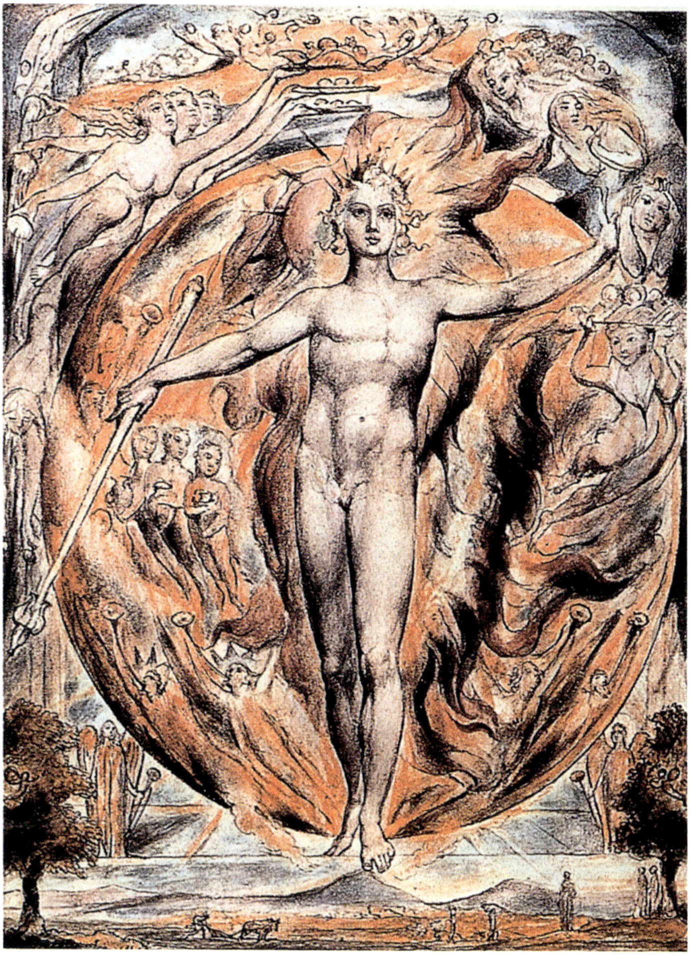

« Tout cela est humain, les fleuves, les montagnes, les villes et les villages, et si tu entres en eux, tu parcours des cieux et des terres tout comme tu trouves en toi le ciel et la terre et tout ce que tu perçois ; et, bien qu'il semble que cela soit à l'extérieur, c'est en réalité intérieur, dans ton imagination. » (William Blake, Jérusalem)

W. Blake, Le soleil au portique d'Orient, vers 1815

La divine forme humaine

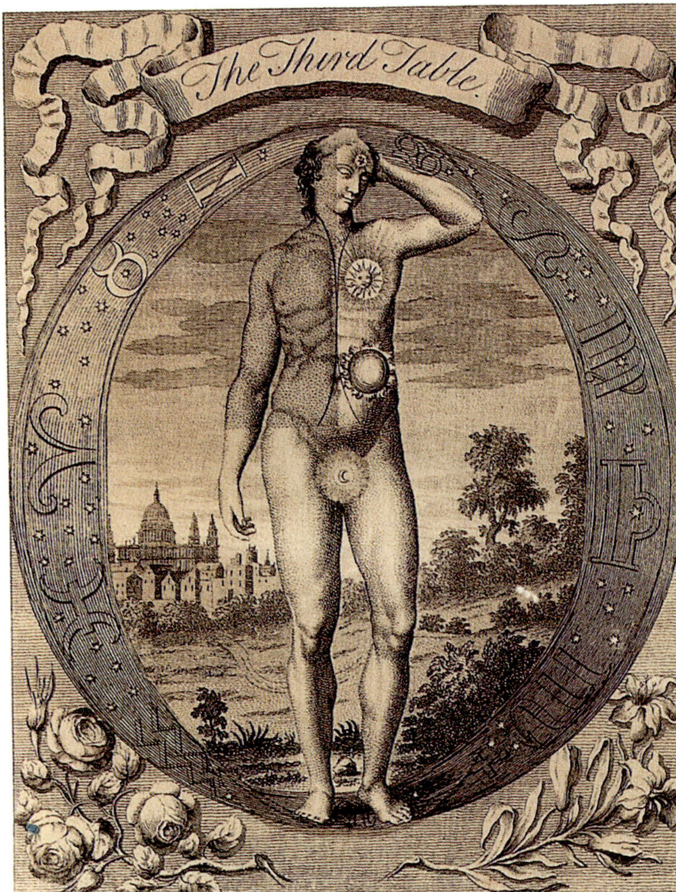

« L'homme est fait de toutes les puissances divines, de ses sept esprits. (...) Mais, comme il est corrompu, il n'a part qu'imparfaitement à sa divine lignée. (...) Car il est certain que l'Esprit Saint évite la chair coupable et ne s'y laisse pas enfermer ; bien plutôt il la transperce comme l'éclair (...)

(Jacob Böhme, Aurora) Le lever de ce « schrack (v.s. pp. 169 *et passim*) de feu salnitrique » au long des sept esprits des sources a souvent été comparé à l'éveil du serpent de feu, la *kundalini* du yoga hindouiste, qui fait l'ascension des sept centres immatériels du corps, les chakras, et débouche au sommet de la tête, où elle s'éveille dans la pure connaissance.

D. A. Freher, in : Works of J. Behmen, Law-Edition, 1764

La divine forme humaine

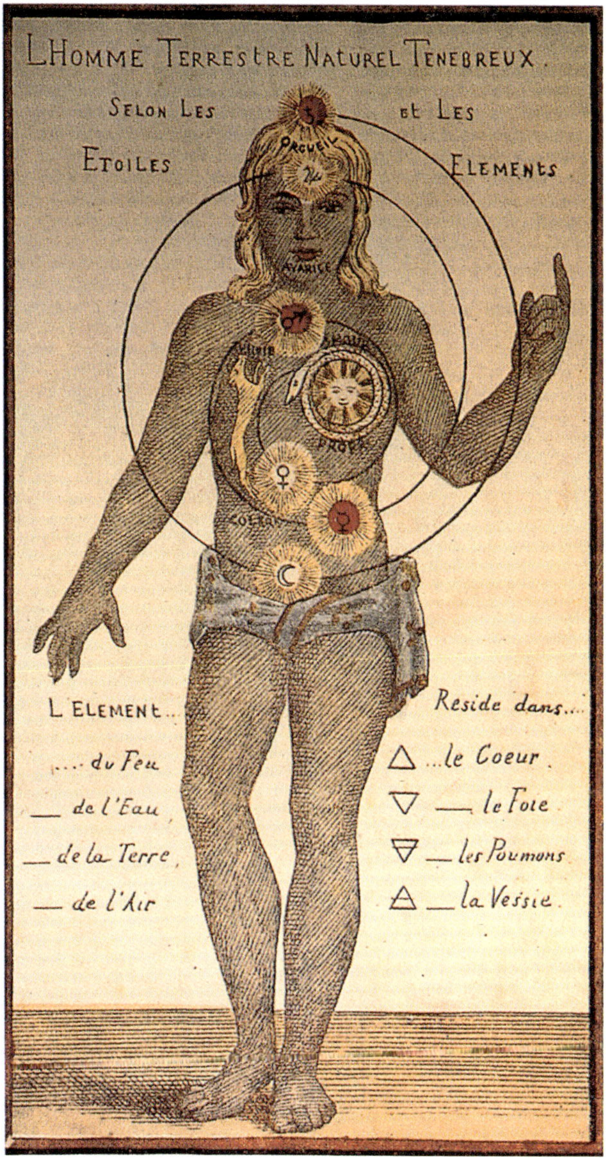

Geirg Gichtel, élève de Böhme, décrit, dans sa ‹ Theosophia practica ›, parue en 1696, de quelle façon la roue des planètes marque l'âme de son empreinte en lui apposant leurs sceaux diaboliques, au nombre de sept.

Georg Gichtel, Theosophia practica, éd. 1898

La divine forme humaine

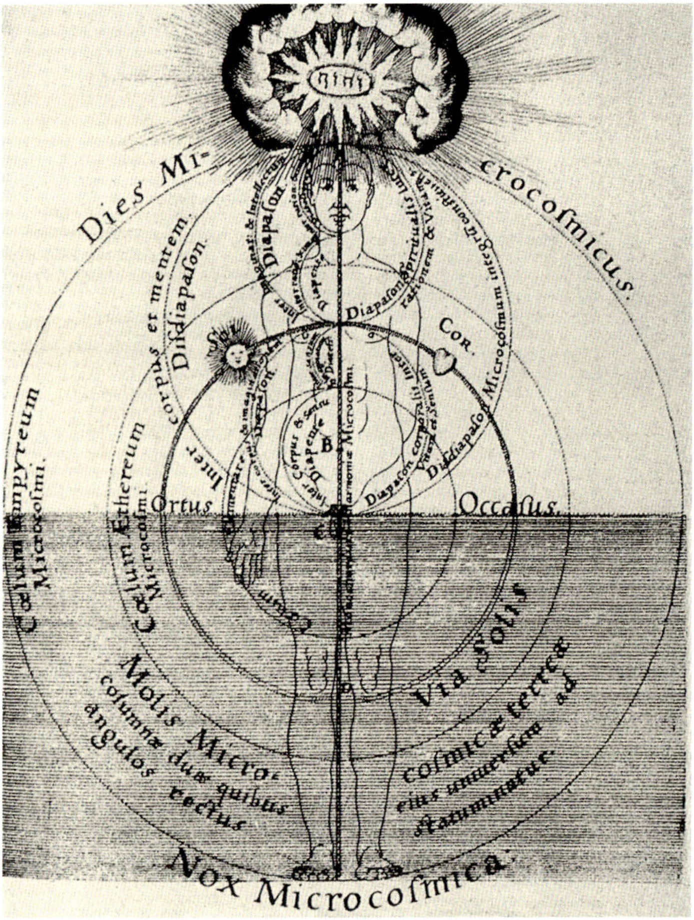

L'esprit de ce monde, qui unit corps et âme, est représenté sous la forme de la corde d'un manichordion. L'âme descend, à la naissance, des hautes sphères jusqu'à l'homme en passant par les intervalles marqués ; à la mort, elle suit le chemin inverse.

Robert Fludd, Utriusque Cosmi, tome II, Oppenheim, 1619

La divine forme humaine

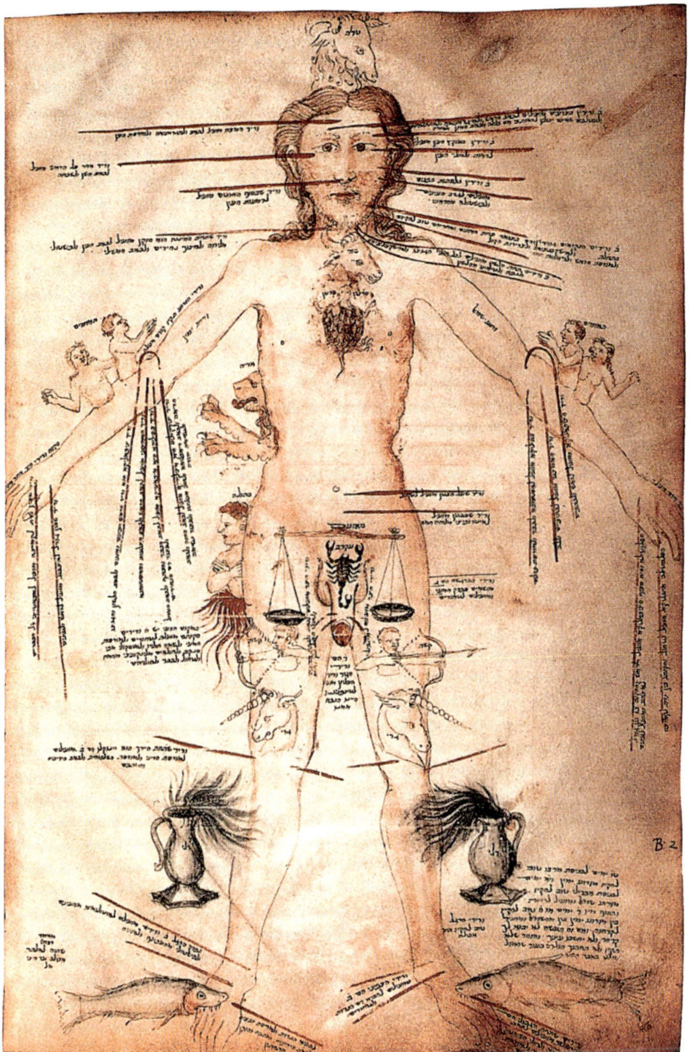

Les douze signes du zodiaque et leur influence sur les parties du corps :

Manuscrit hébreu, XIVème siècle

Les signatures

a) Front d'un homme conciliant et qui réussit dans ses entreprises.

b) Front qui dénote l'intériorisation et un penchant pour la prêtrise.

c) Front de qui est appelé à mourir de mort violente.

d) Front d'un guerrier triomphant.

e) Front de qui est menacé d'une blessure à la tête.

f) Front d'un empoisonneur.

Tiré de : J. Cardan, Metoposcopia, 1658

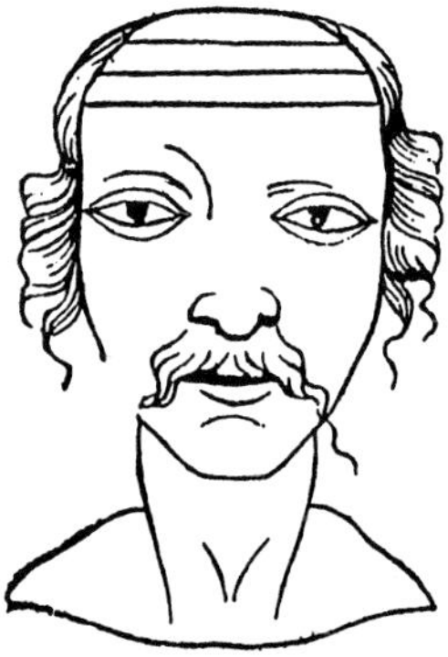

a)

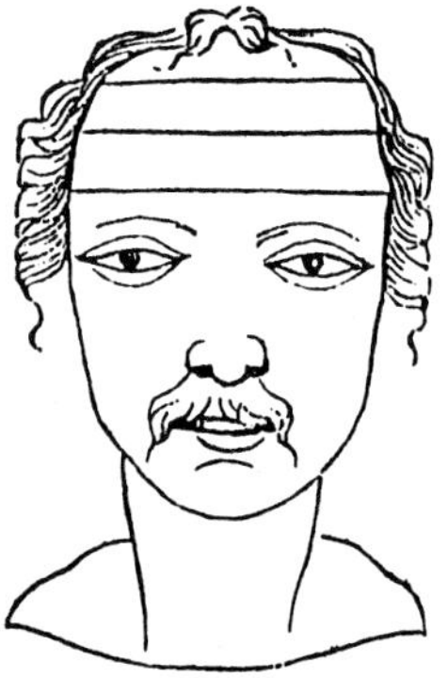

b)

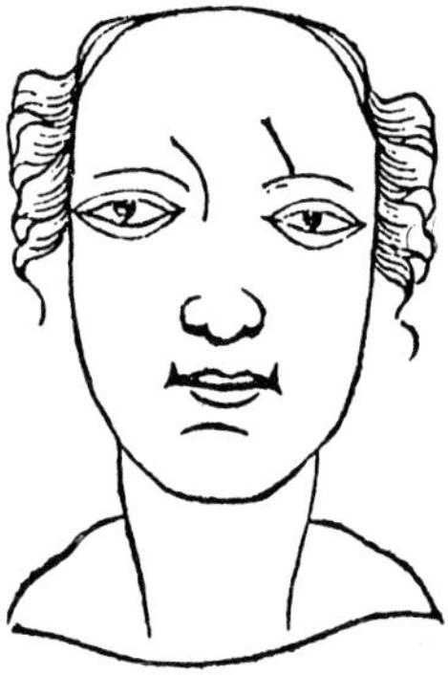

c)

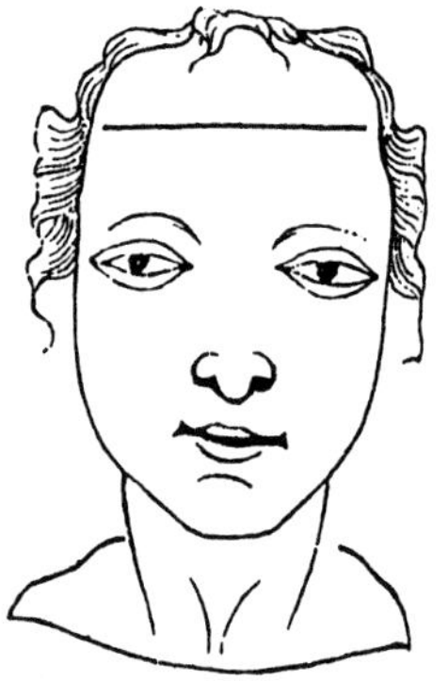

d)

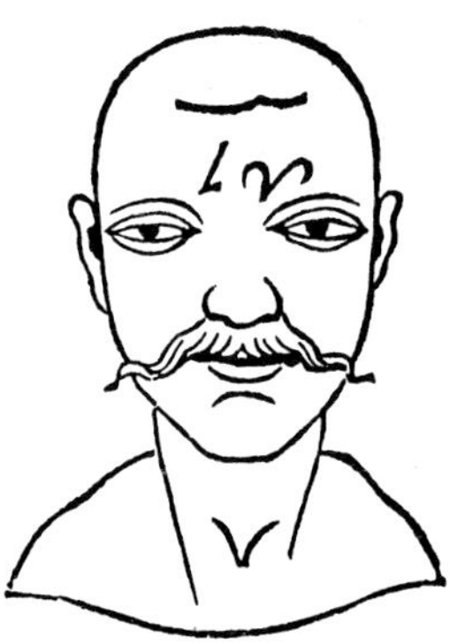

e)

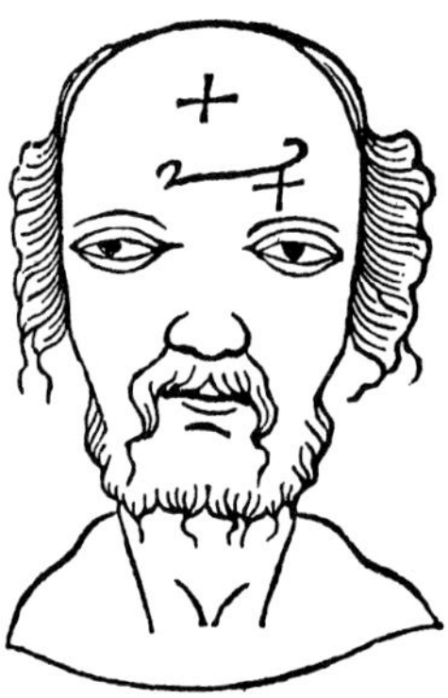

f)

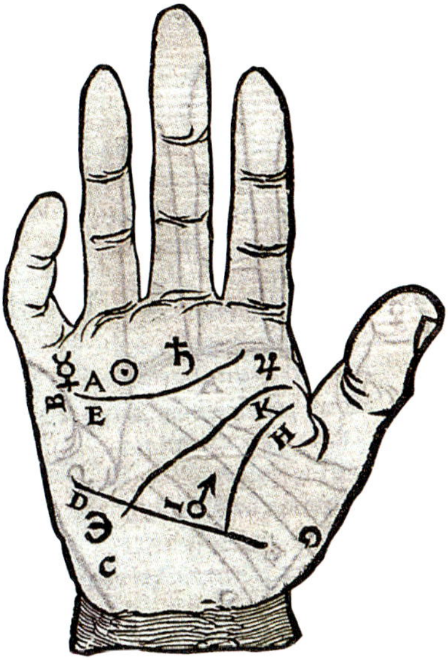

A Ligne de table incomplète

B Sœur de la ligne de vie

C Ligne du foie et de l'estomac

D Sœur de la ligne de nature

E Ligne de vie

Johannes ab Indagine, Introductiones Apostelesmaticae, 1556

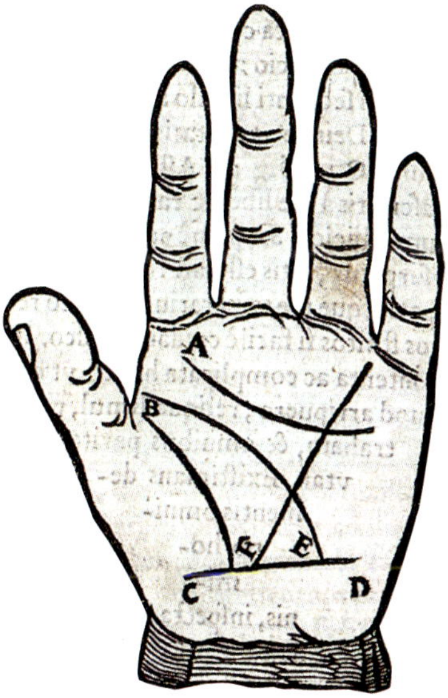

A Ligne de table ou du destin

B Ligne de vie ou du cœur

E Ligne médiane de nature

F Ligne du foie ou de l'estomac

Johannes ab Indagine, Introductiones Apostelesmaticae, 1556

Les signatures

Selon Della Porta, l'entière nature consiste en un réseau de secrètes correspondances qu'on peut cependant mettre à jour par le raisonnement analogique : si, par exemple, la feuille d'un arbre a la forme des bois d'un cerf, elle sera apparentée au caractère de cet animal. Les hommes qui ressemblent à un âne sont bêtes ; ceux qui ont l'air d'un bœuf sont entêtés, paresseux et légèrement irritables.

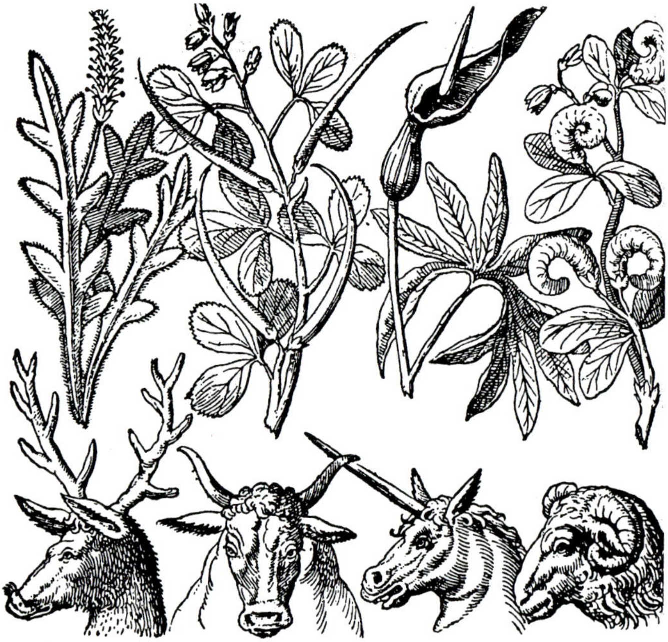

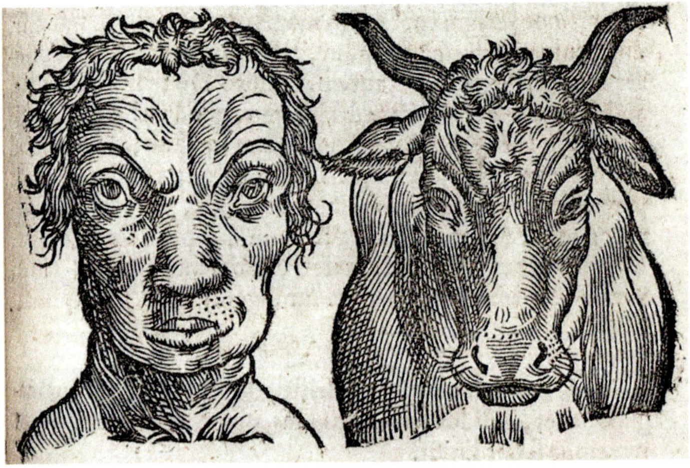

Jean-Baptiste della Porta, De Humana Physiognomia, 1650

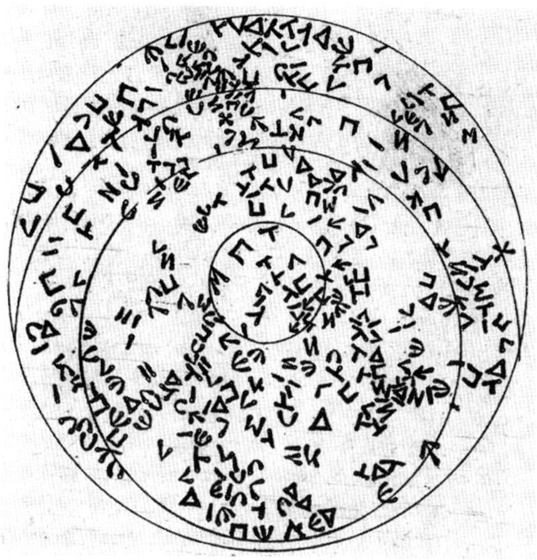

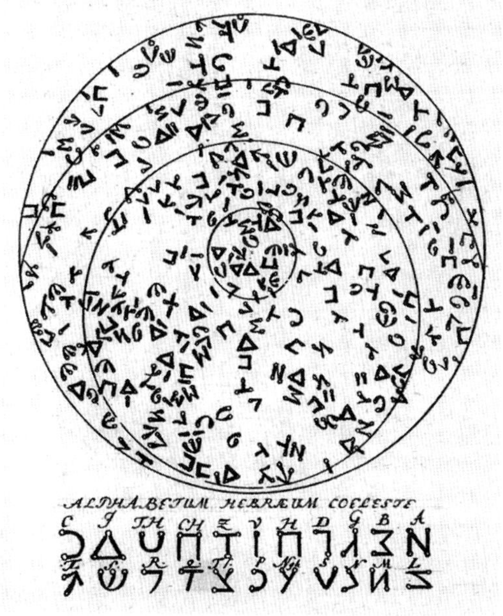

On trouve, dans les espaces infinis (...), des figures et des signes à l'aide desquels il est possible de percer les mystères les plus profonds. Ce sont les constellations et les corps célestes qui les tracent (...) Et ces figures resplendissantes sont les caractères qui ont servi au Très Haut pour créer le ciel et la terre (...) ». (Zohar)

Karl von Eckartshausen, Aufschlüsse zur Magie, Munich, 1788

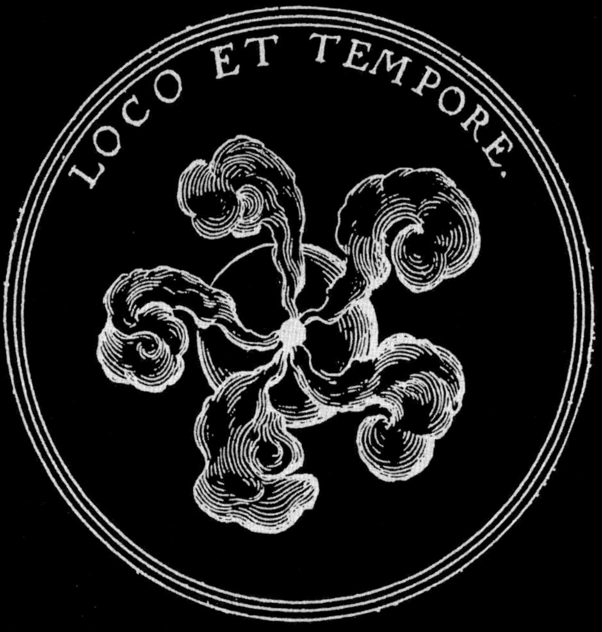
LOCO ET TEMPORE.

Rotation

« L'Etre de Dieu est semblable à une roue (...),
et plus on contemple la roue,
plus on comprend sa forme,
et plus on comprend,
plus on prend de plaisir à la roue (...). »
(J. Böhme, 1612)

La roue

On voit ici le microcosme au centre de la croix que forment les quatre vents principaux et les huit vents secondaires. Les vents principax correspondent aux quatre tempéraments.

Manuscrit astronomique, Bavière, XIIème siècle

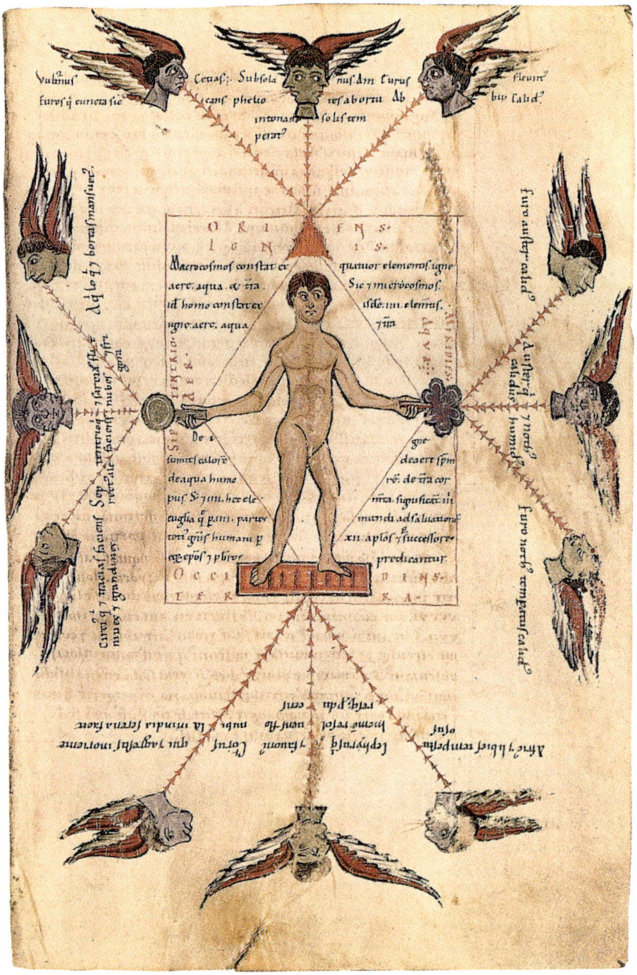

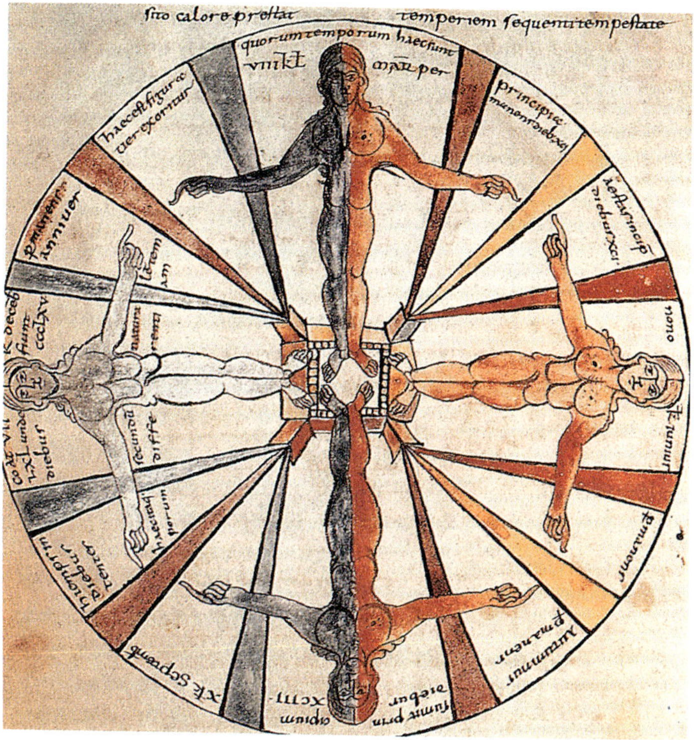

Les quatre silhouettes ci-dessus figurent les quatre saisons dans la roue des douze mois. Les quatre tempéraments leur correspondent au niveau du microcosme. On a les séries suivantes : l'automne et la bile noire (tempérament mélancolique, terre) ; l'été et la bile jaune (tempérament coléreux, feu) ; le printemps et le tempérament sanguin (l'air) ; l'hiver et le tempérament phlegmatique (l'eau).

Isidore de Séville, De natura rerum, manuscrit, IXème siècle

La roue

Ci-contre : les qualités des sept planètes ou ‹ esprits des sources › : dans le système de Böhme.

Jacob Böhme, Theosophische Wercke (Ecrits théosophiques), Amsterdam, 1682

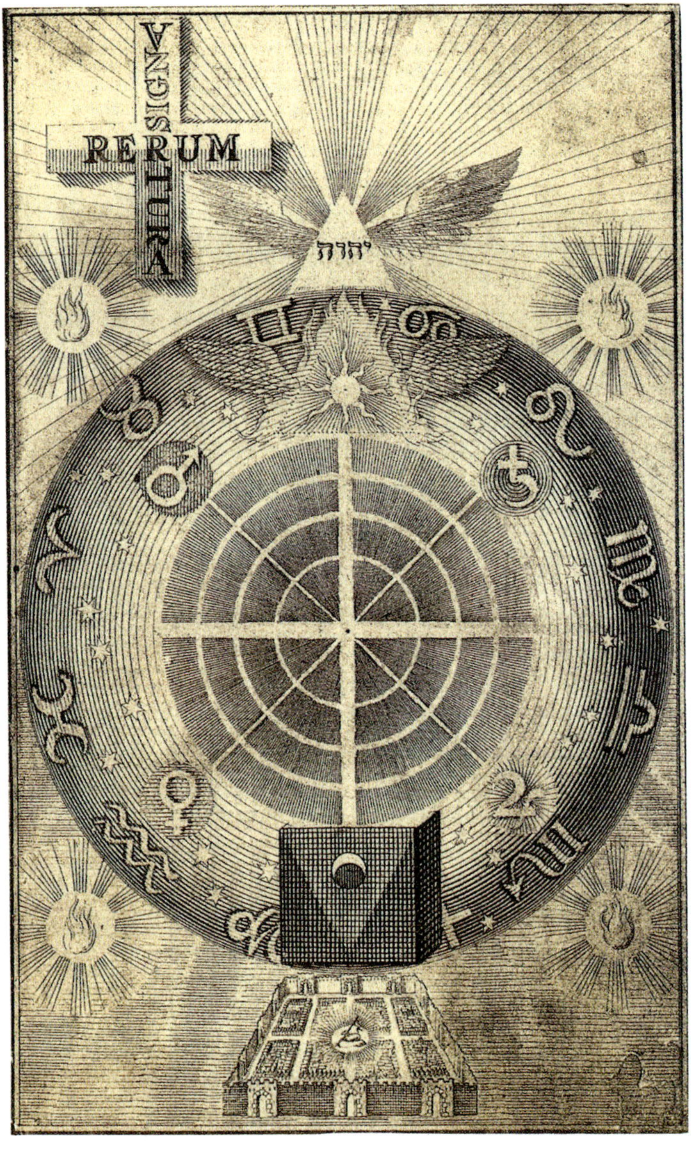

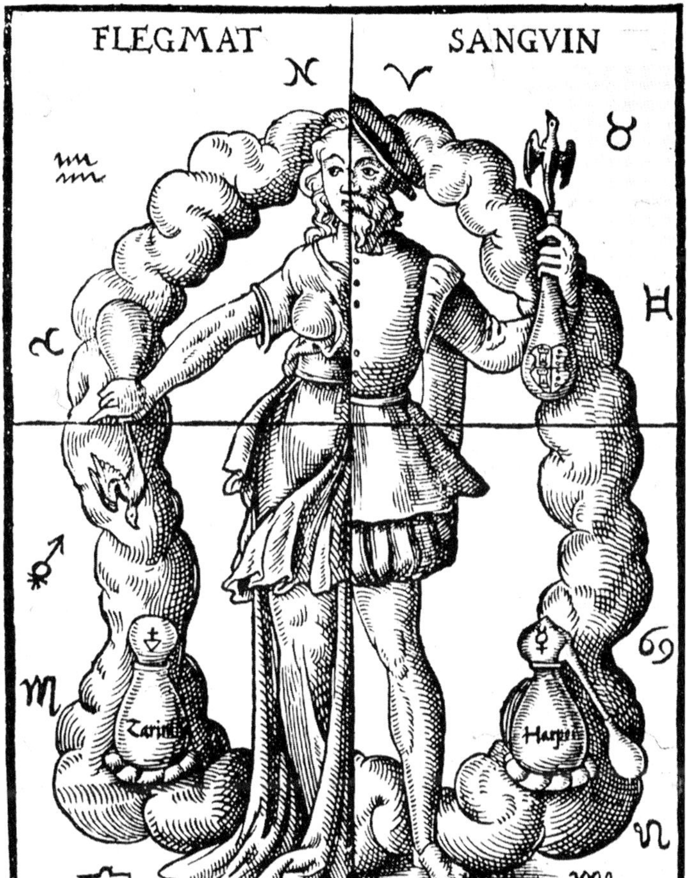

De par la circulation des éléments et des tempéraments, les contraires se marient et la matière passe d'un état hétérogène et provisoire à un état homogène et durable.

L. Thurneysser, Quinta essentia, 1574

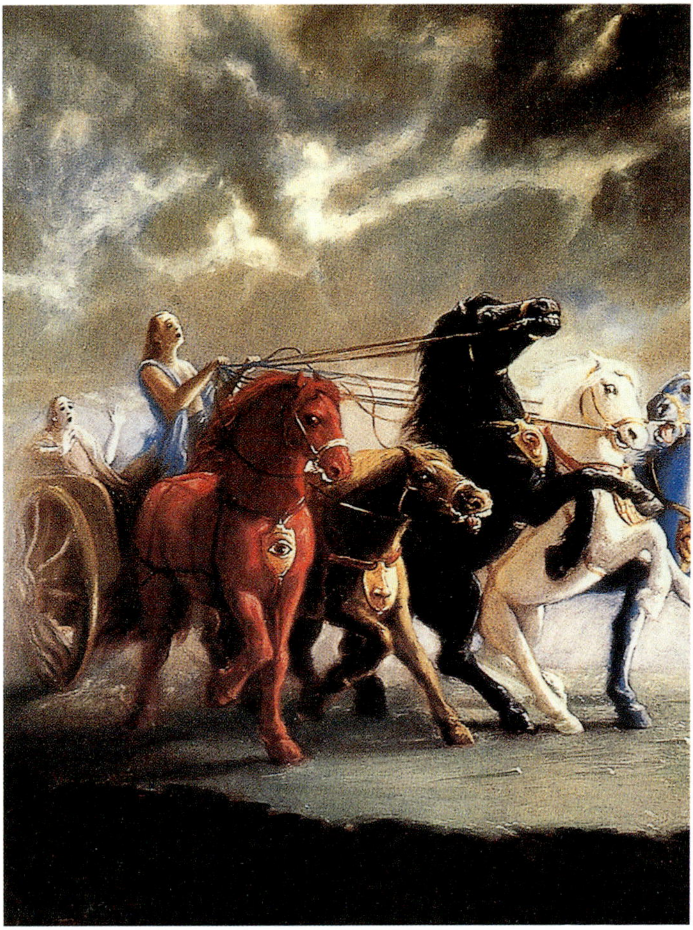

La parabole de l'attelage illustre les énergies fondamentales en l'homme telles que les voit l'hindouisme :

« Le Soi (l'àtman, le noyau divin en l'homme) est ici le propriétaire de l'attelage ; le corps, c'est le quadrige ; quant au conducteur, il est la faculté différenciatrice et cognitive de l'intuition ; la pensée, ce sont les rênes ; les organes des sens, les chevaux, et l'objet de la perception, la route. L'homme, en qui se rejoignent le Soi (àtman) et les facultés sensitives et cognitives, est appelé le mangeur ou le jouisseur. » (Katha Upanishad, du VIIIe au VIème siècle, cité par H. Zimmer, Philosophie und Religion Indiens, Zurich, 1961)

Bhaktivedanta Book Trust, 1987

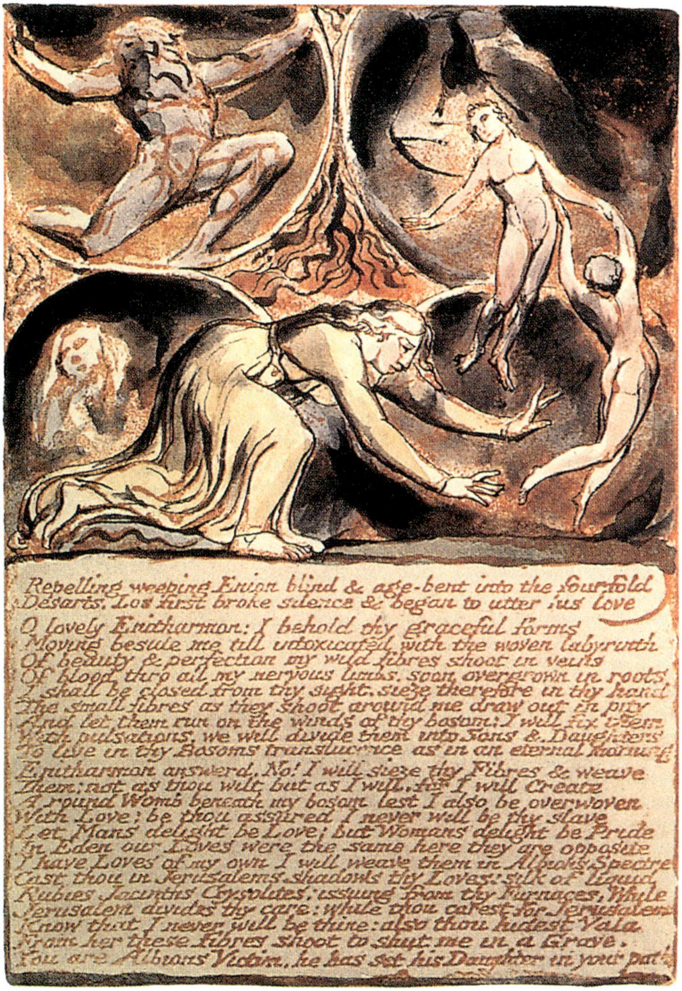

Dans la mythologie de William Blake les ‹ Zoas › sont « les quatre forces en chacun de nous ». Ils incarnent les « sens éternels » de l'homme, et des yeux de leurs quatre visages, ils scrutent l'horizon des quatre mondes.

La roue

Représentation du système des correspondances de Ullmannus ayant influencé la mythologoe de Jacob Böhme.

Livre de la Sainte-Trinité, début du XVIème siècle

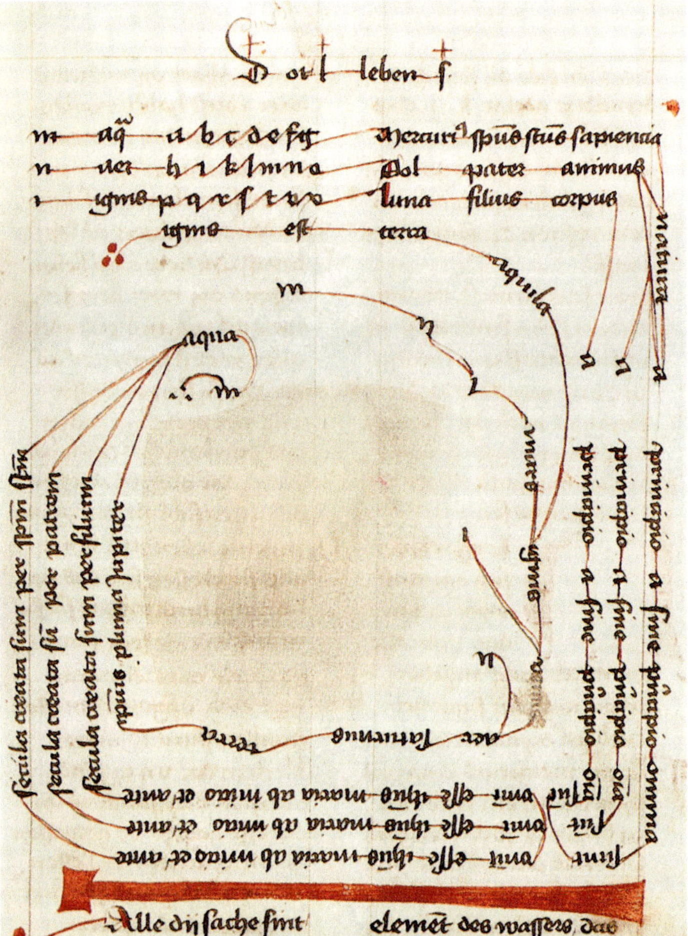

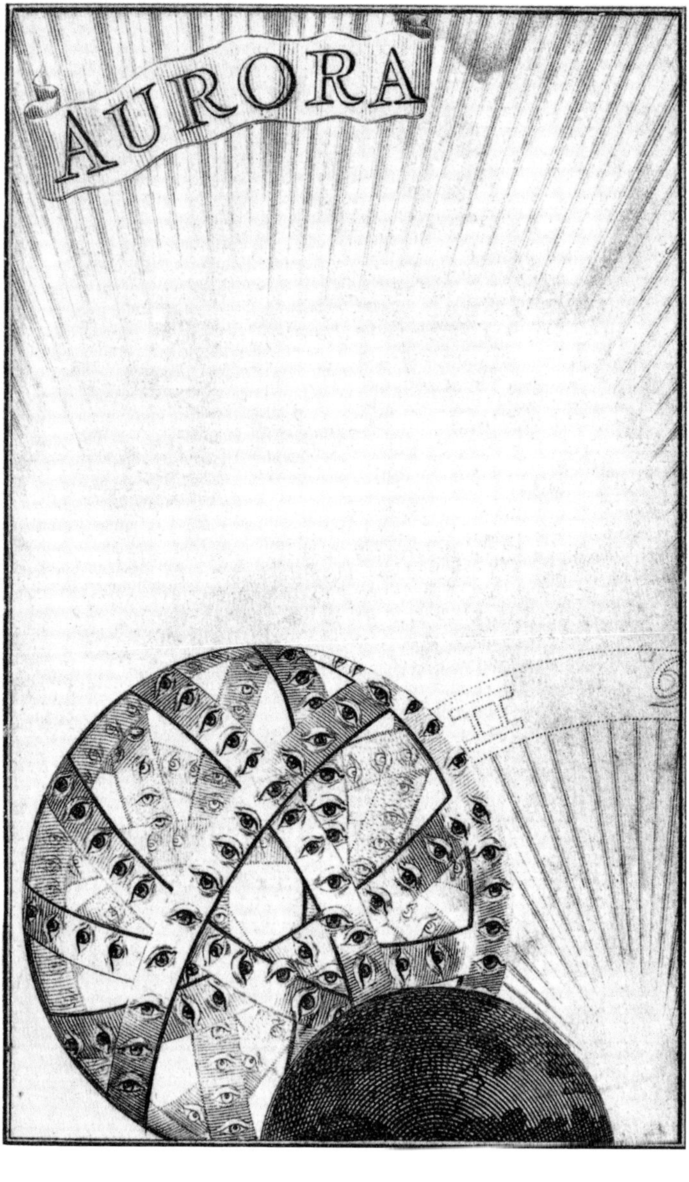

« Te dirais-je le Divin (…) en ses profondeurs les plus élevées ? Voici : c'est comme si tu voyais une roue avec sept roues, car elles s'interpénètrent (…)

Jacob Böhme, Theosophische Wercke (Ecrits théosophiques), Amsterdam, 1682

Le mystère des couleurs, passant par les différents degrés du mélange d'eau et de feu, s'élève du ‹ centrum naturae ›, le centre de la nature qui est le fond salnitrique de la Croix :
1) le bleu : l'essence 2) le rouge : le Père dans sa gloire ignée 3) le vert : la vie 4) le jaune : le Fils 5) le blanc : l'éclat de la Divine Majesté ou la quintessence.

Jacob Böhme, Theosophische Wercke (Ecrits théosophiques), Amsterdam, 1682

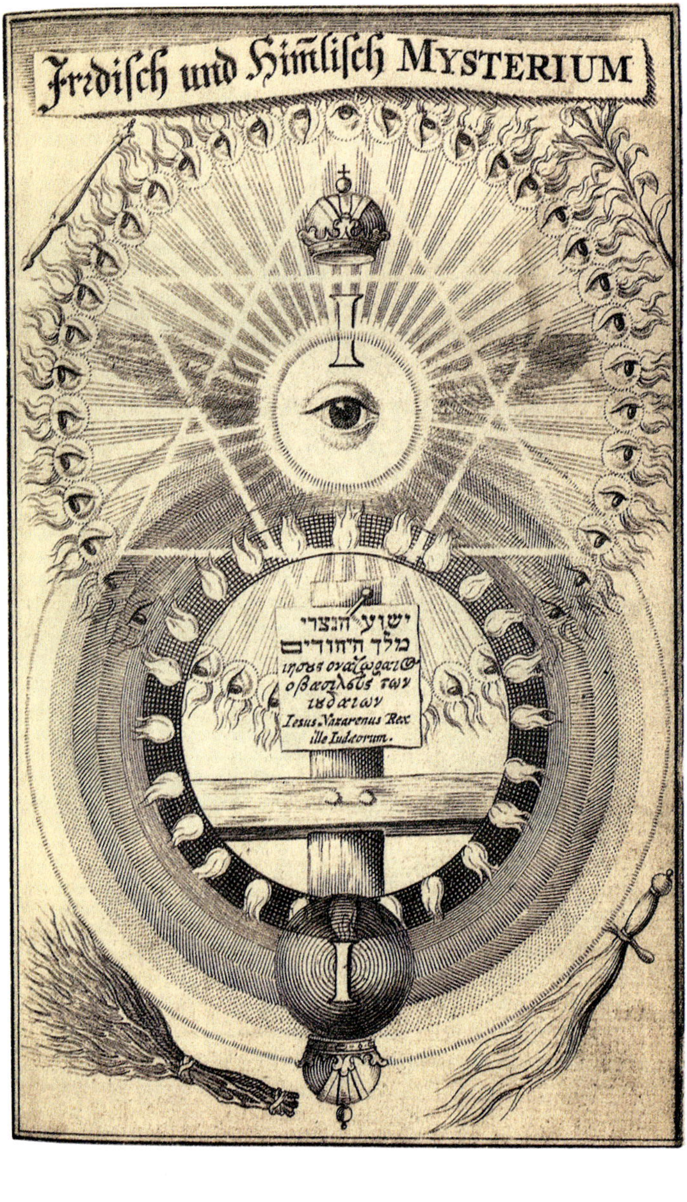

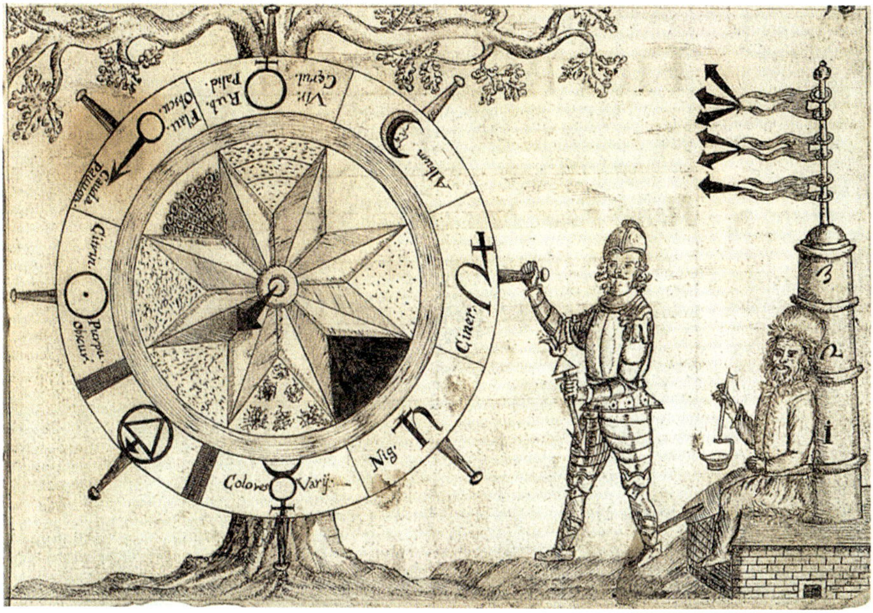

Cadmus, le transperceur de serpents qui incarne la vertu fixatrice du soufre, imprime ici à la roue des couleurs sa première rotation.

Speculum veritatis, XVIIème siècle

La roue

Ph. O. Runge, subissant l'influence des écrits de Jacob Böhme dont la lecture lui avait été conseillée en 1801 par Ludwig Tieck, mit au point sa propre et mystique théorie des couleurs qu'il appliqua à son œuvre picturale.

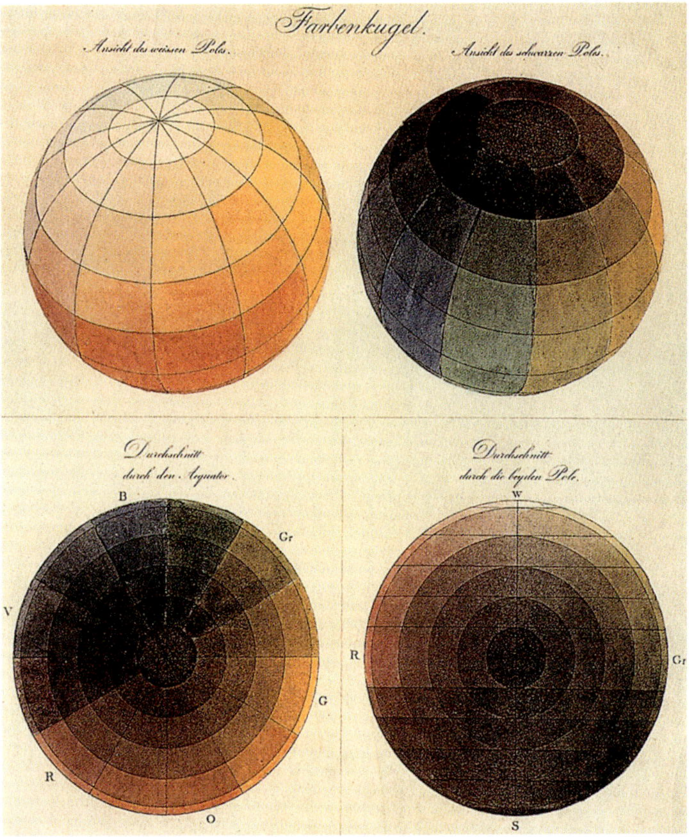

La roue

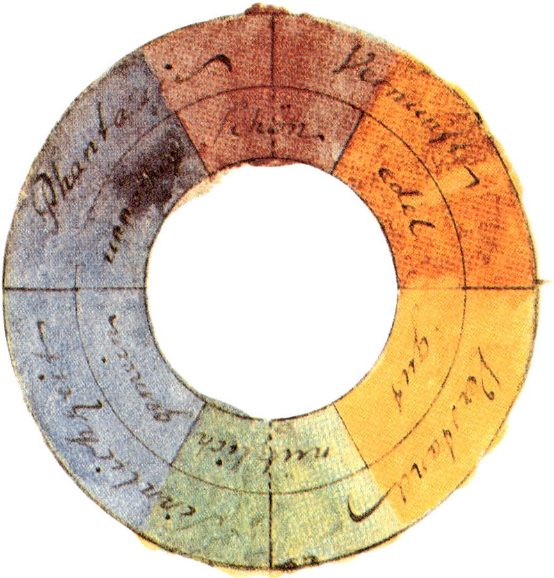

Goethe, s'inspirant des théories mystiques des alchimistes, s'essaya à mettre en rapport les qualités des couleurs perceptibles par les sens avec des catégories éthiques. Il attribue ici les six couleurs représentées sur son disque chromatique aux quatre qualités de l'esprit.

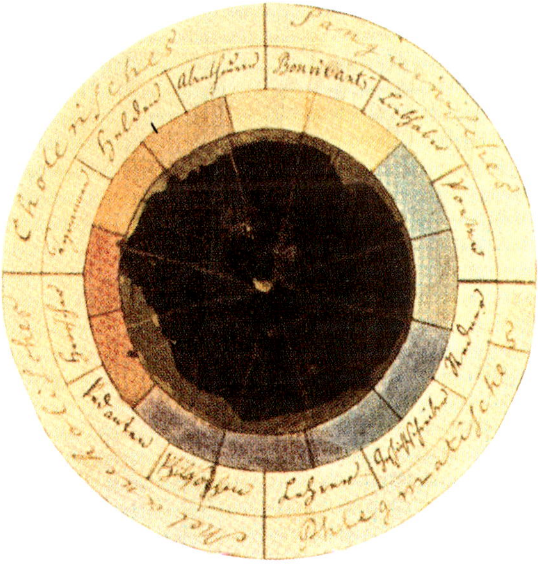

Cette « rose des tempéraments » datant de l'année 1799 et qu'on doit à la main de Goethe et de Schiller, représente les quatre tempéraments de l'homme ordonnés dans le disque chromatique de Goethe.

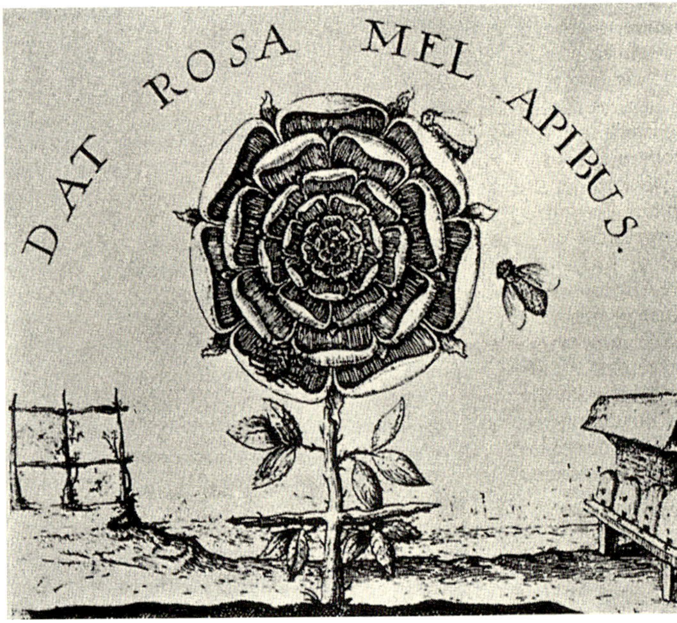

La rose blanche et la rose rouge sont les noms qu'on donne, en alchimie, à la teinture lunaire et à la teinture solaire d'où s'échappe le « précieux sang couleur de rose » du Christ-Lapis.

R. Fludd, Summum Bonum, Francfort, 1629

Le pèlerin

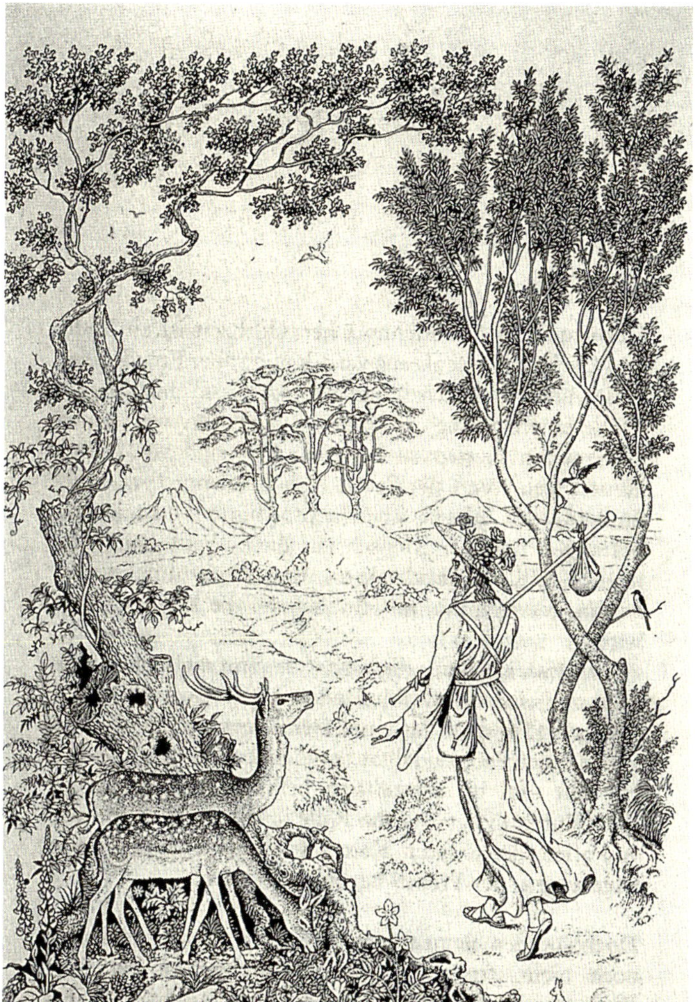

Christian Rose-Croix, le fondateur légendaire de l'Ordre qui porte son nom, reçoit, la veille du jour de Pâques, une invitation aux noces mystiques du promis et de la promise. Il se ceignit, le lendemain, les flancs d'un ruban rouge sang sur sa robe de lin blanc qu'il croisa au-dessus de ses épaules et piqua quatre roses rouges à son chapeau, puis il se mit en chemin.

Johann Valentin Andreae, Les Noces chymiques de Christian Rose-Croix en l'an 1459 (1616), éd. J. van Rijkenborgh, 1967

Dans le « Labyrinthe du monde » d'Amos Comenius, publié en 1631, le pèlerin, dès que son errance a pris fin, assiste à l'épiphanie du Sauveur en personne : « Je t'ai vu dans l'erreur mon cher fils, et je n'ai pas voulu attendre plus longtemps, c'est pourquoi je t'ai conduit à toi-même et mené au fond de ton cœur. » Et, pour qu'il voit le monde dans la bonne perspective, Jésus lui donne de nouvelles lunettes. « Leur monture était faite du Verbe divin, et les verres, du Saint-Esprit. »

D. A. Freher, Paradoxa Emblemata, manuscrit, XVIIIème siècle

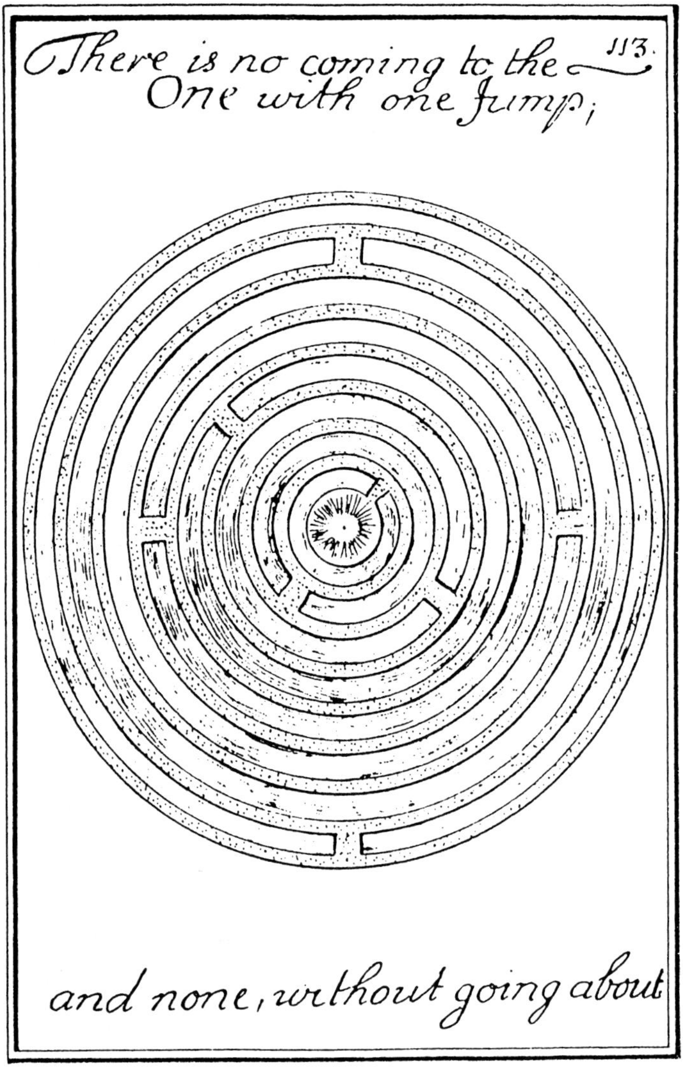

Il faut plus qu'un bond pour atteindre le Un, et de nombreux errements.

Le pèlerin

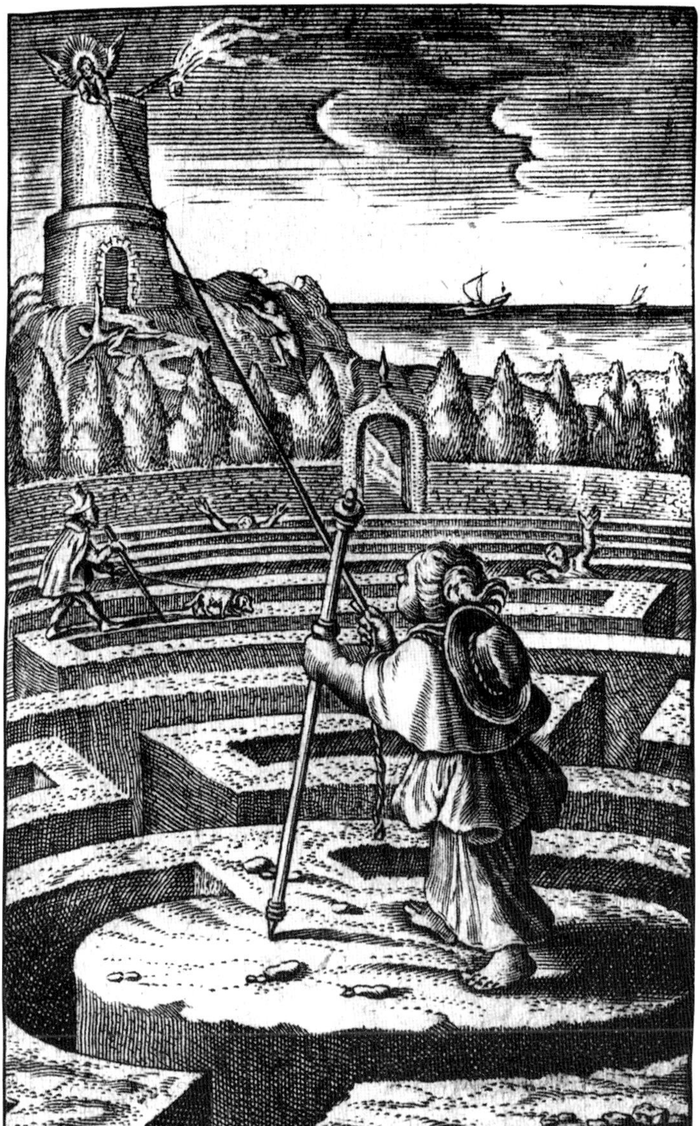

L'âme du chrétien permet au Verbe divin de la guider lors de son pèlerinage.

Hermann Hugo, Gottselige Begierde, Augsbourg, 1622

Le pèlerin

Blake mit au point un procédé spécial de gravure à l'eau forte. Dans son œuvre lyrique, l'impression en creux est sans cesse reflétée, en inversant les termes, en impression en relief: les espaces intermédiaires sont alors les «états individuels et périssables» qu'efface le feu purificateur du Jugement dernier. Et ce qui demeure, ce sont «les linéaments éternels», les ‹signatures des choses›.

W. Blake, La Porte de la Mort, vers 1806–1807)

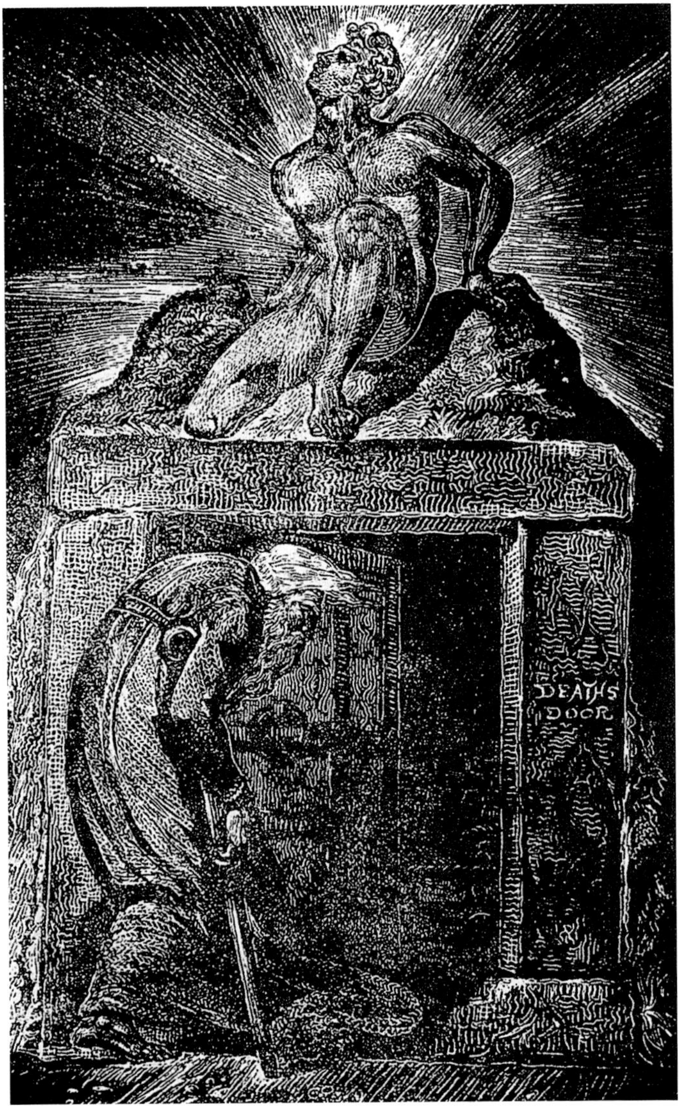

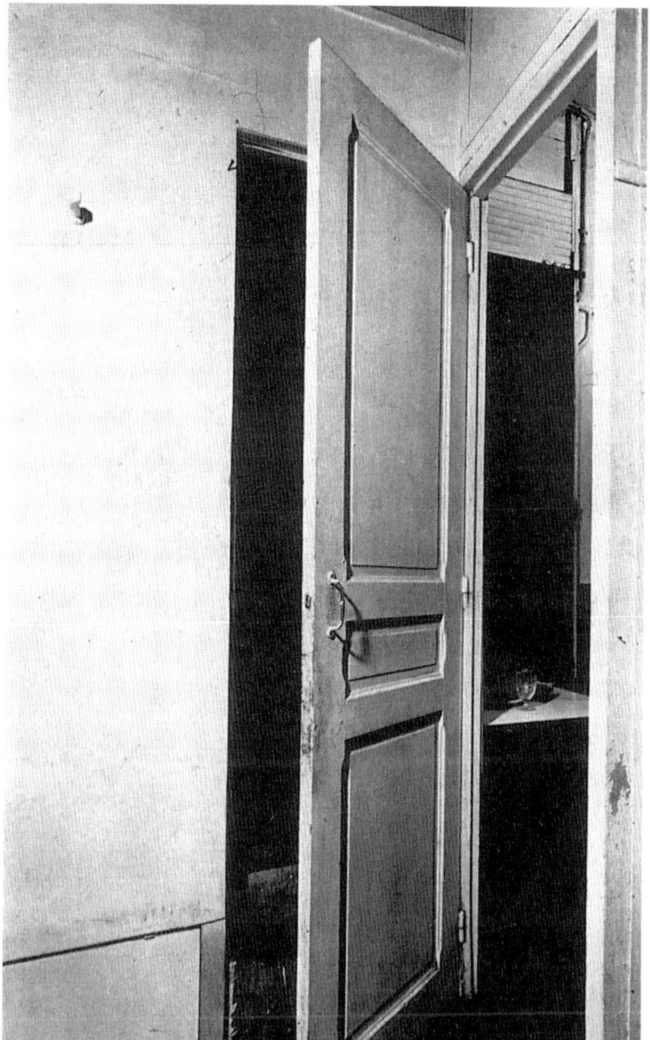

« Let us leave theories there and return to here's here. Now hear. » (James Joyce, Finnegans Wake)

Marcel Duchamp, Porte simple au lieu de deux portes, Paris, 1927

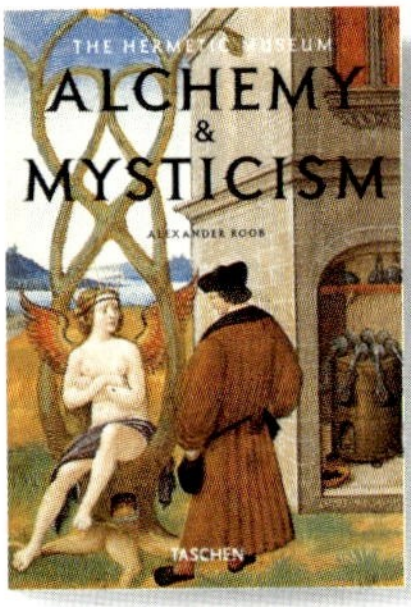

Alchemy & Mysticism
The Hermetic Museum / Alexander Roob / Flexi-cover, Klotz, 712 pp. / € 19.99/ $ 29.99 / £ 14.99 / ¥ 3.900

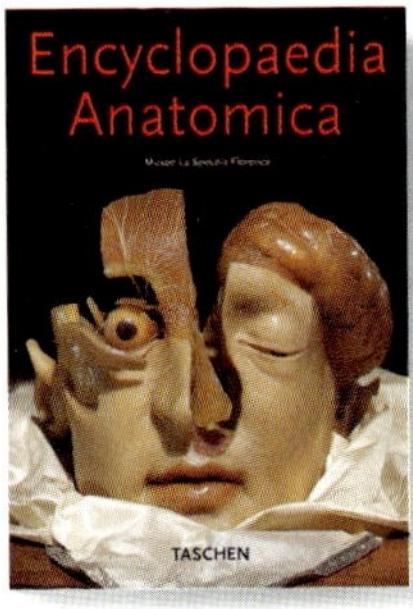

Encyclopaedia Anatomica
Museo La Specola Florence / Flexi-cover, Klotz, 712 pp. / € 19.99/ $ 29.99 / £ 14.99 / ¥ 3.900

"These books are beautiful objects, well-designed and lucid." —*Le Monde,* Paris, on the ICONS series

---

" Buy them all and add some pleasure to your life."

Alchemy & Mysticism
Alexander Roob

All-American Ads 40s
Ed. Jim Heimann

All-American Ads 50s
Ed. Jim Heimann

All-American Ads 60s
Ed. Jim Heimann

Angels
Gilles Néret

Architecture Now!
Ed. Philip Jodidio

Art Now
Eds. Burkhard Riemschneider, Uta Grosenick

Berlin Style
Ed. Angelika Taschen

Chairs
Charlotte & Peter Fiell

Design of the 20th Century
Charlotte & Peter Fiell

Design for the 21st Century
Charlotte & Peter Fiell

Devils
Gilles Néret

Digital Beauties
Ed. Julius Wiedemann

Robert Doisneau
Ed. Jean-Claude Gautrand

East German Design
Ralf Ulrich / Photos: Ernst Hedler

Egypt Style
Ed. Angelika Taschen

M.C. Escher

Fashion
Ed. The Kyoto Costume Institute

HR Giger
HR Giger

Grand Tour
Harry Seidler, Ed. Peter Gössel

Graphic Design
Ed. Charlotte & Peter Fiell

Havana Style
Ed. Angelika Taschen

Homo Art
Gilles Néret

Hot Rods
Ed. Coco Shinomiya

Hula
Ed. Jim Heimann

India Bazaar
Samantha Harrison, Bari Kumar

Industrial Design
Charlotte & Peter Fiell

Japanese Beauties
Ed. Alex Gross

Kitchen Kitsch
Ed. Jim Heimann

Krazy Kids' Food
Eds. Steve Roden, Dan Goodsell

Las Vegas
Ed. Jim Heimann

Mexicana
Ed. Jim Heimann

Mexico Style
Ed. Angelika Taschen

Morocco Style
Ed. Angelika Taschen

Extra/Ordinary Objects, Vol. I
Ed. Colors Magazine

Extra/Ordinary Objects, Vol. II
Ed. Colors Magazine

Paris Style
Ed. Angelika Taschen

Penguin
Frans Lanting

20th Century Photography
Museum Ludwig Cologne

Pin-Ups
Ed. Burkhard Riemschneider

Provence Style
Ed. Angelika Taschen

Pussycats
Gilles Néret

Safari Style
Ed. Angelika Taschen

Seaside Style
Ed. Angelika Taschen

Albertus Seba. Butterflies
Irmgard Müsch

Albertus Seba. Shells & Corals
Irmgard Müsch

Starck
Ed Mae Cooper, Pierre Doze, Elisabeth Laville

Surfing
Ed. Jim Heimann

Sydney Style
Ed. Angelika Taschen

Tattoos
Ed. Henk Schiffmacher

Tiffany
Jacob Baal-Teshuva

Tiki Style
Sven Kirsten

Tuscany Style
Ed. Angelika Taschen

Women Artists
in the 20th and 21st Century
Ed. Uta Grosenick

ICONS